꿰어야 할 다섯 개의 단추

이책은 마지막시대 모든 성도, 신학생, 목회자가
반드시 읽고 고민해야 할 필독서이다.

시편영성[회복을 위한 철저한 돌이킴]

양 권 식 저

표지 사진 : PHOTOGRAPHER YANG YOONJA

도서출판 호석출판사

추천의 글

오랜 시간 동안 곁에서 지켜본 양 권식 선교사님은 탁월한 영성과 하나님에 대한 깊은 지식을 함께 겸비한 선교사로 굳건한 믿음과 하나님에 대한 확실한 신뢰는 박수를 받기에 부족함이 없다고 확신합니다. 많은 어려움들과 고난 가운데에도 결코 타협하거나 흔들리지 않은 선교사님의 복음에 대한 깊은 이해와 열정에 많은 감동과 도전을 받아왔습니다.

이 번에 출판하는 '시편 영성'(꿰어야 할 다섯 개의 단추)은 이런 선교사님의 믿음과 열정이 고스란히 담겨져 있어 그 동안 많은 사람들과 함께 선교사님의 이런 믿음과 복음에 대한 열정을 공유하지 못해 안타깝게 생각해 왔던 아쉬움을 단번에 해갈해 주는 것 같아 오히려 감사하고 기쁘기까지 합니다.

이 책은 오늘 우리에게 신앙의 회복과 확실한 하나님과의 관계 속에서 진정으로 하나님나라를 소망하고 이 땅에서도 당당하게 하나님나라 백성으로서 신앙생활을 할 수 있도록 안내자의 역할을 하기에 조금도 부족함이 없으리라 확신합니다.

양 권식 선교사님의 사역에 하나님의 함께 하심으로 더욱 발전이 있기를 기원하며 아무쪼록 많은 성도님들의 협조와 기도를 통하여 바라고 소망하는 중국지도자 교육을 위한 선교 센터의 건립이 이루어지기를 간절히 기도합니다.

2013년 11월 미국 토렌스 코헨 대학교에서 제 336차 선교지 출발을 앞두고...

코헨 대학교 설립자　　Dr. 강 신권 (Th.D., Ph.D.)
코헨 대학교 국제 총장

추천의 글

　뜨거운 열정으로 선교의 현장에서 복음 전파를 위해 헌신하시는 선교사님께 박수를 보내드리면서 이번 시편 영성 "꿰어야 할 다섯 개의 단추"는 혼돈의 시대인 마지막 때를 살고 있는 그리스도인들에게 신앙의 회복과 성장과 하나님을 바르게 알고 능력 있는 하나님의 백성으로 이 땅에서 사명을 감당할 수 있도록 힘과 용기를 주는 소망의 책이 될 것이라 확신합니다.

　선교사님의 사역에 늘 함께 하시는 하나님의 인도하심과 역사하심을 간절히 소망하면서 중국지도자들을 위한 선교 센터 건립이 주님의 은혜 가운데 이루어기지기를 기원합니다.

2013년 11월 11일

한국 성서 고고학회 창설자
안양대학교 명예교수　　　원 용 국
신학박사(Th.D.)

프롤로그

　정말 많은 시간 고민했다.
오늘 우리의 신앙의 현실과 더 나아가서는 우리 기독교와 교회의 현실에 대해서 주님 앞에 죄인 된 심정으로 통회하고 자복하고 엎드려 절규하는 마음으로 주님 마음이 어떠하시겠는가를 묵상해 왔다.

　그러던 중 일전에 중국 지도자들과 시편강의를 마쳤다. 시편 강의를 하던 중 이런 감동들이 한 없이 밀려오는 것을 느껴 견딜 수가 없었던 기억들이 있다. 그래서 조심스럽게 결심했다. 시편강의 내용을 정리 요약하고 또 필자가 평소에 존경하는 목사님들의 귀한 말씀들을 참고해서 낙심하고 절망하며 방황하는 하나님나라 참 백성들에게 미력하지만 신앙을 바르게 세우고 회복하는데 도움이 되었으면 좋겠다고 생각을 했다. 신학적인 깊이나 어려운 내용보다는 신앙적인 발전과 성장 그리고 회복에 합당한 말씀에 초점을 맞추었다.

　시간에 쫓기고 좀 더 충분히 묵상하고 다듬어야 하는 것을 잘 알면서도 조금은 성급한 것도 없지 않아 있다. 그러나 그렇게 미루다보면 아무것도 못할 것 같아 부끄러움을 무릎 쓰고 하나님께 기도하고 출간을 결정했다.

　이제는 말이 아니라 행동으로 삶으로 보여주어야 하는 시대가 도래했고 우리는 그 속에서 살고 있다. 이론이 아니다. 논리적인 설명이 되어서도 안 된다. 어쩌면 이런 것들이 우리 교회가 그 동안 겪어왔던 시행착오들인지도 모른다. 이제는 보여주어야 한다. 교회가 솔선하고 목회자들이 솔선하고 성도들이 솔선해야 한다. 그 속에 하나님께서 세상에 전하고자 하는 메시지가 드러나야 한다.

그렇지 않으면 듣지 않기로 작정하고 믿지 않기로 작정해버린 사람들을 향해, 귀를 닫고 마음을 닫아버린 세상을 향해 던질 메시지는 더 이상 없다. 오히려 더 많은 핍박과 비난과 조롱만이 있을 것이다. 따라서 지금 우리에게 필요한 것은 에스라가 그랬던 것처럼 바울이 그랬던 것처럼 아니 우리 주님이 그러하셨던 것처럼 전도하고 말씀을 가르치고 선포하는 것도 중요하지만 먼저 하나님의 말씀을 준행해 보이는 것이 우선순위이다. 그 준행함 속에서 역사하시는 하나님을 나타내고 보여주는 것이 더 중요하고 필요하다고 생각한다.

그래서 필자는 시편 말씀을 기초로 하여 다섯 가지 원리를 제시 했다. 이 다섯 가지 원리는 이 시대에 교회가 성도가 점검하고 확인해 보아야 할 원리라고 확신한다. 그래서 무너진 교회가 간절함과 저미는 마음이 식어져버린 성도들의 신앙이 새롭게 소성케 되는 하나님의 역사를 간절히 소망하며 신앙의 회복에 조금이나마 유익하게 쓰여 지기를 기도한다.

세상에서 가장 부족한 종에게 말씀을 통하여 영감을 주시고 격동하게 하시는 하나님께 감사와 찬양을 올려드리며 한 없이 모자라고 자격 없는 종부터 시작하여 다시 한 번 말씀의 원리 위에 서서 주님의 몸 된 교회를 또 우리의 신앙을 새롭게 조명해야봐야 할 것이다. 이 총체적인 부실과 무너짐이 분명 하나님의 뜻이 아니기 때문이다.

하나님의 은혜를 통하여 우리는 반드시 회복되리라 확신하며 오늘도 선교현장에서 간절함으로 엎드려 기도하다.

또한 이 책은 사사로이 영리를 목적으로 출판하는 것이 아니다. 오직 중국 지도자들 교육을 위한 필리핀 선교센터 건립을 위해서 미력하지만 모든 수익금은 건축헌금으로 사용될 것이다. 성도님들의 많은 기도와 협조를 부탁드린다.

끝으로 출간에 즈음하여 부족하고 연약한 종에게 늘 긍휼과 사랑으로 함께 해 주시는 하나님께 모든 영광을 돌린다. 또한 혹시라도 있을 평소에 존경하는 목사님과 교수님들께 누가 되지 않을까 삼가 조심스럽고 부끄럽다. 더 좋은 열매로 보답드릴 것을 약속하며 기도한다. 특별히 평소에 깊은 관심과 지도를 아끼지 않으시는 미국 코헨 대학교 총장이신 Dr. Gary G. Cohen과 설립자이시고 국제 총장이신 강 신권 박사님께도 깊이 감사를 드린다.

그리고 출판을 위해 열심히 기도해 주시는 여러 동역자 목사님들 그리고 중국의 학생들의 간절한 기도에 깊이 감사드린다. 또한 마치 자신의 일처럼 도와주시고 격려해 주신 원 용국 교수님과 마 경욱 목사님께도 깊이 감사를 드린다.

할렐루야....!

2013년 11월 겨울의 문턱에
필리핀에서 양 권식 선교사.

목 차

추천의 글
프롤로그
목 차

제 1장 이 시대 주님의 지상 최대의 권면 11

1> "그런즉 깨어 있으라"
　[깨어 자기 옷을 지켜 벌거벗고 다니지 아니하고 자기 부끄러움을 보이지 아니하는 자가 복이 있도다...]

2> 어떻게 시편을 읽을 것인가?

제 2장 꿰어야 할 첫 번째 단추 - [시편 131편] 37

"하나님과의 온전한 언약 관계 속에 들어가 있는가?"
　[이 첫 번째 단추가 꿰어져야 진정한 안식이고 쉼을 경험할 수 있다. 이것을 경험해 보지 못하고 감당하는 직분은 무거운 짐이고 고통 일뿐이다. 그 속에는 기쁨도 감사도 있을 수 없다. 이 관계 속에서만이 믿음의 상상력과 기적은 나타날 뿐이다...]

제3장 꿰어야 할 두 번째 단추 - 〔시편 73편〕 ······· 91

"하나님의 자비를 통해 인생의 결국에 대한 깨달음이 있는가?"
〔세상의 악인의 형통과 고난에 대한 근본적 문제들을 극복했는가,…〕

제4장 꿰어야 할 세 번째 단추
        - 〔시편 19편, 25편, 17편〕 ············· 125

"우리 안에 순간마다 숨 쉬고 있고 꿈틀거리는
    죄성들과 피흘리기까지 싸우고 있는가?"

제5장 꿰어야 할 네 번째 단추 ····························· 169

 1. "내 속에 새로운 자아가 형성되어 있는가?"
- 〔시편 42,43편〕
 〔낙심하고 절망하고 있는 내 영혼을 향해 네가 어찌하여 낙망하는가 하나님을 바라라 하고 명령하는 새롭게 형성된 자아가 있는가,…〕

 2. "소아적 관점인 '나 중심에서 벗어나 공동체 중심으로의 복귀'가 이루어졌는가?"
- 〔시편 133편, 120-122편, 90편, 79편, 90편〕
 〔이제는 삼위하나님으로서의 공동체와 인간 공동체 교회, 이 두 체제가

조화를 이루며 공동체를 만들어 나갈 때만이 수소폭탄 같은 능력이 공동체(교회) 속에 주어지게 된다...]

제6장 꿰어야 할 다섯 번째 단추 - [시편 18편] ·········· 265

"그리스도인의 의를 덧입고 있는가?"
 [하나님의 축복의 원리는...
  '반응의 원리', '그럼에도 불구하고'의 원리임을 아는가...]

제 1장 이 시대 주님의 지상 최대의 권면

1> "그런즉 깨어 있으라"

[깨어 자기 옷을 지켜 벌거벗고 다니지 아니하고 자기 부끄러움을 보이지 아니하는 자가 복이 있도다...]

2> 어떻게 시편을 읽을 것인가?

이 시대의 주님의 지상최대의 권면

1. "그런즉 깨어 있으라"

일찍이 볼 수 없었던 오늘날 기독교에 대한 부정적인 이미지와 핍박 그리고 목회자의 타락과 부패 등 세상 모든 사람들에게 비판의 대상 지탄의 대상이 되어본 적이 없었다. 지금 이 시대를 '기독교 신 핍박시대'라고도 말한다. 우리는 지금 진리가 혼돈스러운 세상에 살고 있고 미래가 불확실한 세상에 살고 있다. 가치를 상실한 시대 중심에 서 있기도 하다. 영적전투의 상황 속에서 하나님의 백성들이 어떠한 자세를 가져야 하는지를 잃어버리고 방황하고 있다. 자신의 분명한 정체성도 신분도 모두 다 잃어버린 것 같다. 오직 눈에 보이는 현상만을 가지고 좋다 혹은 좋지 못하다고 판단해 버리는 존재의 가벼움 속에 와 있다.

성경이 우리에게 주는 교훈이 무엇인가? 존재의 가벼움이 이스라엘 역사 전체를 어둡게 했고 심지어는 출애굽 1세대는 모두 광야에서 죽어야만 했던 이유가 그들의 존재의 가벼움이 가져온 결과였다. 오늘 우리가 바로 이런 존재의 가벼움 속에 직면해 있다. 교회 안에서 세상 사람들과 함께 교회를 핍박하고 비판하고 목회자를 정죄하고 교회를 떠나버린다고 한다. 과연 이들은 진정으로 예수 그리스도를 믿었던 사람들이었을까? 진정한 그리스도인이었을까 하고 의문스러울 정도이다.

물론 문제가 없었다는 것은 아니다. 얼굴을 들 수 없을 정도로 부끄럽고 쥐구멍이라도 있으면 들어가고 싶은 심정이다. 교회의 수적 팽창을 위한 다툼과 분열 그리고 상식을 뛰어넘는 경쟁과 무분별한 교회 대형화를 위한 성도와 목회자와의 반목과 갈등 그리고 목회자들의 타락 차마 입에도 담지도 못할 사건 사고들을 접하면서 어느 것 하나 내세울 것 없을 만큼 철저하게 무너져 있다.

그렇다면 우리 기독교는 희망도 소망도 없는 것인가? 이렇게 비탄의 대상으로 조롱의 대상으로 무너져버리는 것인가? 작금에 우리 눈에 보이는 현상들이 바로 우리 기독교의 본질들인가? 참으로 안타깝고 마음이 아프다. 왜 하나님은 이런 상황을 지켜만 보시는 것인가? 라고 부정적이고 비관적인 말들을 쏟아내는 사람들도 많다.

성경에 보면 하나님은 그 시대에 합당한 말씀들을 주신다. 그렇다면 오늘 우리 시대에도 말씀을 주셨을까? 분명 하나님은 말씀을 주셨다. 그렇다면 그 말씀은 무엇인가?

요한계시록 16:15절에서 보면 주님은 자기 옷을 지켜 벌거벗고 다니지 말고 부끄러움을 보이지 말라고 말씀하신다. 이 말씀의 구약적 배경을 보면 '벌거벗은 수치를 보이다'라는 표현은 우상숭배에 동참하거나 하나님께 범죄 한 이스라엘과 다른 이방 나라들을 정죄할 때 사용된 용어였다.

삶이 어려울 때 일수록 신앙의 위기가 올 때 일수록 자기의 부끄러움을 보이지 말라는 말씀이다. 나로 인하여 예수 그리스도의 구속사역이 욕되지 않게 하라는 말씀이다. 특별히 "옷을 지키라"는 권면은 성도의 신분을 지키라는 것으로 이해할 수 있다. "너희가 전에는 어두움이더니 이제는 주 안에서 빛이라 빛의 자녀들처럼 행하라 빛의 열매는 모든 착함과 의로움과 진실함에 있느니라 주께 기쁘시게 할 것이 무엇인가 시험하여 보라"(에베소서 5:8-10) 라고 말씀하신다.

우리의 신앙이란 영성과 도덕적 가치 즉 윤리적 가치가 균형이 이루어질 때 그 빛을 발한다. 그러나 이 균형이 깨어질 때 신앙의 총체적인 문제가 발생한다. 오늘 현재 발생하고 있는 모든 목회자들의 문제니 교회 문제가 영성이기 보다는 도덕적 윤리적 문제가 더 크다. 그들은 영적인 문제만이 신앙이라고 생각했을지도 모르겠다. 그러나 성경은 그렇게 말씀하고 있지 않다. 고린도전서에서 바울이 교훈하는 것이 무엇인가 〔고전11:23-24〕, 신앙적 문제 보다는 사회적, 공동체적 문제를 더 크게 보고 있는 점을 간과해서는 안 된다.

그런즉 깨어 있으라...

그렇다면 자기 옷을 지켜 벌거벗고 다니지 않고 자기의 부끄러움을 드러내지 않기 위해서는 어떻게 해야 하는가? 첫째는 "깨어 있어라" 이다. '깨어서 자기 옷을 지키는 자가 복이있다'(계16장15b)라고 말씀하시고 있다. 여기서 깨어 있다는 것과 자기 옷을 지키는 것과는 서로 밀접한 관계를 가진다. 곧 깨어 있지 못하고 잠자는 자는 자신의 옷을 지키지 못하는 것과 같다. 곧 '벌거벗고 다니지 아니하며 자기의 부끄러움을 보이지 않도록' 깨어서 자신의 옷을 지키라는 것이다. 예수님께서 도적같이 오시기에 잠자는 상태로 있다가 벌거벗은 채로 주님을 맞이하다가는 부끄러움을 당할 수 있다는 말씀이다. 그러한 부끄러움을 당하지 않기 위해서는 바로 깨어 있어 옷을 입고 있어야 한다는 말씀이다.

주님은 이 땅에 오셔서 공생애 동안 사역하시고 십자가에서 죽으시고 부활하시고 승천하셔서 지금 이 시간도 성령으로 우리와 함께 하시고 우리를 위해 중보기도하시고 계신다. 그런 주님께서 우리에게 가장 강조하시는 권면은 무엇인가? 오직 "그런즉 깨어 있으라" 이다. 이것이 지상 최대의 주님의 권면이다. 마24:42절부터 시작하여 계16:15까지 주님은 많은 말씀들을 하셨다. 그 말씀들 중 지속적으로 말씀하시고 강조하시는 말씀이 바로 이 "깨어 있을 것"을 권면하는 말씀이었다. 깨어 있는 자가 이기는 자라고 말씀하셨다. 열 처녀의 비유의 핵심 역시도 "그런즉 깨어 있으라 그날과 그때를 알지 못하느니라"(마25:13)이다. 겟세마네 동산에서 기도하지 못하고 육신에 연약함에 붙잡혀 있는 제자들을 향하여 주님은 "시험에 들지 않게 깨어 있어 기도하라"(막14:38)라고 말씀하셨다. 또한 타국에 가는 사람이 문지기에게 명하는 말 역시 "그러므로 깨어 있으라 집주인이 언제 올지 너희가 알지 못함이라"(막13:35)였다. 그 밖에도 "깨어 의를 행하고 죄를 짓지 말라(고전 15:34), 깨어 믿음에 굳게 서서 남자답게 강건하라(고전 16:13), 다른 이들과 같이 자지 말고 오직 깨어 정신을 차릴지어다(살전 5:6), 근신하라 깨어라 너희 대적 마귀가 우는 사자 같이 두루 다니며 삼킬 자를 찾나니(벧전 5:8) 모두가 깨어 있으라는 말씀이다.

마지막 때는 이 세상이 혼란스러울 것이고, 불법이 성하고, 사랑이 식어가고, 거짓 선지자들이 일어나 미혹할 것이다. 그러니 함께 비판하고 낙심하고 절망하고 믿음을 버리고 신앙을 버리고 세상과 더불어 떠내려가라고 말씀하시지 않았다. 이미 교회의 문제, 목회자들의 문제, 성도들의 문제들이 있을 것이라고 말씀하셨다. 그러므로 "그런즉 깨어 있으라"라고 말씀하시는 것이다. 계시록에서 일곱 교회에 주시는 종말적 축복의 약속은 어떤 자들에게 주시는가? "이기는 자들"이다. "끝까지 깨어 견디는 자들"에게 주시고 있다. 따라서 깨어서 하나님의 온전하신 뜻이 무엇인가 분별하는 것이 대단히 중요하다 [롬12:2].

오늘날 우리 앞에 있는 기독교 현실을 바라볼 때 시각의 변화가 필요하다. 즉 오늘 우리 교회와 목회자의 문제를 보는 시각도 바뀌어야 한다는 말이다. 문제는 심각하다. 어쩌다가 이렇게까지 되었나 싶을 정도로 참담할 때도 많이 있다. 그렇다고 도피를 할 것인가? 배교를 할 것인가? 이 역시 하나님께서 예수 그리스도를 통하여 거룩하시다고 선언하신 진정한 성도의 모습이 아니다. 아니면 이것을 통해 우리가 세상과 함께 비판하고, 낙심하고, 절망할 것인가? 이것은 사단에게 속는 것이다. 이것이 바로 사단이 노리는 것이기 때문이다. 목회자를 공격하고 교회를 공격하는 것이 그 만큼 효과가 크기 때문에 사단은 앞으로도 지속적으로 교회와 목회자를 공격할 것이고 연약한 교회와 목회자는 계속해서 무너질 것이다. 그래서 세상에 대문짝만하게 사건 기사는 계속해서 나타날 것이다. 그 가운데 신실한 하나님의 사람들은 어떻게 할 것인가? 조롱과 수치 속에 묵묵히 신앙생활을 할 것인가 아니면 감추고 주일날만 살짝 예배당에 나와 예배만 드리는 그런 신앙인이 될 것인가?

오늘 우리에게는 분명하고 확실한 시각이 필요하다. 오늘을 사는 우리 시대에 이런 일이 있는 것은 성경이 이루어지고 있음을 깨닫는 것이 더 중요하다. 지금 하나님의 말씀이 이루어지고 있다. 이런 분명한 시각이 있어야 문제를 바로 바라보고 흔들리지 않을 수 있다. 따라서 지금 우리에게 필요한 것은 우리의 신앙 [구원] 이 떠내려가지 않도록 깨어 있는 것이 주님의 원하시는 것이다. 내 신앙을 지키는 것이 말세를 만난 성도들의 자세인 것이다. 이 시대에 하나님의 뜻이 어디에 있는 가를 놓고 진지하게 고민하고 기도해야해야하는 것이다. [롬12:2] 그렇다면 어떻게 하나님의 뜻을 분별할 수 있을 것인가?

은혜를 통해 오는 지혜가 있어야...

여기에 우리는 성령님의 역사하심으로 영적인 분별력이 절대적으로 필요하다. 오늘의 교회의 절대적인 비극은 세상이 교회를 판단하기 시작했다는 것이다. 그런데 놀랍게도 그 판단은 영적인 판단이 아니라 하나님을 배제한 자신 개인들의 판단이다. 저급한 자신들의 지식과 상식 그리고 세상 논리로 판단하기 시작했다는 것이다. 그렇다면 왜 이런 현상이 나타나는가? 그동안 목회자가 성도가 자신의 탐심과 유익과 생각을 관철시키기 위해 모두 다 "하나님을 갖다 붙였기 때문"이다. 아무 때나 "하나님의 뜻"이라고 붙였고 "하나님이 말씀하셨다"고 붙였기 때문이다. 그 내면은 자신의 유익과 자신 개인의 뜻을 이루기 위한 악한 생각이면서도 겉으로는 하나님의 뜻이라고 포장해 버렸다. 그 결과 이제는 목회자가 성도가 세상이 믿지를 않는 것이다. 따라서 우리는 이제 성령을 통하여 하나님의 지혜를 구해야 한다.

하나님의 지혜란 무엇인가? 성경은 하나님을 아는 것이 지혜요 명철이라고 말씀하신다. 즉 쉽게 말하면 '하나님의 관점으로 인생을 보고 세상을 볼 줄 아는 통찰력과 분별력' 을 의미한다. 지금 우리에게 필요한 것은 지금 이 시대에 역사하시고 계시는 하나님의 온전하신 뜻이 무엇인가를 볼 줄 아는 통찰력이 필요하다.

 이 지혜와 계시의 성령을 구하면 하나님께서는 우리에게 소중한 선물을 주시는데 그것은 바로 "하나님을 알게 하고 우리의 마음의 눈을 밝혀 주신다."고 말씀한다. 밝아진 마음의 눈을 통해 세상을 바로 보고 하나님의 뜻을 알게 된다고 말씀하시고 있다(엡1:17-19).

 그렇다면 어떻게 하나님의 지혜를 구할 수 있는가? 지혜에는 하늘이 주는 지혜와 땅이 주는 지혜가 있다고 말씀하신다(약 3:13-18). 분명한 것은 하늘이 주는 지혜는 은혜를 통해서 주어진다는 점이다. 따라서 하나님의 사람은 은혜 받아야 한다. 은혜 받아야 마음의 눈이 밝아지고 세상이 바로 보이기 시작한다. 은혜라고 하는 통로를 통하여 지혜가 우리에게 임하기 때문이다. 우리는 은혜받기 위해 몸부림 처야 하는 이유가 바로 여기에 있다.

성령 충만해야...

 또한 성령 충만 해야 한다. "성령 충만"하면 이제는 너무나 익숙한 말씀이어서 별로 가슴에 와 닿지도 않는 말씀처럼 생각하는 경우들이 많다. 그러나 이제는 성령 충만도 세분해서 조목조목 구해야 할 필요가 있다. "술 취하지 말라 이는 방탕한 것이니 오직 성령의 충만함을 받으라"(엡5:18)고 말씀하신다. 그런데 '성령의 충만함을 받으라'는 말씀 앞에 '술 취하지 말라' 라는 밀씀이 함께 나오는 것을 간과해서는 안 된다. 어떻게 보면 이 두 말씀이 연결이 잘 안 되는 말씀처럼 보인다. 술 취하는 것과 성령의 충만함을 받는 것 하고는 연관이 없어 보이기 때문이다. 그러나 이 사이에는 연관성이 하나 있다. 술 취하는 것하고 성령 충만하는 것하고 공통점은 무엇인가? 이 두 가지의 공통점은 어떤 무엇인가에 '영향력을 행사한다는 것'이 공통점이다. 술은 내 분별력과 판단력과 기억력 등의 모든 것을 파괴시켜버릴 수 있는 강력한 영향력이 있다. 또한 성령 충만은 삶의 우선순위를 바꾸게 하고 가치의 우선순위를 바꾸어버리게 하고 옛것을 새것으로 바꾸어버릴 수 있을 만큼 강력한 영향력이 있다. 바로 이런 문제점 때문에 바울이 술 취함과 성령 충만함을 비교하면서 설명하고 있다고 생각해 본다.

즉 우리가 어느 영향력 아래 놓이느냐가 우리의 삶을 결정지을 수 있다는 말씀이다. 술기운의 영향력 즉 세상이 주는 영향력 아래이냐 아니면 성령의 영향력 아래이냐 하는 것이다. 따라서 에베소서5:18절 말씀은 "술 취하는 것에 초점"이 있는 것이 아니다. 술 마시는 것에 그 초점이 있는 것이 아니라 "성령의 능력을 경험하라"는 것에 초점을 두고 있는 것이다. 즉 성령으로 세상을 극복하라는 말씀이다. 성령으로 세상의 영향력에서 벗어나라는 말씀이다. 성령의 지배를 받고 성령의 영향력 아래 있으라는 말씀이 핵심이다.

그렇다면 "술 취하지 말라 이는 방탕한 것이니"라는 말씀에서 단지 술 취하기 때문에 방탕한 것인가? 대부분은 술 취하면 방탕이라 생각한다. 그러나 본문에서 말하고자 하는 것은 그것이 아니다. 그렇다고 술 취하라는 말이 아니다. 그렇다면 무엇이 방탕한 것인가? "성령이 아닌 다른 그 무엇에 의해 지배당한 상태" 이것이 방탕한 것이다. '성령보다 더 마음이 이끌리어 무엇인가에 마음이 장악당한 상태' 그것이 곧 방탕인 것이다. 그렇다면 오늘 우리는 '술 안마시고, 담배 안 피우고, 바람피우지 않고, 도박하지 않는 것' 이것을 마치 완벽한 것처럼 생각했고 혹시라도 다른 사람이 이런 모습을 보이면 정죄하고 판단해 버렸다. 그렇다면 그 사람과 나와의 차이는 무엇인가? 결국은 성령님이 아니라 세상의 그 어떤 것들로부터 지배당한 것이 다 방탕이라면 누가 누구를 정죄할 수 있는가? 이런 맥락에서 보면 참 두렵다! 우리는 술 취하지 않고, 담배 피우지 않고, 성경 읽고, 맨 날 하나님 이야기 하는 우리들 아닌가? 그런데 그런 우리가 하나님 의지하지 않고, 성령님에 의해 지배받지 않는다면 우리 모두 역시 방탕한 것이 된다는 생각을 하면 두렵다. 문제는 내가 그리스도인으로서 누구에게 지배당하고 있느냐 이것이 대단히 중요하다. 따라서 성령 충만이란? 성령에 의해서 통제 받는 삶 이것이 성령 충만인 것이다.

우리 신앙이란 술 취함과 성령 충만의 사이를 왔다 갔다 하는 갈등의 상태라고 말 할 수 있다...

베드로가 주님을 세 번씩이나 부인 한 것은 주님을 사랑하지 않아서가 아니라 약해서 그런 것 아닌가? 다윗이 우리야의 아내인 밧세바를 범하여 하나님 앞에 득죄한 것은 하나님을 사랑하지 않아서가 아니라 약해서 그런 것 아닌가? 이제는 내 신앙을 정확히 점검하고 세부적으로 조목조목 구해야 한다.

구원의 감격과 기쁨을 잃어버렸는가? 은혜를 받고자 하는 열정이 식었는가? 그렇다면 "은혜의 성령"을 구해야 한다. 바울은 에베소 교회 성도들에게 "신령한 복"을 소개한다(엡1장). "창세전에 예정하시고 선택해 주심에 대한 감격"(엡1:3-6)을 말하고 있다. 감격이란 감사와 기쁨을 의미하는 것으로 은혜를 경험하면 가장 먼저 우리에게 구원에 대한 감격으로 나타난다. 이것이 사라질 때 모든 문제는 시작된다고 해도 과언이 아니다. 하나님께서 창세전에 선택해 주시고 예수그리스도 말미암아 하나님의 자녀가 됨에 대한 감격, 바울은 이것을 신령한 복, 또는 은혜라고 말하고 있다. 따라서 우리가 이 감격과 기쁨이 충만할 때 은혜 가운데 거할 수 있고 구원의 감격이 회복 될 수 있다. 뿐만 아니라 은혜를 통해 우리에게 지혜도 함께 임하는 것을 경험할 수 있다.

또한 영생을 얻었다는 것이 믿어지지 않는가? 예수 그리스도의 십자가의 죽으심으로 인하여 풍성한 생명의 생활로 이어지지 않고 기쁨이 주어지지 않는가? 그렇다면 "생명의 영"을 구해야 한다. 우리 주 예수 그리스도의 십자가 사역이 다시 한 번 내 마음과 영속에 은혜로 다가와야 한다. 십자가상의 예수님은 내가 있어야 할 자리였고 그 죽으심은 나의 죽음이었음을 통렬하게 깨닫는 역사가 있어야 한다.

하나님을 아버지라고 부르는 것에 대한 감격과 기쁨이 없는가? "양자의 영"을 구해야 할 것이다. 하나님 아버지가 내 아버지가 됨에 대한 감사와 기쁨의 회복이 있어야 세상에서도 당당하게 자신있게 충만한 삶을 살아갈 수 있다.

성도로서 깨끗함을 상실했다고 느껴지는가? 양심의 가책이 있음에도 불구하고 습관적인 죄로부터 벗어나지 못해 괴로운가? "성결의 영"을 구해야 할 것이다. 나를 정결케 해 달라고 간구하라 하나님의 역사가 있을 것이다. 깨끗한 자가 하나님을 볼 것이라고 말씀하셨다. 깨끗한 심령만이 진리의 말씀을 받기에 합당하고 또 그 그릇에 신령한 것들이 담길 수 있기 때문이다.

기도가 되지 않는가? 기도하려고 하기만 하면 잡념으로 기도에 몰입할 수 없는가? 그렇다면 "간구의 영"을 구하라. 간구의 영이 충만해야 하나님과의 관계가 좋아질 수 있고 응답의 요소들이 움직이기 시작한다. 하나님은 기도 속에 하늘에 신령한 것들을 감추고 계시면서 기도하는 자에게 이 모든 것을 주시고 크고 비밀한 것을 보이시겠다고 약속하신다. 뿐만 아니라 기도하는 자를 만나주시겠다고 말씀하신다(렘29:12-13). 오늘 우리 시대에 하나님을 만나는 것 보다 더 중요한 것이 어디 있는가? 만나면 해결되고 만나면 고침 받고 만나면 앞길이 보이기 때문이다. 만나야 위로와 회복이 시작되기 때문이다.

말씀을 듣고 말씀을 읽어도 이해가 되지 않아 고통스러운가? 말씀에 대한 갈급함이 있음에도 불구하고 답답함이 있는가? 그렇다면 "진리의 영"을 구하라 그러면 진리를 깨닫게 하고 진리 가운데 거하게 되는 역사를 경험할 것이다. 말씀을 듣는 중에 성령의 충만함을 경험할 것이고 말씀을 듣는 중에 치료하시는 하나님을 경험 할 것이다. 말씀을 듣는 중에 위로하시고 다가오시는 하나님을 경험할 것이다. 말씀이 마치 꿀 송이처럼 달고 사랑스러워 밤을 맞으며 말씀을 가슴에 품고 덩실덩실 춤을 추는 자신을 발견할 수 있을 것이다.

신앙인이라면 이런 성령 충만의 강력함을 보여주어야 할 책임이 있다. 우리 속에서 일어나는 저급한 욕구들과 싸워 이길 수 있음을 보여 주어야 한다. 바울이 고백했던 것처럼 "우리가 그리스도 안에서 넉넉히 이기느니라"이다. 우리가 성령의 영향력 아래에 있고 내가 그 분을 의지하는 한 그분은 우리의 연약함을 도우신다(롬8:26). 이 은혜를 경험해야한다. 이 은혜를 경험하지 않는 신앙생활이란 화약이 없는 총알과 똑 같은 것이다. 우리는 성령님을 의지하고 변해가는 삶의 모습을 보여 줄 수 있어야 하는 책임이 있음을 기억해야 한다. 그래서 우리가 깨어서 하나님께 받은 은혜가 떠내려가지 않게 하고 벌거벗고 다니고 수치와 부끄러움을 나타내지 않도록 성령의 충만함을 받아야 한다. 이것이 주님이 우리를 향한 지상 최대의 거룩한 대 권면이다. 이것이 주님 오시기까지 우리의 소망이 되어야 한다.

우리 신앙은 엄청난 영적 전쟁 위에 세우질 것...

그러기 위해서는 우리의 헌신과 노력이 필요하다. 말씀의 원리 위에 서야 하고 그 말씀이 우리 삶을 제어하고 지배할 수 있도록 내 삶을 하나님께 드리는 것이어야 한다. 물론 이것은 쉽지 않다. 어쩌면 앞으로 우리의 신앙은 엄청난 영적 전쟁의 터 위에 세워질 것이다. 그러기 위해서는 우리 스스로가 말씀의 원리 위에 바르게 서 있어야 한다. 그래야 이 감당하기 어려운 세상 속에서 깨어 있으며 두려워하지 않고 낙심과 절망하지 않고 하나님나라의 백성답게 당당하고 담대하게 살아 갈 수 있을 것이다. 그렇지 않으면 나도 모르는 사이에 우리 신앙이 쓰레기 통 속에 버려져 있는 것을 참담한 심정으로 발견 하는 고통을 만나게 될지도 모른다. 세상의 핍박과 조롱 속에서 무능력으로 강퍅함으로 그저 바라 볼 수밖에 없는 내 자신을 발견할 수도 있다는 말이다.

그러기 위해서는 이제는 교회가 목회자가 성도가 분명한 말씀의 원리 위에 서 있어야 한다. 그렇지 않으면 저급하고 천박한 것들만 나타나게 되어 있다. 사탄은 이것을 철저하게 부추기고 유혹할 것이다. 이제 원리를 하나하나 찾아가고 먼저 준행하며 가르치고 전도해야 한다. 그리고 우리 모두가 그 원리 위에 서야한다. 말씀의 원리 위에 서지 않으면 교회도 우리의 신앙도 그 속에 하나님나라도 바르게 세울 수가 없다. 어쩌면 주님은 오늘 우리의 신앙의 위기와 갈등을 통해서 진짜를 가려내시고 있는지도 모르겠다. 그렇다면 앞으로 이 보다 더 큰 어려움과 고난도 있을 수 있다는 말씀이다. 사단 역시도 가만히 있지 않을 것이니까 말이다.

신앙의 걸림돌은 직분이 높고 낮음의 문제가 아니라 다섯 개의 단추가 꿰어져 있지 않으면 언제든지 누구든지 걸림돌이 될 수 있음을 명심해야...

주님께서 공생애 동안 하신 말씀의 핵심이 무엇인가? "그런즉 깨어 있으라" 이셨다. 이제 깨어 있어야 하고 깨어나야 한다. 그렇지 않으면 우리 신앙이 떠내려 갈 수도 있음을 성경은 분명히 경고하고 있다(히 2:1). 떠내려가는 것을 보면서도 그 어떤 것도 손 쓸 수 없는 무력함으로 절망으로 낙심으로 포기와 두려움으로 떨어 질 수도 있다는 말씀이다.

진정 이 시대에 하나님께서 말씀하시는 뜻이 무엇인지 귀 기울여야 하는 시대이다. 듣지 못하고 이기지 못하면 이기는 자가 받아야 할 하나님의 복을 받지 못하기 때문이다. 뿐만 아니라 듣지 못하고 이기지 못하면 사단의 밥이 되어 교회에 하나님나라에 걸림돌이 되어버릴 것이다. 신앙의 걸림돌은 직분이 높고 낮음의 문제가 아니다. 다섯 개의 단추가 꿰어져 있지 않으면 언제든지 누구든지 걸림돌이 될 수 있음을 명심해야 한다. 오히려 직분이 높으면 높을수록 교회와 신앙에 걸림돌이 될 수 있는 위험에 노출되어 있음을 명심해야 한다. 왜냐하면 사단은 끊임없이 공격할 것이기 때문이다. 결코 우리는 하나님나라에 디딤돌이 되어야지 걸림돌이 되어서는 안 된다. 그것은 주님이 원하시는 것이 아니기 때문이다.

이제는 냉정하게 우리 자신 스스로를 점검해 봐야한다. 연민도 동정도 있어서는 안 된다. 잘못되어 있음에도 불구하고 조금도 양심의 가책도 하나님 앞에 부끄럽고 통회하는 마음조차도 없다면 아마 당신은 가짜일 수도 있다. 그렇다면 차라리 지금 가짜라는 것을 당신 스스로 진단하고 판단하라! 그리고 다시 시작해라! 만일 주님 앞에서의 가짜라는 판단은 더 이상 회개도 회복이나 고침도 불가능하기 때문이다. 지금 점검해야 한다. 그리고 다시 시작해야 한다. 이것이 우리에게 주님이 주시는 마지막 기회일지도 모른다....!

우리 신앙생활에서 반드시 꿰어야 할 다섯 개의 단추

우리 신앙생활에 있어서 반드시 꿰어야 할 가장 중요한 다섯 개의 단추를 시편 말씀을 통하여 제시해 본다. 우리는 이 다섯 가지 단추를 늘 옆에 두고 점검하고 또 점검해야 한다. 교만해 졌는가? 신앙에 나태가 왔는가? 시험에 들어 방황하고 있는가? 열정이 식어 싫증이 나 있는가? 다섯 개의 단추를 하나씩 찬찬히 점검해 보라! 점검하는 순간 하나님이 주시는 은혜가 당신을 붙잡아 주실 것이다. 그리고 깨어 있게 할 것이고 회복이 있게 하실 것이고 열정을 회복하게 해 주실 것이다. 그리고 바르게 인도하실 것이다. 하나님의 놀라운 섭리가 작동되는 것을 경험하리라 확신한다.

그러나 만일 이 다섯 개의 단추가 꿰어지지 않은 상태에 있다면 빨리 돌이켜서 어디에서 떨어졌는지 점검하고 다시 시작해야 한다. 이 단추가 꿰어지지 않은 상태에서 떠나가고 정죄하고 비판한다면 당신은 가짜일 수 있는 확률이 높다. 그런 신앙이라면 쓰레기통에 던져버리라 왜냐하면 그런 신앙은 하나님과 아무런 관계도 능력도 없는 빈껍데기뿐이기 때문이다. 그런 신앙을 마귀는 "내 집"이라고 주장하는 반면에 주님은 '빈 집'이라고 말씀하시기 때문이다.

당신은 다섯 가지 단추를 다 꿰고 있는가? 아니면 꿰지 못하고 요란스러운 소리만 있는 껍데기인가? 주님이 오셔서 "너는 누구인가?" 하고 오히려 우리에게 반문한다면 우리는 망한 사람이라는 사실을 알고 있는가? 하나씩 점검해 보라! 지금이 은혜 받을 때요 지금이 우리 신앙을 점검해야 할 마지막 때이다. 그리고 다시 시작하라 아직 기회가 있다. 주님이 주시는 마지막 기회를 선용 할 수 있는 기회조차도 하나님이 주시는 은혜임을 기억해야 할 것이다.

"볼지어다 내가 문 밖에서 서서 두드리노니 누구든지 내 음성을 듣고 문을 열면 내가 그에게로 들어가서 그와 더불어 먹고 그는 나와 더불어 먹으리라…"(계3:21)

2. 어떻게 시편을 읽을 것인가?

시편은 말씀하시는 하나님과 말씀드리는 이스라엘과의 대화이다.

　하나님은 당신의 형상을 닮은 인간을 만드시고 그 인간과 관계를 맺으시고 대화하신다.　특히 당신의 친 백성인 (영적)이스라엘과는 언약이라는 관계방식을 만드시고 그 독특한 관계 속에서 친밀한 대화를 유지하신다. 그런데 하나님과 이스라엘의 대화와 관계 형성은 일방적이지 않다. 즉 하나님만 말씀하시거나 행동하시고 인간은 수동적으로 듣기만 하고 행동을 받아들이기만 하는 것은 아니다. 인간 편에서도 능동적으로 하나님에게 먼저 말씀을 드리며 먼저 행동할 수 있다. 만약 그렇지 않다면 인간은 로봇과 같은 존재일 뿐일 것이다.

　그런데 일반적으로 기독교신학과 교회의 실천적 삶에서 이 관계와 대화에 있어서 인간의 역할은 지나치게 수동적이거나 부정적으로만 취급되어 왔다. 그 결과 인간은 어떻게 하나님 앞에서 능동적으로 행동해야 하는지 혹은 말씀드려야 할지를 알기 어렵게 되었다. "이와 같이 성령이 말할 수 없는 탄식으로 우리를 도우시나니 우리가 마땅히 빌 바를 알지 못하나 성령이 말할 수 없는 탄식으로 우리를 위하여 친히 간구 하시느니라"(롬 8:26). 그래서 인간이 가장 무능한 부분이 하나님께 말씀드리는 것, 기도(찬양, 감사)하는 것이 되어버린 것이다. 기도(찬양)를 하나 이방인처럼 중언부언하거나 자기의 이기적인 목적을 위해서 할 뿐 하나님과의 근본적인 언약관계를 이루고 발전시키는 기도를 잘하기는 지극히 힘든 것이다. 이 기도(찬양)의 무능은 이어서 (영적)이스라엘이 어떻게 언약의 상대방인 하나님께 행동해 드려야 할지를 알지 못하는 무능과 관계되어 진다.

기도와 찬양의 책 시편

그런데 이 기도(찬양)의 무능에 대한 하나님 편의 대안이 있다. 그것이 바로 주기도문이다. 우리가 일상적으로 하는 기도와 우리가 흔히 주문 비슷하게 암송하는 주기도문을 비교하면 얼마나 근본적인 차이가 나는가를 알 수 있다. 처음 시작되는 하나님의 이름과 하나님의 뜻과 하나님 나라에 대한 기도는 우리가 흔히 하는 기도의 시작이 되기가 너무 어렵다. 또 정작 우리의 현실적이고 세상적인 필요에 대한 것은 하나 밖에 없다. "오늘날 우리에게 일용한 양식을 주옵시고" 이다. 그런데 이것도 "나"의 양식이 아니라 "우리"의 양식이라는 사실에서 우리의 영적 실질적 이기성의 한계를 깊이 깨닫는다. 그리고 후반부에 나오는 기도의 항목들은 우리의 진실 된 기도가 되기는 힘들다.

그런데 이런 기도하지 못하는 우리에게 진정으로 위로가 되는 것은 이런 주기도문과 같은 기도가 시편에 150편이나 있다는 것이다. 시편은 진정으로 기도가 무엇인가를 가르쳐주는 책이다. 즉 시편은 우리가 어떻게 말로 하나님께 언약적 반응을 할 것인가를 가르친다. 이것이야 말로 기도무능의 우리에게 주신 하나님의 선물인 셈이다.

그런데 우리가 잘하지 못하는 것은 기도뿐 아니라 찬양과 감사도 포함되어 있다. 저차원적인 기도는 자신의 눈앞에 보이는 유익을 구하는 것처럼 저차원적인 찬양과 감사는 자신의 눈앞의 이익을 주심에 대하여 하는 것이다. 우리의 마음과 영혼의 눈을 뜨게 만들어 하나님의 나라와 그 역사에 대한 기도와 마찬가지로 동일한 주제로 하나님께 찬양하고 감사하는 것을 가능하게 하는 것이 시편인 셈이다. 즉 시편은 이런 찬양과 감사의 무능과 연약을 고치는 하나님의 선물이라 할 수 있다.

이런 (영적)이스라엘의 기도와 찬양과 감사가 가능한 것은 이 모두가 언약의 하나님에 대한 언약의 당사자로서의 (영적)이스라엘의 언약적 반응이기 때문이다. (영적)이스라엘이 하나님을 찬양하고 기도하는 것은 여호와 하나님이 절대적인 존재이기 때문만이 아니라 그 하나님과 이스라엘이 맺은 공적인 언약관계 때문이다. 다르게 표현하자면 다른 종교에서 발견할 수 있는 기도와 찬양과 성경에서 발견하는 기도와 찬양의 차이가 여기에 있다. (영적)이스라엘은 여호와의 공적으로 유일한 보배로운 친 백성(*am segullah* 출 19:5, 신 26:18)이요 여호와는 그들이 섬기는 유일한 하나님이시다. 그렇기 때문에 그들의 기도와 찬양은 이스라엘 외의 다른 백성과 존재가 그들의 신을 향하여 하는 그것과는 근본적으로 다를 수밖에 없다. 그렇기 때문에 그 찬송의 깊이는 단순한 창조주와 피조물, 구속주와 구속받은 자 정도의 내용만 가지는 것이 아니다(97편). 거기서 훨씬 더 나아가서 우리를 심판하시는 하나님께 대한 언약적 자비(*chesed*)로 용서를 간구하기도 하고(79편), 자신의 언약적 성실(*emet*)과 함께 간구하여 자신의 문제를 해결하여 주기를 기원하기도 한다(17편). 그러므로 시편에서 찬양과 기도와 감사의 그 어느 주제이든지 모두 이 언약적 관계에 기초하고 발전되고 있다. 시편은 여호와 하나님과 (영적)이스라엘 사이의 언약의 역사 속에서 벌어지는 수많은 사건 속에서 하나님의 언약적 자비와 언약적 공의가 나타난 것을 혹은 나타나기를 감사 찬양 기원하는 것으로 정의할 수 있다.

다른 책은 하나님이 우리에게 하시는 말씀과 행동을 주로 들으나, 시편만은 우리가 하나님께 어떻게 반응할 것인가를 가르치는 유일한 하나님의 말씀인 셈이다. 그러므로 어린 아이에게 말을 가르치는 부모의 모습을 시편에서 본다고 할 수 있다. 뿐만 아니라 언약적으로 하나님께 반응하는 것이 피조물로서 반응하는 것과 어떻게 다른가를 보이는 것이 시편인 셈이다.

여기서 **빠**질 수 없는 요소는 언약의 역사이다. 단순한 한 개인의 어떤 국면에서의 언약적 삶을 다루는 것이 아니라 그 언약의 역사가 아주 깊이 다양하게 다루어지고 있는 점이 아주 특이하다. 이것은 비단 역사시(78편)와 같은 시편에서만 나타나는 것이 아니라 일반주제를 다루는 가운데도 나타난다(22:3-5).

찬양과 감사의 책 - 시편

무엇보다도 시편은 찬양과 감사의 책이다. 물론 시편은 하나님의 하나님 되심을 찬양한다. 즉 창조주 하나님 되심을 찬양하지만(104편) 동시에 구속주 하나님 되심을 찬양한다(105편). 그러나 가장 중요한 찬양과 감사는 언약백성 이스라엘을 향하여 언약적 행위인 자비와 성실(진실)(chesed wemet)의 행위를 하시는 하나님에 집중되어 있다. 즉 하나님이 언약의 역사 속에 이스라엘에게만 베푸신 엄청난 자비와 공의를 찬양한다.

언약적 자비는 여호와가 이스라엘의 범죄를 용서하시고 그 고난에서 구원하시며 다시 옛적의 사랑의 관계를 적극적으로 회복하시는 데 집중되어 있다(78편). 또한 언약적 공의를 행하시는 하나님에 대한 찬양과 감사도 있다(18편). 시편은 우리에게 이런 이유 때문에 찬양하고 감사할 것을 가르치는 하나님의 말씀이다.

애통과 간구의 책 - 시편

무엇보다도 많은 분량을 차지하는 것이 애통과 간구의 시이다. 그런데 이 애통과 간구는 그냥 고통하는 피조물이 창조주를 향하여 하는 정도(103:14-15)가 아니라 이스라엘이 특별하고 유일한 언약백성이기 때문에 가능한 것이었다('당신의 종' 90:13, '당신의 백성' 74편, '당신이 기르시는 양' 78-80편). 이스라엘은 이것을 의식하고 과감하고(90편) 때로는 애절하게 (74,79편) 애통과 간구로 하나님께 매어달릴 수 있었다. 용서를 간구하는 기도가 사실상 주종을 이루나(25, 44, 51편), 죄와 관계없는 고난 속에서 절규를 어떻게 할 것인가도 가르친다(22, 27편).

공동체와 개인이 하나님께 반응하는 책 - 시편

하나님께 언약적 반응을 어떻게 할 것인가를 가르치는 시편은 속성상 공동체적인 시편이 근본일 수밖에 없다. 한 개인과 하나님이 언약을 맺는 것이 아니라, (영적)이스라엘 공동체와 삼위일체 공동체 하나님이 언약을 맺는 것이고, 한 개인은 그 공동체에 속함으로서 언약에 동참하기 때문이다. 이것이 개인주의가 극도로 발전한 현대 그리스도인들은 시편을 보통 개인시로만 이해하고 있는 것과는 완전히 대조되는 현상인 것이다. 이것이 현대인들의 시편이해의 근본적 장애가 된다. 물론 개인적 차원의 시가 없는 것은 아니다(39-40편). 그러나 공동체적 반응이 대부분 중요주제가 된다.

개인적 차원의 시와 같이 보이는 것이라고 할지라도 단순한 개인의 반응으로만 그치는 것이 아니라 철저하게 공동체의 근본위에 서 있는 한 개인의 반응일 경우가 많다. 이런 시들은 공동체의 특수한 역사적 상황 속에서 어떻게 하나님께 반응해야 할 것인가를 가르친다.

말씀의 책 - 그 자체가 하나님의 말씀인 시편

이렇게 시편은 기도의 책이지만 동시에 시편은 말씀의 책이다. 즉 하나님 편에서의 언약을 맺은 인간을 향해서 반응하는 책인 것이다. 여기에는 두 가지 내용이 담겨있다. 하나는 시편 자체가 하나님의 말씀이라는 것이고 둘째는 시편 속에 하나님 편에서 말씀하시는 요소가 있다는 것이다.

앞에서 약간 언급한 바와 같이 시편은 우리가 어떻게 하나님께 반응할 것인가를 가르치는 하나님의 말씀이다. 이렇게 된 이유도 이미 언급한 것과 같이 우리가 어떻게 언약적으로 하나님께 반응해야 할 것인가를 잘 모르기 때문이다. 기도를 이렇게 하라고 가르치는 하나님의 말씀은 다른 성경 65권과 판이하게 다른 성격을 가진다. 다른 성경은 그 자체가 하나님의 이스라엘을 향한 언약적 행동을 말한다. 그러나 시편은 인간이 자신을 향해서 그런 언약적 행동하는 하나님을 향해서 어떻게 행동해야 할 것인가를 가르치는 특이한 책이 되는 셈이다.

그런데 이 시편은 원래 대부분 고대의 어떤 구체적인 역사적 상황가운데 처하였던 어떤 개인과 공동체가 하나님에게 언약적으로 반응했던 내용이다. 그러므로 이것은 철저히 인간의 소리요, 비록 언약의 당사자이지만 피조물인 (영적)이스라엘이 언약의 하나님을 향해서 반응했던 소리이다. 그런데 그 옛적의 인간의 소리가 이제는 영원한 하나님의 말씀이 되어서 우리가운데 임한 것이다. 이것이 '시편계시의 신비'이다. 어떻게 인간의(언약적) 소리가 변하여 다시 하나님이 우리에게 하시는 (언약적)소리가 될 수 있는가?

이 신비는 하나님이셨던 성자께서 인간으로 내려오심과 거의 비슷할 정도로 신비로운 현상이다.(주: 우리는 이 사건의 신비를 설명할 수 없지만 카이퍼(A. Kuyper)는 그의 [성서신학 대전]에서 시편의 계시성을 '감정이입법', 즉 문학적 독자와 저자의 일치성에 근거를 두는 것으로는 설명하나, 이런 계시의 낮아지심에 대해서는 설명하지 못했다.)

그 이유를 추론할 수 있다. 친 백성을 찾으시는 언약적 자비로 낮아지신 예수처럼 동일한 이유로 이스라엘이 하나님께 반응하도록 가르치시는 것이 시편인 셈이다. 예수께서 임마누엘이라면 시편은 임마누엘 계시가 되는 셈이다. 이것이 다른 계시보다 훨씬 낮은 차원으로 임한 계시이고 그런 의미에서 시편은 너무나 우리와 가까이 와 있는 계시인 것이다. 낮아지신 하나님이신 예수를 높여야 한 것처럼 낮아지신 계시인 시편을 더욱 높이고 사랑하는 것이 실천적으로 요구된다고 할 수 있다.

하나님의 편에서의 말씀하시는 것을 소개하는 시편

둘째로 시편 속에서 하나님 편에서의 언약적 선포를 소개하는 경우가 있다. 그 중에 드물게 하나님 편에서 직접 말하는 경우를 볼 수 있다. 즉 하나님께서 직접 입으로 말씀하시는 것을 인용하는 경우인데 완악한 (영적)이스라엘의 지도자와 백성을 구체적으로 책망하기도 한다(50편).

그러나 대부분은 예배인도자가 하나님 편이 되어서 이스라엘을 향하여 하나님에 대해서 선포하고 영적 권위로 복종과 따름을 요구하는 경우이다. 이 경우는 앞에서 말한 것과 같이 한 시편 안에서 하나님의 인칭이 2인칭에서 3인칭으로 변하는 경우이다. 예배 인도자가 하나님을 2인칭으로 표현할 때는 그의 얼굴이 하나님을 향하고 예배 공동체를 등에 두고 있는 경우이다. 하나님을 3인칭으로 표현할 경우는 예배인도자가 하나님을 등에 두고 얼굴이 예배 공동체를 향하고 있는 경우로 보면 된다. 이때에 예배인도자는 일종의 하나님을 대변하는 것이 되는데, 이것이 바로 언약적 예배에 있어서 예배 인도자가 언약의 중보자로서 역할을 하는 것이다.

시편 – 언약적 관계를 통한 하나님과 인간과의 만남

구약성경 전체를 볼 때 성경은 예언자들의 신탁과 같이 예언자들을 통하여 이스라엘 백성에게 주어지는 하나님의 직접적인 계시와 여러 가지 다양한 종교적 상황 가운데서 이루어지는 하나님께 향한 기도, 하나님과 이스라엘 사이의 관계, 혹은 히브리인 상호 간의 관계를 서술하고 있다. 시편도 구약성경의 다른 책과 크게 다르지 않은데, 예언적 성격을 지닌 시편도 간혹 존재하기는 하지만, 일반적으로 대부분의 시는 하나님의 계시에 대한 응답으로서 이스라엘의 노래와 기도들이다.

이러한 관점에서 볼 때 시편 신학에서 중요한 특성이 있다면 그것은 하나님과 인간과의 만남이다. 따라서 시편에서는 이러한 관계를 표현하기 위한 하나님과 이스라엘 백성에 대한 비유적 표현이 상당수 등장한다. [예를 들면, 목자, 왕, 남편, 아버지, 어머니 등과 같은 표현] 이러한 표현은 하나님께서 이스라엘 백성과 나누시는 특정한 관계적 측면을 강조할 때 사용되었다. 그런데 이 시편이 제공하는 이러한 비유적 표현을 가장 잘 표현해 주는 포괄적 이미지는 바로 "언약"이다. 그 중심에는 시편 당사자라고 할 수 있는 이스라엘 백성과 하나님과의 언약관계가 자리하고 있다. 즉 시편은 바로 언약 개념에 그 뿌리를 둔 하나님과의 관계에서 비롯된 하나님께 대한 깊은 지식에 그 근원을 두고 있다. 즉 한 개인이 자신을 구원해 주실 것을 요청하는 시인에게 하나님이 그를 구원해 주셔야만 하는 유일한 근거는 이스라엘 백성이 "언약적 사랑"에 기초한 하나님과의 언약백성이라고 하는 사실 때문이다. [언약관계에 들어가야만 하는 중요성이 여기에 있다.]

하나님의 "언약적 사랑"에 대하여 이스라엘 백성들은 하나님께 대한 기도와 찬양은 물론, 슬픔의 기도를 통해서 자신이 하나님과 친밀한 관계에 있음을 재확인하였고, 이와 같은 다양한 삶의 태도를 통하여 하나님께 응답하였다. 언약이 히브리인들의 삶 속에서 다양한 형태와 규모를 담은 이상, "언약"의 본질을 기반으로 하는 하나님과의 관계성에서 드러나는 히브리인의 다양한 삶의 모습이 나타나고 있는 것은 당연하다. 이를 테면, 시편은 즉위식과 같은 국가적인 일과 연관되기도 하고(시2편), 개인적인 성격이 짙은 기도가 있으며(시5편), 하나님의 창조의 경이로움을 찬양(시8편) 하기도 한다.

이와 같이 시편이 반영되어 있는 전체적인 삶의 범주를 통하여 우리는 시편이 추상적이고 철학적이라기보다는 하나님의 백성의 삶의 정황에서 비롯되어졌다는 것을 알 수 있다.

시편 – 인간의 감정과 상황의 축소판이자 영적 체험의 전시장

시편에 대한 신학적 의미를 찾기 위해서는 시편 본래의 의미와 신학적 특성을 고려해야한다. 시편 2편의 경우, 본래 메시아에 관한 내용과는 별도의 정황과 의미이거나 혹은 다른 용도를 지닌 것으로 인식되었으나, 이 시의 왕의 즉위라고 하는 정황과의 연계성은 한 예라고 할 수 있다. 그럼에도 현대의 독자들은 시편을 읽을 때나 혹은 시편 내용을 삶과 연관 짓고, 그것을 의미 있는 것으로 받아들이기에 앞서 인식해야 할 전제가 있다.

공동체적인 시는 물론 특히 개인적인 성격이 짙은 탄원의 형식을 띤 시 가운데 시인의 감정이 매우 거칠고 복수심에 가득 찬 경우에 신약의 예수 그리스도의 사랑의 복음의 차원은 물론 구약에서의 원수를 사랑하라는 계명(레 19:17-18; 출23:4-5)과도 전혀 어울리지 않기 때문이다. 예를 들면, 시편 58:6절에서 "하나님이여 저희 입에서 이를 꺾으소서"와, 시편 68:21절의 "그 원수의 머리 곧 그 죄과에 항상 행하는 자의 정수리는 하나님이 쳐서 깨치시리로다"와 같은 표현을 포함한 시편에 나오는 저주들, 바벨론에 대한 복수와 바벨론의 어린 아이들을 반석에 메쳐 죽이는 자가 복되다(시137:8-9)고 하는 표현 등이 해당된다.

다양한 시인들의 부정적인 표현들은 삶 속에 나타나는 악과 고통을 체험한 자의 실제적이고 자연적인 반응으로 보아야 할 것이다...

우선적으로 시편의 독자들은 시편에서 나타나는 여러 가지 면의 다양성을 인정해야 할 것이다. 부분적으로 시편에는 이스라엘 백성을 행한 하나님의 예언적인 신탁이 존재함과 동시에 하나님과 개인적인 만남에서 비롯되는 왕, 제사장, 선지자 등과 같은 다양한 인물의 고백 그리고 인간 삶의 고통스러운 현실에서 비롯된 이스라엘 백성들의 다양한 응답이 존재하기 때문이다. 즉 시편은 시간과 공간을 초월하여 모든 인간의 천성을 드러냄으로써, "각 사람"의 다양한 심적 상태와 생각을 드러내고 있다. 따라서 다양한 시인들의 부정적인 표현을 굳이 신앙적 차원에서 무리하게 극복하려는 노력으로 보기보다는 삶 속에 나타나는 악과 고통을 체험한 자의 실제적이고 자연적인 반응으로 보아야 할 것이다. 그렇다고 해서 고대 사회의 다원주의를 말하는 것은 아니다. 하나님과 이스라엘 백성의 다양한 관계성은 시편을 지배하는 요소라는 점이다. 즉 시편에 있는 기쁨과 고통 그리고 분노, 복수심과 증오심을 느꼈던 수많은 사람의 목소리와 표현은 인간의 수치스러운 습성의 표현이다. 그러므로 이것이 시편 가운데 있다고 하여 결코 '거룩한 것'으로만 간주할 필요는 없다. 비록 복수심과 증오심과 같은 감정이 결코 옳다고 할 수 없다고 하여도 이러한 감정은 삶의 부분이었다. [이런 부분이 시편이 우리에게 가까이 다가올 수 있는 부분아닌가? 인간의 삶의 부분과 감정에서 나오는 소리들로 이해해야 한다.] 오히려 어떤 의미에서는 이러한 표현이 인간의 연약성 및 한계를 여실히 드러내 줌으로써 궁극적으로는 '죄의 고백'의 목소리를 이끌어 내어 하나님과의 관계를 통하여 정화되고 변형할 수 있는 인간 내적 삶의 한 부분을 형성할 수도 있기 때문이다. 즉 시편은 다양한 삶의 체험을 비추어 주는데 그 범위는 왕에서부터 평민에 이르기까지 참으로 다양하다.

시편은 인간의 감정과 상황의 축소판이며 영적 체험의 전시장이고, 단순할 듯 하지만 결코 단순하지 않다. 역사를 통해 내려오는 하나님과의 수많은 관계성의 체험이 시편에 공존하는 것이다. 그러므로 시편의 신학은 비록 조직적이지는 않다고 하여도 매우 방대하다는 점을 염두에 두어야 할 것이다. 결코 추상적이 아닌, 고백적이며, 찬양적인 성격을 지니고 있다.

따라서 시편은 다른 65권의 성경과 대칭을 이루어서 하나님이 우리에게 하시는 언약적 말씀과 우리가 하나님께 드려야 할 언약적 반응의 균형을 이루고 있다. 이것이 우리의 위로인 동시에 우리를 하나님 앞에서 어떻게 반응할 것인가에 대해서 대단히 능동적으로 만드는 요소이다. 많은 경우는 하나님의 말씀에 대해서 말하나 우리가 하나님께 드리는 말씀에 대해서는 말하지 않는데서 오는 불균형을 볼 수 있다.

말씀의 신학은 있으나 기도의 신학은 약하고, 하나님이 우리에게 주시는 1차적 은혜를 받는 신학은 있으나 우리의 것을 하나님께 최선을 다해서 드리고 난 뒤에 그것을 오히려 하나님의 은혜라 표현하는 2차적 은혜를 누리는 신학은 없는 것은 바로 이 이유인 것이다.

시편은 이런 신학의 불균형을 시정하고 21세기에 진정으로 하나님과 말씀을 주고받고 행동을 주고받는 새로운 하나님 나라의 역사로 우리를 초대하는 전위대 역할을 하는 특별한 계시이다.

제 2장　꿰어야 할 첫 번째 단추 (시편 131편)

"하나님과의 온전한 언약 관계 속에 들어가 있는가?"

　이 첫 번째 단추가 꿰어져야 진정한 안식과 쉼을 경험할 수 있다. 이것을 경험해 보지 못하고 감당하는 신앙생활과 직분은 무거운 짐이고 고통일 뿐이다…. 그 속에는 기쁨도 감사도 있을 수 없다. 이 관계 속에서만이 믿음의 상상력과 기적은 나타날 뿐이다…

우리 신앙생활에서 반드시 꿰어야 할 첫 번째 단추는 하나님과의 온전한 언약 관계 속에 들어가는 것이다.

오늘날 유학 갔다온 신학자들이 이제는 넘치는 시대를 맞이하고 있다. 신학교에서 강의 할 사람들이 넘치는 것이다. 그럼에도 불구하고 신학교에 변화가 일어나지 않고, 한국 교회에 더 나아가서는 한국 사회를 정화할 수 있는 자정 능력이 없는 것은 왜 일까? 갈수록 교회는 피폐해지고 목회자들의 도덕적 불감증은 끝이 보이지 않는다. 세상 역시도 비리와 타락으로 걷잡을 수 없는 내리막길로 내치달고 있다.

이미 유럽은 그 아름답던 교회의 모습은 무너져 버렸고 이제 무너진 교회위에 이슬람 신학교를 세우고 은근히 과시하고 있다. 기독교는 아이출산을 기피하고 있는데 반해 이슬람은 출산을 장려하여 세를 과시하고 있다.

이제 우리가 할 수 있는 길은 하나님 말씀으로 돌아가는 길 밖에 없다. 예전에 읽던 방법으로 하나님의 말씀으로 읽고 상고하는 것이 아니라, 하나님의 원리대로 말씀을 상고하는 것이 절대적으로 필요하다.

그런데 성경은 무엇이 인간이 가장 약하다고 말하고 있는가? "마땅히 빌 바를 알지 못하나"(롬 8:26) 즉 인간은 무엇을 기도해야 하는지를 모른 다고 말하고 있다. 심령을 움직이는 기도, 사심이 없는 기도, 하나님을 움직이는 기도를 하지 못하고 있다고 말하고 있다.

"말씀"이라는 히브리 단어 속에는 말뿐만 아니라 행동하는 것까지도 포함하는 것을 의미한다. "듣다"라는 동사 역시 그 의미 속에는 '순종'의 의미까지를 포함하고 있다. 따라서 말씀을 듣는다는 것은 듣고 순종하는 것까지 나아가야 함을 말하고 있는 것이다. 기도 역시도 우리가 말로서 하는 것일 뿐만 아니라 행위를 통해서 기도할 수 있는 것까지를 의미하는 것이다. 따라서 첫째는 말로서 하는 기도가 온전해야 그 다음 행위로서 하는 기도를 잘 할 수 있다. 우리가 알고 있는 기도 중에 대표적인 기도가 있다면 주기도문일 것이다. 그러나 주기도문외에 가장 잘 나타나있는 기도가 바로 시편기도이다. 시편기도를 잘 배워야 바르게 기도를 할 수 있다.

시편기도는 간이 부은 기도이다. "하나님! 나 죽으면 당신 손해인 것 아시죠? 내가 죽으면 당신 앞에 찬양할 입술 하나가 없어지는 것 아시죠? 그러니까 나 살려주셔야 합니다!" 하는 식의 배짱 있는 기도 담대함이 넘치는 기도가 시편기도이다.

시편 74편을 보면 예루살렘이 망가지고, 하나님 나라가 붕괴되어버린 참담한 상황에서 폐허된 하나님 나라를 붙잡고 어떻게 기도할 것인가를 말하고 있는 내용이다. 혹시 여러분이 다니던 교회가 풍비박산이 나고 어려움 가운데 처한 경험이 있는가? 교회가 깨어지게 되고 많은 성도들이 나뉘어져 어려움에 처하게 되고 하나님나라 마저도 그 존립이 어려워 고통가운데 있는 상황을 경험을 해보았는가? 시편 74편은 바로 이런 상황에서 "하나님! 어찌 당신의 아들들이 이런 비참함 속에 있는데 당신이 가만히 계십니까? 당신하고 우리가 남입니까?" 하고 절규하는 기도의 내용이다.

이런 기도는 어떤 분명한 관계의 확신 속에서 만이 나오는 기도임이 분명하다. 당신하고 우리는 떼애야 뗄 수 없는 언약적 관계라고 하는 관계의 확신 속에서 말하고 있는 것이다. 이 기도는 개인적인 기도가 아니라, 하나님의 거룩한 나라를 위한 통곡이고 절규이다. 느헤미야는 본인의 죄와 열조의 죄를 지고 하나님께 기도한다고 말했다(느9:2). 열조는 죄를 짓고 죽으면 끝나는 것이 아니라 지금까지 그 영향을 미치는 것이다. 따라서 느헤미야는 열조의 죄를 놓고 기도를 했다.

시편은 우리가 기도할 때 개인적인 기도뿐만 아니라 공동체 기도를 어떻게 할 것인가를 잘 말해주고 있다. 시편을 통해서 어떻게 기도하고 어떻게 행동하고 어떻게 살 것인가를 배워야 하는 것이다. 시편은 삶의 동기와 행위의 동기를 배우게 하는 것이다.

내용적으로 시편의 출발이라 할 수 있는 시편131편은 가장 짧은 시편 중에 하나이다. 그러나 또한 이 시편 131편에는 한 편의 시편에 기도와 (1절과 2절) 설교(3절)가 같이 있는 시편이기도 하다. 그 내용을 보면 하나님의 나라의 지도자가 자신의 실제를 솔직하게 생각해 보는 것이 필요한 것임을 나타내 주고 있다(시131:1). 명색이 지도자인데 내가 할 수 있는 것은 "실로 내가 내 심령으로 고요하고 평온케 하기를 젖 뗀 아이가 그 어미 품에 있음 같게 하였나니 내 중심이 젖 뗀 아이와 같도다"(2절)의 모습 밖에는 아무것도 없습니다! 라고 고백하고 있다. 우리가 이런 근본적 체험을 해야 하는 것을 말하고 있는 것이다. 즉 "하나님 품 안에 정말 쉬어 봤는가!" 하는 근본적인 질문을 던지고 있는 것이다.

비전이 어떻고, 큰일이 어떻고, 하는 것이 중요한 것이 아니라 하나님 품안에 쉬어보는 근본적인 체험을 해 봤느냐! 이것이 하나님 나라의 근본적인 출발이라고 호소하고 있다. 이것이 시편131편의 가장 중요한 메시지이다. 단순히 '예배자의 겸손'만을 가르치기 위한 찬양의 시라고 말하기에는 하나님의 의도와는 조금 거리가 있다. 그래서 어떤 신학자는 "매우 짧은 시편이지만 가장 긴 묵상을 요구하는 시다"라고 말했다. 그 속에 들어 있는 심오한 의미를 묵상하기 위해서는 시간이 필요함을 강조하고 있다. 그 만큼 말씀이 깊다는 뜻이다.

행위의 동기, 삶의 동기가 어떤 것이냐 하는 것이 중요하다. 문제는 진정 하나님 품안에서 쉴 수 있느냐 하는 것이 중요하다. 아무리 중요한 일을 한다고 할지라도 아무리 큰일을 한다고 할지라도 그 일이 나를 감추기 위해서 하는 일이고 나를 들어내기 위해서 하는 일이라면 그 안에서는 결코 쉼을 얻을 수 없다. 우리 주변에는 "속에 비밀을 갖고 사는 무서운 사람"들이 많이 있다. 이런 사람은 그 어떤 것을 성취해도 결코 만족할 수 없는 사람이다. 이 사람은 결코 하나님 품 안에 쉬는 체험은 있을 수 없다.

젖을 떼는 것은 어머니를 떠나는 것이 아니라 어머니 품에 있는 것을 의미한다. 젖 뗀 아이에게 어머니는 그의 즐거움이다. 물론 젖 먹는 즐거움은 거부되었지만 그 어머니에게서 위로를 발견할 수 있고 평안을 발견할 수 있고 쉼을 발견할 수 있다면 그 아이는 영적인 유아기를 떠나 장성했다는 복된 표시라고 말할 수 있다. 어떤 사람은 아비가 되어야 할 때도 젖먹이로 있고 어떤 사람은 젖떼기가 힘들어 울고 싸우고 부모의 까다로운 권징에 화를 내기도 하는 사람도 있다. 그러나 우리들 중에는 젖은 이미 뗐지만 엄마의 그 가슴을 다시 갈구하고 엄마 품이 그리워서 울고 있는 나약한 사람들도 발견하기도 한다. 그런 가운데 나의 이런 나약함과 연약함과 싸워서 이기려고 노력하는 가운데서 오는 고난과 옛 사람과 싸워서 정복하려는 데서 오는 고난은 복된 것이다.

이제 우리는 하나님이 위로를 주실 때만이 아니라 우리를 시험하실 때도 하나님을 사랑하는 법을 배울 수 있어야 한다. 내가 하나님을 아는 지식이 없는 열정으로 무엇인가를 하려고 할 때 하나님은 대답이 없을 수 있다. 내가 열심히 무엇인가를 해서 하나님을 기쁘게 하고 주의 나라를 위해 무엇인가를 기여하려고 하는데도 하나님은 대답이 없이 나를 외면할 수 도 있다. 몇 날 밤을 잠을 자지 않고 열심히 준비해서 이제는 일할 때가 되었다고 생각했지만 아직은 아니라면서 거들떠보지도 않을 때도 있다. 하나님은 무엇인가를 내가 도화지에 그려 와서 그것을 하겠다고 하는 것을 원하시지 않는다. 물론 때로는 그런 적극적인 행동을 원하실 때도 있지만 그러나 아무것도 그려지지 않은 하얀 백지를 들고 오기를 하나님은 원하신다. 그리고 그림은 하나님 마음대로 그리시도록 맡기기를 원하시는 것이다. 조급해 하는 것도 아니다. 무엇인가 한 번 큰일을 해서 하나님을 기쁘게 하겠다는 생각도 아니다. 주를 위해 내가 뭔가 해 보겠다는 것 역시 아니다. 그저 하얀 백지를 가지고 와서 그림은 하나님께서 그리도록 나를 맡기기를 원하시는 것이다. 나에게 필요한 것은 어떤 그림도 비전과 큰일도 아니다. 나를 하얀 백지와 같이 하나님께 내 드리는 것이다. 그리고 주께서 원하시는 그림을 마음껏 그리도록 내 맡기는 것이다. 이것이 젖 뗀 어린 아이가 어미 품 안에 있는 것과 같은 것이다. 먹을 것은 이제 때가 되면 엄마가 주시는 것이다. 내 나이와 형편과 환경과 처지에 맞게 주시는 것이다.

하나님은 말씀하신다. "내가 너에게서 네가 가장 소중하게 생각하는 모든 것을 다 가져가도 네가 나를 찬양할 수 있겠느냐?" 이것에 "예"라고 대답할 수 없다면 너는 나와 아직도 시작도 되지 않았다고 말씀하시고 있다. 그러나 이제 내 속에 있는 모든 것 그것이 어떤 것이든지 다 쓰레기통에 집어넣었습니다! 오직 당신만이 나의 전부입니다! 라고 나를 하얀 백지로 드릴 때 하나님과 나는 비로소 시작되는 것이다. 주님은 지금 우리와 이런 관계로 시작하시기를 원하신다.

창세기 22장에 보면 하나님은 아브라함에게 "네 아들 네 사랑하는 독자 이삭을 바치라"고 말씀하신다(창22:2). 이삭은 하나님께서 아브라함에게 주신 축복의 선물이었고 아브라함에게 있어서 이삭은 모든 것이었다. 그러나 하나님은 아브라함에게 있어 하나님 이외는 그 어떤 것도 하나님 위에 있어서는 안 된다는 말씀이었다. 그것이 하나님이 주신 아들이라고(선물) 할지라도, 그것이 하나님이 주신 축복이라 할지라도 말이다. 순종한 아브라함에게 하신 하나님의 말씀은 "내가 이제야 네가 하나님을 경외하는 줄을 아노라!"(창22:12)였다. 내가 성취한 일이, 내가 교회를 성장시킨 일이, 내가 큰일을 한 일이 나의 유산이 아니라 하나님 당신만이 나의 유산이라고, 나의 전부라고 고백하기를 하나님은 원하시는 것이다. 우리 가운데 근본적으로 있어야 할 것이 무엇인가를 확신케 하는 것이라고 할 수 있다.

주님이 주시는 진정한 안식은 온전한 관계 속에서만 가능...

마태복음에 보면 "수고하고 무거운 짐 진 자들아 다 내게로 오라 내가 너희를 쉬게 하리라"(마11:28절)라고 말씀하신다. 여기서 '수고하고'는 내가 문제를 만들어서 내 스스로 고통 중에 있는 자들을 의미 한다면 '무거운 짐'은 타인에 의해서 고통 중에 있는 자들을 의미한다 할 수 있겠다. 그런데 주님은 주님께 와서 짐을 내려놓는 것이 쉼(안식)이라고 말씀하시고 있다. 이것을 1차적 쉼(안식)이라고 한다면, 또한 주님은 "나는 마음이 온유하고 겸손하니 나의 멍에를 메고 내게 배우라 그러면 너희 마음이 쉼을 얻으리니"(29절)고 말씀하시며 이번에는 짐을 짊어져야만이 주어지는 쉼(안식)을 말씀하시고 있다. 이것을 우리는 2차적 쉼(안식)이라고 말한다.

1970년부터 Jesus mouvement(예수 운동)이 일어났다. 그때 가장 인기 있는 찬양가운데 하나가 "너 자유 얻었네 나 자유 얻었네 우리 자유 얻었네"라는 찬양이었다. 하나님 안에 우리 인생의 모든 짐을 맡길 때 주어지는 자유를 찬양한 것이었다. 그러나 모든 사람들이 "너 자유 얻었네 나 자유 얻었네" 하고 펄펄 뛰지만 주님은 그 다음 다시 주시는 주님의 짐을 질 수 있어야 진정한 안식에 들어갈 수 있다고 말씀하시고 있는 것이다. 즉 참된 쉼을 얻기 위해서는 짐을 버리는 것이 시작이고 이것이 첫 번째 쉼이라면, 이 1차적 쉼을 경험한 자만이 29절에서 주님이 말씀하시는 '나의 멍에를 메고' 즉 주님이 주시는 짐을 짊어질 수 있는 것이다. 또한 그것이 '너의 마음이 쉼을 얻을 수 있다'고 말씀하시고 있다. 이 주님이 주시는 짐을 짊어지는 것이 2차적 쉼이고 이것이 진정한 쉼이라고 말씀하시고 있는 것이다.

문제는 이 첫 번째 안식조차도 얻지 못하고 경험하지 못한 자들이 두 번째 안식을 얻고자 하는 일들이 우리 주변에는 너무나도 많이 있다. 즉 무거운 짐을 버림으로써 얻어지는 안식을 얻지 못한 가운데서 또 다른 짐을 짊어지려고 하는 자들이기에 결코 그들은 안식을 얻을 수 없다. 하나님을 믿어도 뭔가 불만이 있고, 무엇인가 채워지지 않아 갈급해 하고 진정으로 거듭났고 성령이 내 안에 내주하신다고 하면서도 근본적인 변화를 찾아볼 수 없는 사람들, 옛 사람의 속성과 습관과 개성이 그대로 넘치고 있는 사람들 이런 사람들은 아직 1차적인 안식조차도 얻지 못한 사람들이라고 말할 수 있다. 이런 자들이 목회를 하고 주의 일을 한다면 그 사역 자체가 고역일 것이다. 왜냐하면 첫 번째 짐도 해결하지 못한 상태에서 또 다른 2차적 짐을 짊어졌기 때문이다. 그러니 힘 들 수밖에 없는 것이다.

　마음이 온전히 하나님을 향하고, 하나님 앞에 온전히 쏟아서, 더 이상 수고하고 무거운 것들이 나를 지배하지 못하는 상태를 이루어야 만이 첫 번째 안식은 주어지는 것이다.

　이제는 제대로 된 그리스도인으로 출발을 가지는 것이 너무나도 중요하다. 하나님 앞에 다 내어 놓는 관계가 되고 모든 것을 다 드리는 내어 줌의 관계가 되지 않으면 결코 하나님과의 온전한 관계는 이루어 지지 않는다. 오늘 우리 교회 안에는 아직도 온전한 관계가 무엇이고 무엇이 진정한 신앙의 출발인지 조차도 모르고 신앙생활 하는 사람들이 의외로 많다. 어쩌면 이것이 오늘 우리 기독교와 교회에 문제라고 해도 과언이 아닐 것이다. 왜냐하면 교회의 모든 문제의 원인은 바로 이 관계가 정립되지 못한데서 부터 시작되기 때문이다.

　여러분의 삶 속에 놓지 못하는 한 가지가 있는가? 그렇다면 당신은 아직도 하나님과 온전한 관계에 들어간 것이 아니라 들어가기 위한 준비 중에 있다. 그것이 무엇이든지 하나님 앞에 내 놓을 수 있을 때 하나님 품 안에 들어 갈 수 있고 진정한 안식은 시작되는 것이다. 하나님은 전부 아니면 전무(All or nothing)를 원하시는 것이지 대충을 원하시는 것이 아니다. 아직도 세상 것에 대한 집착이 있고 또 그것들이 당신의 삶을 주관하고 있다면 아직 시작이 안 된 것이다. 이 근본적인 해결이 있어야 만 주님이 주시는 쉼(안식)의 관계로 들어 갈 수 있다.

하나님과의 온전한 관계가 시작되었는가...

하나님은 오늘도 "너는 나의 보배라! 너는 나의 존귀한 자다?"(신 26장)라고 말씀하시고 있다. 내가 무슨 특별한 일을 해서가 아니라 내 자체가 소중하고 귀한 존재라고 말씀하시고 있다. 문제는 하나님과의 근본적인 이 언약체결관계로 들어가야만 한다. 이 근본적인 첫 단추를 바로 꿰는 것이 절대적으로 필요하다. 이것이 되지 않으면 내가 교회에 있으면서도 다른 사람을 힘들게 하고 다른 사람들을 아프게 하는 걸림돌일 수밖에 없는 것이다. 이것은 근본적인 변화가 없기 때문에 그렇다.

이제는 문턱을 넘어 갈 수 있어야 한다. 주일 성수나 하는 것으로 만족하고 망설임 속에 겨우 십일조 정도 하는 것으로 감사헌금 하는 것으로 만족하는 것이라면 그것이 나의 또 다른 의와 자랑이 되는 것이라면 하나님과의 관계는 온전히 이루어졌다고 말할 수 없다. 즉 하나님과의 관계가 온전히 시작되었다고 말 할 수 없다는 말이다.

하나님은 우리에게 어떤 것을 주셨는가? 하나님은 우리에게 전부를 주셨다. 당신의 몸과 피를 다 주셨다. 우리는 지금 그 하나님 안에 들어가 쉬는 것이 필요하다. 진정한 안식이 필요하다. 하나님 안에서의 안식이 있고 난 그 다음부터 주의 일도 있고 비전도 있고 소망도 있는 것이다. 믿음의 행함도 있는 것이다.

지금 우리는 중요한 시간 앞에 와 있다. 이것이 어쩌면 우리에게 주어지는 마지막 기회일지도 모른다. 우리 신앙의 성패를 좌우할 수 있는 기로인지도 모르겠다. 모든 거짓과 위선이 아닌 진솔한 모습으로 "내가 하나님 앞에 솔직하게 서는 것이 필요한 때이다!".

나는 지금 어디에 서 있는가? 하나님과의 온전한 관계에 들어가 있는가? 이 첫 번째 단추는 바로 꿰어져 있는가? 아니면 신앙생활은 오래는 했지만 아직도 첫 번째 단추도 바로 꿰지 못하고 그 주변만 맴도는 그런 사람은 아닌가? 오늘 하나님은 우리를 초대하시고 있다. 진정한 안식 속에서 우리가 쉼을 얻고 능력 있는 그리스도인으로서 주님과 대화하기를 원하시고 있다. 마치 젖 뗀 아이가 어미 품속에 있는 것처럼 그리고 주님이 주시는 생명으로 충만하기를 원하시고 있다. 생명이 있어야 생명을 줄 수 있다. 내게 지금 생명이 없으면서도 감정적인 열심만 가지고는 아무것도 할 수도 줄 수도 없다. 그것은 오히려 더 무거운 짐을 스스로에게 짊어지게 하는 것에 불과하다.

지금 우리에게 필요한 것은 주님 안에 들어가 얻을 수 있는 진정한 안식이다. 첫 번째 단추를 지금 바로 꿰어야 하는 것이다. 그렇지 않으면 지금 우리에게 소망은 아직 멀리 보이는 것일 수밖에 없다. 또 분명 그것은 주님의 뜻이 아님이 분명하다.

지금 당신은 주님 안에 들어가서 안식과 쉼을 얻고 있는가? 주님과 온전한 관계는 이루어지고 있는가? 아니면 시작도 안 된 관계인가? 그렇다면 당신은 아직도 무엇인가를 놓지 못하고 있는 것이 있고 주께 맡기지 못하고 있는 것이 있다. 바로 이 시간 그것을 놓아야만 한다. 그것을 주님 앞에 내려놓아야 한다. 그럴 때 주님이 주시는 쉼이 주장하실 것이다. 그 때부터 하나님과의 온전한 관계는 시작되는 것이다. 그 때부터 내가 소망하는 진정한 주의 일은 시작되는 것이다. 이것이 우리 신앙의 첫 번째 단추이다.

중국에서 잠간 동안 함께 사역을 했던 선교사님 한 분이 계셨다. 그 분은 산전수전 다 겪었다고 늘 입버릇처럼 말하는 분이시다. 특별히 감사한 것은 주님을 만났다고 말한다. 그래서 당신은 이 땅에서는 더 이상 소망도 세상에 대한 애착도 없다 오직 하나님께 가고 싶다고 말하는 것이 전부였다. 또한 심장이 좋지 못해 수술을 받은 적도 있고 의사가 하는 말이 당신은 오래 살지 못한다고 말했다고 했다. 정말 많은 경험과 어려움들을 겪어낸 분이셨다.

이 선교사님은 조금 늦게 주님을 만났던 분이었다. 주님을 만나고 신학을 했지만 아직 집안의 형편이나 분위기는 그렇게 정리가 되지 않은 상황이었다. 그럼에도 불구하고 선교사님은 아직 중국과 국교가 맺어지기 전에 중국으로 건너가 선교를 시작했다. 그때는 중국 기독교 역시도 환경이 열악했기 때문에 물질이 아니면 아무 것도 할 수 없는 그런 상황이었다고 한다. 그렇다고 한국의 교단이나 교회에 정식적으로 파송을 받거나 할 수 있는 상황도 아니었다. 오직 하나님의 은혜만 믿고 건너간 상황이었다. 따라서 물질로 인해 많은 어려움을 겪었다고 한다. 이 선교사님은 자주 한국에 있는 두 명의 아들들의 은행통장을 다 털어서 중국에 건너가곤 했다고 한다. 그 통장에 있는 돈은 아들들이 자장면 배달을 해서 모아놓은 돈이라고 했다. 그 당시 아들들은 그런 아빠를 이해하지 못했고 아버지와 아들들의 관계는 극도로 나빠졌다고 했다. 아들들이 아빠가 중국에서 오면 피하고 통장을 숨기곤 했다고 한다. 그러나 선교사님은 그런 아이들을 설득해서 다시 통장에 있는 모든 돈을 다 가지고 중국에 들어가 선교를 하시곤 했다고 말했다. 그래서 인지 선교사님은 늘 검소했다. 빨강색 추리닝을 즐겨 입었다. 외출할 때도 집에 있을 때에도 오직 빨강색 추리닝 한 벌이었다. 너무 오래 입어 엉덩이 부근에 만들어진 주름은 세탁을 해도 지워지지 않을 정도였다.

    많은 이야기들로 밤을 지새운 적이 한 두 번이 아니었다. 선교사님은 오직 주님 사랑에 대해서는 철저했고 분명했다. 중국의 많은 소수민족 아이들을 가르쳐서 다시 선교사로 파송하고 주님 일을 감당하게 하는 귀한 사역을 감당하셨던 선교사님이었다.

    함께 학생들을 가르쳐 본 기억이 있어 생생하다. 학생들에게는 아주 엄격했다. 믿음이 없는 자들에게는 불같은 호령이 늘 함께 했다. 그러나 가난하고 불쌍한 자들에게는 한량없이 착하고 선하고 그들을 돕기 위해 몸부림을 치는 모습을 지켜봤다. 선교사님은 하나님과의 관계가 그 누구보다도 분명하고 확신 속에 있는 분이었다. 그렇기에 그것이 하나님의 뜻이라는 확신만 있으면 분명하게 행동하시는 분이었다. 조금도 흔들림도 후회도 없는 분이었다. 결코 낙심하는 모습도 절망하는 모습도 찾아 볼 수 없었던 선교사님 이였다. 늘 내가 만난 그 주님께 가고 싶다고 해 맑게 웃으며 입버릇처럼 말하곤 했던 선교사님 이였다.

물론 그런 선교사님을 하나님은 축복하셨다. 자장면 배달을 해서 모았던 돈을 모두 다 아빠에게 빼앗겼던 아들들은 지금 모두 대학 교수가 되어 있고 좋은 집의 딸들과 결혼도 하고 아주 훌륭한 아들들이 되어 있다. 모두가 하나님의 은혜라고 말했던 기억이 생생하다.

그 아들이 지금은 말한다. 아버지의 그런 열정을 배우고 싶다고 또 어디서 그런 확신과 열절이 생겨났는지를 알게 된 후에 그 하나님을 사랑하게 되었다고 말했다. 무엇이 아버지를 그렇게 만들었는가를 이제야 확인했다고 말했다. 감동을 받지 않을 수 없었다.

그런 선교사님이 새벽기도회를 위해 일어나시다가 그만 심장마비로 2013년 8월 28일에 소천 하셨다는 연락을 받았다. 분명 그분은 하나님과의 관계가 분명했던 분이였다. 무엇이 하나님과의 온전한 관계인가를 분명하게 보여준 선교사였다. 그것은 너무나도 분명했고 확신이 넘쳐났기에 보는 사람들로 하여금 그 속에서 주님을 볼 수 있게 했고 소망을 갖게 했던 선교사님이었다. 필자는 선교사님이 소천 하셨다는 소식을 듣고 애통하는 마음으로 그 분과의 추억을 떠올리며 생각나는 대로 몇 글자를 적어 보았었다.

당신은 내게는 참 신기한 사람이었습니다.

산전수전 다 겪어온 사람이라고 늘 입버릇처럼 이야기했지요!
28년 이상을 생명을 담보하며 중국 선교에 크게 기여하셨던
당신이었습니다. 그러면서도 결코 자랑도 교만도 하지 않았습니다.

함께 밤을 맞으며 생사를 넘나들며 선교했던 추억들을 나누었던
시간들이 새록새록 생각이 납니다.

조금은 과격하기도 했고 거칠기도 했었습니다!

그러면서도 마음이 늘 약했고 가난한 자 어려운 자를 보면
소리 내어 도왔지요??? 이것 때문에 저와 가끔 불편하기도 했지만요...!

그러면서도 참 주님을 사랑했던 당신이었습니다.
늘 나는 얼마 살지 못한다!
나는 오늘이라도 주님께 가고 싶다던 당신이었습니다.

시간이 없다! 언제 다투고 논쟁 하겠는가
'논쟁과 다툼은 좋아하는 사람들에게 맡기고
우리는 일합시다!' 라고 했지요!
그들은 아직 주님을 모르는 자들이라고 말했었지요!

어느 날 당신은 내게 말했습니다!
나는 목사님을 만나서 행복하다구요!
나는 열정만 있는데 목사님은 열정도 있고
하나님을 아는 지식도 갖춘 사람이어서 내가 배울게 많다구요...!
앞으로 구약부터 찬찬히 배워야지 했었지요...

그러나 지금 당신은 우리 곁을 떠났습니다.
선교사님과 함께 하던 날들이 그립고 오늘은 많은 것들을
생각하게 하는 날이었습니다...

나도 곧 가게 될 텐데....!
김 선교사님처럼 가고 싶어 하고, 당연히 가고,
당당히 가고, 자랑스럽게 가고 싶습니다!
조금도 부끄럽지 않게 말입니다!

오늘은 당신이 무척 그립습니다...!
이제 주님 곁에서 편히 쉬십시오!
이 땅에 남아 있는 저는 그 기한이 다 하는 날까지
열심을 다하고 갈 것입니다! 그 때 다시 만납시다.

우리 함께 주께 기억된 종으로 남길 기도하겠습니다.

지금 이 땅에는 당신 같은 주의 종이 진정으로 필요한 때이기에
더욱 안타깝고 그립습니다.

그 어떤 교단도 교회도 당신을 기억하지 못하겠지만
당신의 진정성을 알고 보았던 하나님나라를 사모하며
영혼을 사랑하는 진실한 하나님의 사람들 속에서
당신은 영원히 기억될 것입니다!!!

김 선교사님은
진정 하나님의 사람이었습니다!
예수님 앞에 멋쟁이셨습니다!
당신의 하나님나라 입성을 진심으로 축하드립니다....!

필리핀에서 당신의 동역자.

분명한 언약 관계 속에 거할 때만이 믿음의 상상력은 발휘될 수 있다...

이 첫 번째 단추가 바르게 꿰어져 있을 때 즉 하나님과 온전한 관계 속에 들어가 있을 때 하나님의 역사하심을 경험할 수 있다. 우리는 믿음에 대해 종종 말한다. 믿음이 있다 혹은 믿음이 없다 라고 평가한다. 우리가 찬송할 때도 "믿음 더욱 주소서!" 하는 찬송을 하는데 엄밀하게 말하면 이 찬송은 틀린 찬송이라고 말할 수 있다. 믿음은 한 번 주어지면 그 다음부터는 나에 문제이다. 내가 행동으로 옮기는 것도 믿음으로 반응하는 것도 모두 나에게 달려있는 것이기 때문이다.

수많은 사람들이 교회에 익숙해 있고 많은 사람들이 교회의 직분을 감당하고 헌신하고 봉사하고 있다. 그러나 실제 말하는 것을 보거나 일

하는 것을 보면 정말 저 사람이 하나님과의 온전한 언약관계 속에 들어가서 하나님이 주시는 기쁨과 평강 가운데서 일하고 있는 것인지 아니면 일은 하고 있고 말은 하고 있지만 하나님과의 관계 자체가 무엇인지 알지 못하고 성품에 따라 일하고 말하는 것은 아닌가 하고 의심하고픈 사람들이 너무나 많다. 물론 외부적으로 예쁘고 건강하고 요가를 하고 헬스를 하고 운동을 해서 아름다운 모습이면 좋다. 그러나 그 속에 진정한 하나님과의 언약관계를 통해서 오는 쉼과 안식을 경험하고 속사람이 변화되고 강건해 지는 것에 대한 감사와 감격이 있느냐 하는 것이다. 그것이 없을 때는 우리는 외적인 것에 치우치게 되어 있다. 외적으로 이루어지는 것들, 내가 가지고 있는 돈이나 내가 살고 있는 집 그리고 내가 타고 있는 자동차, 아들이 가지고 있는 사회적인 지위나 학벌 또 성취되어진 것들 이런 것에 만족감을 누리려고 하는 삶으로 치우치게 되어 있다. 우리는 이런데서 자유하고 있는가? 하나님과의 온전한 관계 속에 거하는 순간 이런 것들을 초월할 수 있는 능력이 주어지는 것이다.

당신은 정말 숨 쉴 수 없을 만큼의 힘든 난관을 뚫고 나가본 적이 있는가? 사랑하는 남편이 사랑하는 사람이 사업이 망하고 무너져 내리는 가운데 기를 쓰고 달려가 그것을 뚫고 나가본 경험이 있는가? 사랑하는 자녀에게 감당할 수없는 어려움이 닥쳐서 마치 미친 사람처럼 하나님께 기도하고 "우리 아이를 위해 기도해주세요! 우리 아이를 위해 기도해주세요!" 하면서 사람들에게 매달려 애원하며 그 어려운 환경을 뚫고 나가본 경험이 있는가? 해결해 본 적이 있는가? 그러나 이것이 전부가 아니다.
우리가 하나님나라 일을 하게 될 때 엄청난 고난이 오고 사방이 우겨쌈을 당하고 아무것도 할 수 없는, 숨 쉬는 것조차 허락되지 않는 듯한 상황을 만날 때도 있다. 그런 가운데 두려워하지 않고 피하지 않고 과감하게 돌파하고 행동할 수 있는가? 하나님은 우리가 그 단계로 성장하기를 바라시고 기다리시고 계신다. 그러나 이런 행동은 하나님과의 관계에서 오는 확신이 없으면 불가능하다.

　믿음은 고정되어 있는 시계와 같은 것이 아니라 생명체와 같다. 우리가 이런 믿음을 행하기 위해서는 우리 속에 있는 고정관념을 깨뜨려야 한다. 그것은 믿음은 받는 것이라고 하는 고정관념이다. 믿음은 받는 것이 아니라 내가 행하는 것이다. 하나님께서 내려주신 그 은혜에 내가 행함으로 나의 믿음을 올려 드리는 것이다. 그래서 하나님께서 내려 주시는 은혜와 이 땅에서 내가 올려드리는 믿음이 만나는 그 자리가 기적이 만들어 지는 자리가 되는 것이다. 우리는 이 믿음을 키우고 가꾸는 것이 필요하다. 그 동안 우리는 우리의 믿음을 너무 수동적인 믿음으로만 만들어 왔다. 그래서 뭐든지 달라고만 하는 믿음의 단계에 머물러 있다.

　믿음의 상상력이라는 말을 들어본 적이 있는가? 우리는 그 동안 우리 신앙의 선배들의 모든 것을 무조건적으로 따라하는 것이 전부였다. 창세기 26장에 보면 이삭에 대해 말하고 있다. 이삭은 아버지 아브라함을 그대로 따라 행동하는 모습을 볼 수 있다. 아버지 아브라함은 애굽의 바로에게, 그랄 땅에서 아비멜렉에게 두 번씩이나 자신의 아내를 누이라고 불렀던 부끄러운 행동을 했다. 그래서 세상으로부터(바로/아비멜렉) 혹독한 책망을 들었던 실수를 한 경험이 있다. 그러나 이삭은 그런 아버지를 그대로 답습하여 리브가를 자신의 누이라고 할 정도로 수동성을 보이는 모습을 볼 수 있다(창26:1~11).
　뿐만 아니라 그랄에 거했던 이삭은 하나님께서 복을 주시어 거부가 되었는데 이를 보고 시기하는 블레셋 사람들이 아버지 아브라함 때 팠던 모든 우물들을 흙으로 모두 메워 버렸다. 이삭은 그것을 전쟁을 통하든 어떤 방법을 통해서든지 찾으려고 하기보다는 떠나서 다른 곳으로 가서 또 우물을 파는 그 곳에서 또 문제가 되면 그 우물을 버리고 또 다른 곳으로 가서 우물을 파는, 평화를 위해서 양보하는 소극적인 모습을 보인다(창26:12-22). 어쩌면 당시 야곱과 에서는 허구한 날 이삿짐만 쌌을 것이다.

믿음의 상상력이라고 하는 것은 하나님이 가르쳐 주는 것이 아니다. 역사 현장 속에서는 가르쳐 주지 않고 관계의 확신 속에서 믿음을 가지고 스스로 나가 싸우게 하시는 것이다. 물론 우리가 천국에 가서보면 모든 것이 다 하나님께서 주신 지혜인 것을 알고 하나님께 감사와 영광을 돌리게 될 것이다. 그러나 지금 우리가 살고 있는 이 역사의 현장 속에서는 믿음의 상상력을 하나님께서 가르쳐 주시지는 않는다. 따라서 우리는 이 역사의 현장 속에서 뿐만 아니라 우리의 삶의 현장 속에서 믿음을 가지고 견디어야 하고 싸워나가야 하는 것이다. 그럴 때 믿음의 상상력은 보여 지고 깨닫는 역사가 있게 되는 것이다.

성경에서 보면 하나님과의 분명한 언약관계의 확신 속에서 믿음의 상상력을 가지고 하나님의 역사를 이루고 난관을 돌파했던 두 인물이 있다. '여호수아와 사사 입다' 라는 사람이 있다. 이 두 인물에게 하나님은 미리 이런 것들을 가르쳐준 것이 아니었다. 오히려 하나님께서는 이 믿음의 사람의 말을 듣는 상황이다. 하나님께서 가르쳐 주시지 않았는데도 상상해 보는 것이다. 믿음의 상상, 즉 영적인 상상을 해 보는 것이다. 그리고 그것이 어렵다고 생각하지 않는 것이다.

여호수아 10장에서 보면 이스라엘이 홍해를 건너고 여리고를 무너뜨리고 아이성을 무너뜨렸다는 소식은 가나안 땅에 있는 모든 족속들에게는 간담이 서늘한 소식이었고 두려움에 떨게 하기에 충분한 소식이었다. 그런데 가나안 7족속들 중 한 족속이 꾀를 냈다. 그 족속이 바로 기브온 족속이었다. 그들은 모두가 다 떨어진 옷을 입고 낡은 신을 신고 지친 모습을 하고는 여호수아에게 와서 하는 말이 '우리는 변방에서(먼 나라에서) 오는 사람들이라고 말하고는 당신들이 지금까지 있었던 모든 일들을 다 들어 알고 있다. 우리 모든 족속들은 당신을 주인으로 섬길 것이다. 우리와 조약을 맺어 달라' 는 것이었다. 그러자 여호수아는 그들과 조약을 맺었다. 그들을 죽이지 않겠다는 조약이었다. 그러나 나중에 그들은 변방에서 온 사람들이 아니라 가나안 족속들이었다. 이 사실을 여호수아가 알았지만 그들과 맺은 화친 조약을 파기하지 않았다. 그것은 변개치 못할 하나님의 이름으로 맹세했기 때문이었다.

　이것이 바로 언약이 주는 교훈이다. 이스라엘은 시내산에서 하나님과 피를 뿌리며 언약을 맺었고 또한 예수그리스도의 피로 새롭게 언약을 갱신했다. 그러나 우리는 그 언약을 어기고 하나님께 죄를 짓고 불순종하는 데도 하나님은 그 언약을 파기하지 않으시고 끝까지 우리를 사랑의 대상으로 자비의 대상으로 긍휼의 대상으로 여기는 것은 바로 변개치 못할 하나님의 이름을 걸고 피로써 맺은 언약 때문이다.

　그 결과 조약대로 행하다보니 전쟁이 오히려 더 커져버렸다. 지금 그들은 겉으로는 여호수아와 조약을 맺고는 안으로는 가나안 족속들과 연합하여 한꺼번에 쳐들어오는 상황이 되어버렸다. 이 모든 것들은 기브온 족속들과 조약을 잘못 맺었기 때문이었다. 이쯤 되면 핑계대기 좋아하는 사람들은 지도자 탓을 하고 누구누구 때문이라며 원망을 하는 등 시끄러웠을 것이다. 오늘날 우리들이라면 어떤 모습들일까 교회에 또 목회자에게 어떤 태도와 행동을 보일까 조용히 생각해 볼만한 일이다. 그러나 지금은 누구의 탓을 할 때가 아니라 정면으로 붙어서 싸워야 할 때였다. 여기서 지도자다운 여호수아의 모습을 볼 수 있다. 여호수아는 결단을 했다. 어찌되었든 그들을 보호해야만 했다. 하나님의 이름으로 약속을 맺었기 때문이다(수10:6-7). 여호수아는 우리가 언약 법대로 살기만 하면 그들은 우리의 밥이다 하고 기습공격을 감행했다. 기습공격은 용기 있는 자들만이 할 수 있는 전쟁방법이다. 우리가 믿음으로 행할 때 하나님의 역사가 더 크게 나타나고 있는 모습이다. 온전한 관계의 확신 속에서 행동한 여호수아의 믿음에 대한 하나님의 반응은 도망하는 그들에게 하늘에서 큰 우박 덩이를 내리게 하시므로 그들이 이스라엘 자손의 칼에 죽은 자보다 우박에 죽은 자가 더 많았다고 성경은 말하고 있다(수10:10-11).
　우리는 하나님께서 하시면 우리가 따라가겠습니다! 인데 여기서는 "너희가 하라! 그러면 내가 함께 하겠다!"는 것이었다. 이것은 우리의 삶이 언약적인 삶이 되어질 때만이 나타는 하나님의 역사이다. 여호수아는 여기서 멈추지 않았다. 그것은 완전한 승리였다. 아주 뿌리를 뽑아버리자는 것이었다. 이것은 하나님이 가르쳐 주신 것이 아니라 여호수아 스스로가 결단하고 판단하고 행동으로 나간 것이었다. 이것이 바로 여호수아의 믿음의 상상력이었다. 날이 어두워져 캄캄해져 버리면 싸워이길 수 없기 때문에 넘어가는 해를 붙들고 "태양아! 너는 기브온 위에 머물러있어라!" 시들어 가는 달을 붙들고 "달아! 너도 아얄론 골짜기에 머물러 있어라!" 라고 명령을 하고 있다. 싸워서 끝을 보자는 것이었다. "하나님! 잠깐만 저것들 좀 붙잡아 주십시오! 오늘 끝을 내버리고 말겠습니다!"라고 말하고 있는 것이다. 이것은 하나님과 여호수아와의 언약적 관계의 확신이 아니면, 여호수아가 하나님과의 온전한 관계 속에 거하지 않았다면 결코 일어날 수 없는 일이었다.
　여호수아 10장에서는 상상력이라는 단어는 단 한 번도 나오고 있지 않다. 그러나 12절에서 여호수아의 상상력이 나타나고 있다. 해를 멈추고 달을 멈추는 것 이것은 하나님이 가르쳐 준 것이 아니었다. 여호수아 스스로가 믿음의 상상력을 발휘한 것이었다. 멈추라고 명령하면 멈출 수 있다고 생각을 했고 멈추면 이길 수 있다고 생각한 것 말고는 아무 것도 없다. 이런 여호수아의 믿음의 반응에 순간순간 내려주시는 하나님의 은혜가 만나는 그 자리에서 태양은 멈추었고 달도 멈추어 버렸던 것이다. 그래시 전쟁에서 완전히 승리할 수 있는 기적의 현상이 되었던 것이다.

　성경 사사기에 보면 하나님과의 온전한 언약적 관계 속에서 믿음의 상상력을 통해 역사를 이루고 난관을 돌파했던 또 한 사람이 있다. 그 사람은 하나님나라 위대한 사사 '입다' 이다. 길르앗 사람 입다는 첩의 아들이었고 어머니가 기생이었다(삿 11장). 신분이 천한 관계로 항상 조롱의 대상이 되었고 결국에는 형제들로부터 가문의 수치라고 하여 버림받고 쫓겨나게 되었다. 그러나 입다는 신분이 천한 것에 대해 굴욕감을 느끼지 않고 하나님의 능력을 따라서 행하는 하나님 나라의 지도자가 되었다.

그런데 암몬 자손들이 이스라엘을 치려고 하는 상황이 벌어졌다. 그러자 입다를 쫓아냈던 길르앗에서 장로들이 찾아와 입다에게 당신이 우리의 군대 장관이 되고 우리의 머리가 되어 달라는 청을 하게 되었다. 드디어 입다는 이 제의에 약조를 받고 수락하게 되었다. 그리고 입다는 암몬 자손의 왕에게 사자를 보냈다. 네가 어찌하여 이 땅을 치려고 하느냐는 이유를 물었다. 그러자 암몬의 왕의 대답은 이스라엘이 애굽에서 올라올 때 이 땅을 취했기 때문이며 지금 그 땅을 돌려받기 위한 것이라고 대답했다. 그러자 입다가 다시 사자를 통해 대답하기를 결코 이스라엘이 너희 땅을 취하지 않았다. 너희는 한 때 우리가 그 땅을 지나갈 것을 부탁하였지만 너희가 허락하지 않았고 오히려 우리를 너희가 치려 하매 하나님께서 너희를 이스라엘에게 붙이셔서 이스라엘이 너희를 쳐 취한 것이었다. 따라서 이스라엘 하나님 여호와께서 너희들을 쫓아내셨거늘 너희가 어찌 그 땅을 얻고자 하느냐? 내가 네게 죄를 짓지 아니했거늘 네가 나를 쳐서 내게 악을 행하고자 하느냐? 하나님께서 판결하실 것이다 하고 물러가라! 고 했지만 그러나 암몬의 왕은 이 말을 듣지 않았다. 그러자 전쟁이 발발하게 되었다(삿11:28).

입다는 믿음을 가지고 행동으로 실행하는 모습을 모였다(삿11:29). 그리고는 입다의 믿음의 상상력이 나타나고 있다. 그것이 바로 "입다의 서원"이다(삿11:30-31). 전쟁의 책임을 하나님께 돌리고 자신이 할 수 있는 것을 하나님께 서원하는 것이었다. 그것은 입다의 딸을 하나님의 사람으로(영원한 나실인으로) 그리고 번제로 드릴 것을 서원한 것이었다. 이것은 하나님이 가르쳐 주신 것이 아니었다. 오직 입다의 믿음의 상상력이었다. 이것은 믿음에서 나오는 용기였고 죽을 각오로 싸움에 임하는 입다의 결사항전의 자세였다. "하나님 아버지! 제가 이렇게 하겠습니다. 역사해 주시옵소서!" 라고 했던 것이다.

지금 우리에게 필요한 것은 이런 믿음의 결단과 상상력이 필요하다. 우리는 지금 이 암울한 세상에서 하나님의 자녀로서 당당하게 살 수 있어야 하는 것이다. 싸워서 이길 수 있음을 눈으로 볼 수 있어야 한다. 막연하게 이길 수 있을 것이라는 것이 아니라 이길 수 있음을 볼 수 있어야 하고 믿어야 한다. 이것이 지금 우리에게 필요하다.

여호수아처럼 태양을 멈추고 달을 멈출 것을 상상할 수 있는 담대함을 우리도 가질 수 있어야 한다. 입다처럼 자신의 신분과 환경과 연약함과 그리고 조건들을 가만히 앉아서 한탄만 하는 것이 아니라 하나님이 주시는 능력대로 행하고 행동으로 옮기는 믿음의 상상력이 지금 우리에게 필요한 것이다. 이것만이 오늘 우리의 타락과 방탕을 극복할 수 있다. 그렇다고 허망한 것을 상상하라는 것은 결코 아니다.

종이위에 그려진 호랑이를 바라보고 놀라거나 두려워하는 어리석은 자가 되지 말아야 한다. 이것이 우리가 만나는 두려움과 어려움들이다. 그 종이호랑이 뒤에 녹음기를 틀어놓고 으르렁 하는 소리와 선풍기를 틀어놓고 마치 호랑이가 움직이는 것처럼 하는 효과를 보고 두려워하거나 놀라지 말고 당당히 그 종이호랑이를 찢어버리면 되는 것이다. 그것은 단지 종이호랑일 뿐이다. 그 녹음기와 선풍기를 돌게 하는 전기코드를 **빼**버리면 되는 것이다.

우리는 믿음을 통해서 난관을 잘 뚫고 나가고 고난을 통과할 수 있는 믿음을 가져야 한다. 이겨내는 믿음으로 성장해 나가야 한다. 그러기 위해서는 하나님과의 관계의 온전함에 이르지 않고서는 불가능하다. 실제 내가 하나님과 어떤 관계인가를 체험적으로 경험하지 못하고서는 항상

이론만 있을 뿐이다.

　하나님은 오늘도 우리가 관계의 온전한 확신을 통하여 믿음의 상상력을 가지고 행동으로 우리의 믿음을 올려드리기를 원하시고 계신다. 그리고 하나님께서 우리에게 한없는 은혜를 부어 주시기를 원하시고 계시는 것이다. 그래서 우리가 이 땅에서 기적의 주인공이 되어서 당당하고 담대한 인생으로 승리하며 언약 백성다운 삶으로 살아가기를 하나님은 원하시고 있는 것이다.

　지금 당신의 믿음은 어떤가 아직도 달라는 기도가 전부인가? 그 기도 속에서는 하나님의 역사는 찾아보기 힘들다. 물론 하나님의 특별 은총으로 역사하실 수 있다. 그러나 지금 우리에게 필요한 것은 관계의 확신 속에서 "믿음의 결단과 상상력이 필요"하다.
　결단하라! 상상하라! 그리고 행하라! 그리고 기도하라! "아버지 제가 이렇게 하겠습니다! 역사해 주옵소서...!

　여러분은 사울이라는 사람을 어떤 사람이라고 기억하고 있는가? 요즘 말로 표현한다면 얼굴 짱 이었고 몸 짱 이었다. 귀골이 장대하고 잘생기고 멋진 사람이었다. 한 때는 경건한 사람이었고 하나님을 아는 사람이었다. 베냐민 지파의 소망으로 세워진 하나님의 사람이었고 이스라엘의 최초의 왕이었다. 그러나 욕심과 명예와 질투와 질시의 영에 사로잡힌 사람이었다.
　사울을 통해 우리에게 교훈하고자 하는 것이 있다면 한 때는 하나님의 사람이었다고 할지라도 마귀의 자식이 될 수 있음을 보여주는 한 예라고 할 수 있을 것이다. 하나님께서는 우리를 창세전에(만세전에) 작정하시고 예정하시고 섭리하시며 구원하신 것은 사실이다. 그러나 예수님의 씨 뿌리는 비유에서처럼 어떤 씨는 길가 밭에 또 어떤 씨는 돌작밭에 또 어떤 씨는 가시밭에 그리고 옥토 밭에 떨어질 수도 있음을 말씀하고 있다.

이것은 오늘날 교회 안에는 이런 상태로 신앙생활을 하는 사람들이 많다는 것이 문제의 심각성을 말하고 있다. 우리는 인생의 후반부에 가면 갈수록 우리 삶이 안정되기를 원하고 평안하게 안주하고 싶어 한다. 세상에서 잘되고 잘 대접받게 되기를 바라며 오히려 삶이 주는 무게로 인하여 힘이 드는 것보다는 평안하기를 원한다. 때로는 산다는 것이 허무한 생각이 들기도 하고 뭔가 깨닫고 격동하고 싶어도 육신이 마음이 따라주지 않아 낙심하게 되기도 하고 그로 인하여 때로는 서글퍼지기도 한다. 그러나 이런 것이 문제가 아니라 우리 인생이 후반부에 가면 갈수록 "내가 하나님 앞에 어떠한 존재이냐" 하는 것이 너무나도 중요하다. 우리 인생의 후반부에 갈수록 열매가 확실하게 나타나야 할 텐데 사단은 이것을 속인다. 인간적인 생각들로 하여금 쓸쓸하게 만들고 허무하게 만들고 낙심하게 만든다. '지금까지 내가 무엇을 위해 살아 왔는가! 내 인생의 끝이 겨우 이런 모습이란 말인가!' 하며 인간적으로 낙심하게 하고 우울하게 만들기도 한다. 그래서 세상 속으로 돌아가게 하기 위해 자꾸 유혹한다. 정욕에 사로잡히게 만들고, 명예와 질투와 좌절과 절망의 사람으로 만들어 버리고자 한다. 그래서 시작이 좋았다가도 끝이 안 좋은 사람들이 우리 주변에는 너무도 많다.

다윗은 성욕이라는 육신의 정욕에 붙잡혔었다. 물론 우리가 이런 모든 것을 극복할 수도 있다. 그러나 사실 이것은 우리가 죽을 때까지 따라 다니는 것임을 명심해야한다. 그리고 끝까지 싸워야 하는 것들이다. 사단이 예수님을 따라 다니면서 시험했을 때도 3가지였다. 육신의 정욕과 안목의 정욕 그리고 이생의 자랑이다(마4:1-11). 에덴동산의 아담과 하와 역시 3가지 시험 즉 "먹음직도 하고 보암직도 하고 지혜롭게 할 만큼 탐스럽기도 한 나무인지라"(창 3:6)의 시험이었다.

마지막 십자가상에 있는 예수님을 향해서도 "네가 진정 하나님의 아들이라면 내려와 봐라!" 그러면 우리가 믿겠다고 시험하고 있다. 시편 42, 43편에서도 우리 삶이 주는 무게가 너무 힘들어서 못견뎌하고, 열심히 신앙 생활하는데도 고난이 그치지 않고 환란의 끝이 보이지 않자 낙심하고 절망하는 가운데 있을 때 사단은 나타나서 "너희 하나님이 어디 있느냐! 네가 그토록 미치도록 믿고 사랑하는 네 하나님은 어디 있느냐? 네 하나님이 살아 계시다면 이럴 수 있겠느냐?" 하고 유혹하고 미혹했다.

그러나 우리가 이럴 때 조금도 흔들리지 않고 처음 자세를 붙잡기 위해서는 하나님의 말씀을 정확히 알고 그 본질 가운데 서는 것 말고는 방법이 없다. 우리는 하나님께서 나를 구원하셨다 정도가 아니라 하나님은 나와 영원한 언약을 맺었다. 그것도 피를 뿌리며 그 어느 쪽도 어기는 날에는 생명을 담보로 하는 언약을 맺었다. 그래서 나는 그 언약에 따라 법적인 지위를 부여 받았다. 오늘도 나는 그 권리를 가지고 하나님 앞에 서있는 것이다. 그 어떤 누구도 그 지위를 우습게 여길 수도 빼앗아 갈수도 없다.

하나님이 잠시 나에게 기쁨을 주실 수도 있고 그렇지 못할 수도 있다. 인간적인 행복을 주실 수도 있지만 그렇지 않을 수도 있다. 그러나 그것이 본질이 아니고 그것이 중요한 것이 아니다. 어차피 하나님을 위해 지음 받은 존재라면 이 땅의 삶이 영원한 것이 아니라면 내 육신이 고달프고 내 마음이 쓰리고 아프지만 이러한 것들을 초월할 수 있어야만 한다. 오히려 이러한 것들 저 너머에 있는 하나님의 위로를 그리워하고 하나님 나라를 소망할 때만이 하나님께서 주시는 위로와 사랑을 체험할 수 있기 때문이다. 하나님은 우리에게 그것을 원하시고 우리를 그 자리로 초대하고 있다.

오늘 우리를 힘들게 하고 고통 가운데 직면하게 하는 문제 중에 하나가 교회 안에 있는 고난이라는 문제다. 교회 밖에서 오는 것도 문제이지만 교회 안에서 오는 것들이 어쩌면 더 힘들게 하고 낙심으로 절망으로 몰아가기도 한다. 즉 신앙 밖에서 오는 것들이 아니라 신앙 안에서 오는 것들이다.

우리는 교회 안에서 신앙 안에서 역사하고 비웃고 있는 사단을 볼 수 있어야 한다. 그 사단과 싸울 수 있어야 하지 그렇지 못하면 인간적인 감정과 세상적인 방법이 동원 될 수밖에 없다. 이것이 바로 사단이 노리는 노림수이다. 사단은 여러 사람에게 파급되는 효과를 노리고 있다. 사단은 그 고난을 준 사람을 우리가 미워하게 한다. 그로 인하여 교회에서 문제를 일으키게 하고 교회를 떠나게 만들어버린다. 사단이 역사하는 고난이라고 하는 것도 점점 그 강도가 강해지고 있고 훨씬 더 지능적이고 교묘해지고 있다.

삼상 19장 1절을 보면 고난의 도가 점점 심해지고 있다. 다윗은 사울이 죽이라는 공적인 선포의 대상이 되어버린 모습이다. 이 모습은 하나님 나라에 대한 열정을 버리게 하고 다시는 교회에 가지 않겠다 하고 교회를 떠나게 만들어 버리는 모습이다. 내가 열심히 신앙 생활했지만 내가 열심히 하나님을 섬겼지만 나에게 돌아오는 것은 원수가 나를 죽이라고 공적으로 선포해 버리고 죽이려고 쫓아오는 어처구니없는 환경을 만나게 되어 버린 모습이다. 그러나 우리가 하나님 나라에 대한 열심을 잃어버리고 공동체에 복귀하지 않는다면 결국은 죽고 말 것이다. 그것은 사막과 같은 세상에 물 한 병들고 나가는 것과 똑같은 것이다. 결국 하루도 못 견디고 죽고 말 것이다.

우리 주변에는 얼마나 혼자 있는 자들이 많은지 모른다. 예배시간에만 살짝 와서 예배만 드리고 도망치듯 사라져버리는 자들 즉 교회 공동체에 들어가지 못하는 자들이다. 이런 자들은 사단이 걸려 넘어지게 하는 자들이다. 우리 중에 나도 옛날에는 열심히 했었다. 열심히 기도하고 봉사하고 전도하고 헌신했었다. 그러나 이제는 그런 것 안한다고 말하는 자들이 있다. 이런 자들 역시 사단에게 속고 있는 자들이다.

　요한계시록에서 보면 에베소교회는 주님께 칭찬도 받고 책망도 함께 받고 있다. 과거에는 좋은 교회였다. 그러나 지금은 좋은 교회가 아니라고 말씀하신다. 과거에는 칭찬을 듣는 교회였지만, 지금은 책망을 듣고 있다. 과거에는 좋은 생각을 하고 옳바른 생각을 했던 교회였다. 그 좋은 생각들을 바탕으로 좋은 행위들이 있었다. 그런데 언제부터인가 그들의 생각이 변질되기 시작을 했다. 지금 하나님께서는 에베소 교회를 평가하기를 '네가 과거에 아무리 훌륭했다고 할지라도 오늘 현재 네가 잘못되어 있으면 나는 그것가지고 너를 책망한다는 말씀이다. 그리고 네가 만일 바꾸지 아니하면 촛대를 옮기겠다고 말씀하시고 있다. 그렇다면 옛날에는 잘 믿었다가 오늘 현재는 잘 못 믿는 것, 이것을 성경은 '타락'이라고 말한다. 내가 옛날에 아무리 잘 믿었어도 오늘 현재 잘못 믿고 있으면 하나님은 이것을 '영적으로 타락했다!' 라고 말씀하시고 있는 것이다. 그것은 무엇을 말하는가 하나님은 지금 현재의 모습을 귀하게 여기신다는 말씀이다. 교회의 모습은 그럴 듯해 보이지만 그 속의 조직은 이미 다 멍들어 있고 깨져있다면 그 조직은 이미 끝난 것이다. 조직이 있다고 해도 그 조직은 껍데기를 끌고 가기 위한 피상적인 조직일 뿐인 것이다. 겉으로 보기에는 그럴듯해 보이는 신앙이지만 그 속의 알맹이가 다 무너지고 깨어져 버렸다면 이미 그것은 신앙이 아닌 것이다. 껍데기에 불과한 것이다.

　이제는 방식이 달라야 한다. 이제는 단순히 사람들 가운데 뭔가를 하려고 하는 것이 아니라 하나님의 정교한 말씀을 가지고 들어가야 한다. 때로는 날카롭고 때로는 비수와 같은 하나님의 말씀을 가지고 들어가야 한다.

　많은 어려움 속에서 오직 하나님만을 의지하고 열심을 다하는데도 불구하고 그 환경들은 조금도 변화되지 않고 오히려 더 힘들고 어려워질 때도 있다. 이런 환경들 때문에 낙심하게 되고 때로는 슬퍼지기도 한다.

그러면 그럴수록 인간적인 타협을 하고 싶은 마음이 생겨난다. 이런 유혹이 너무 많이 들고 이런 것들이 가장 힘들게 하는 것 중에 하나일 수 있다. 그런 때 일수록 유혹의 손길은 더 크게 다가올 때가 많이 있다. 그러나 그럼에도 불구하고 이를 악물고 한을 품고 견디어 내면 하나님을 끝까지 붙잡고 하나님께 소망을 두면 하나님과의 분명한 관계의 확신에 믿음을 두면 마음으로 생각지도 못하고 눈으로도 보지 못하고 귀로도 듣지 못하는 놀라운 하나님의 역사를 경험할 수 있게 해 주시는 것이다.

"사울이 산 이편으로 가매 다윗과 그의 사람들은 산 저편으로 가며 다윗이 사울을 두려워하여 급히 피하려 하였으니 이는 사울과 그의 사람들이 다윗과 그의 사람들을 에워싸고 잡으려 함이었더라"(삼상 23:26)고 말씀하시고 있다. 급박한 상황이 전개되고 있는 모습을 볼 수 있다. 어쩌면 이제 죽은 것이나 마찬가지이다. 완전히 포위되고 말았다. 절벽 끝에 서있는 상황이다. 한 발만 내 디디면 절벽 아래로 떨어져 죽는 상황이다. 하나님께서는 그 곳까지 밀고 가시는 것이다. 여기서 하나님은 우리와의 관계를 확인하시기를 원하시고 우리의 믿음을 점검하시는 것이다. 하나님께서는 우리를 분명하고 강력한 언약백성으로 믿음의 용사로 훈련되어지기를 원하시고 우리를 그 자리로 초대하시고 있는 것이다.

"다윗이 도피하여 라마로 가서 사무엘에게로 나아가서 사울이 자기에게 행한 일을 다 고하였고 다윗과 사무엘이 나욧으로 가서 거하였더라"(삼상 19:18)고 말씀한다. 다윗은 사무엘에게 도피했다. 다윗에게 사무엘은 자신의 사역의 출발점이나 마찬가지였다. 사무엘이 없었다면 하나님 앞에 온전할 수 없었을 것이다. 뿐만 아니라 사무엘이 없었다면 이런 일도 없었을 것이다. 다윗은 사무엘을 통해서 자신이 왕이 되고 하나님의 사람이라는 것도 알았다. 그러나 지금 다윗의 상황은 앞뒤로 우겨 쌈을 당하고 적들로 인하여 포위를 당하고 있다.

그렇다면 우리가 도피할 곳은 있는가? 고난을 극복하기 위해 몸부림치는 상황 속에서 도피할 수 있는 길이 있다면 그 길은 여러분 속에 있는 사무엘이어야 할 것이다. 하나님께서 우리 가운데 진실로 세웠던 종 사무엘에게 찾아가는 길이다. 그것은 하나님 나라 원리가운데 다시 서는 길을 의미한다. 우리는 왕이요 선지자요 제사장 직분의 역할을 해야 한다. 우리는 이런 자로 세상 앞에 또 나 자신 앞에 당당히 설 수 있어야 한다.

모든 것이 하나님나라와 살리는 일을 위해 당당히 서야 한다. 분명한 하나님과의 언약적 관계의 온전함 속에 서는 것이 사무엘에게 찾아가는 것이고 하나님나라의 원리 앞에 서는 것이 사무엘에게 찾아가는 것이다. 또한 하나님의 말씀의 원리 가운데 서는 것이 사무엘에게 찾아가는 것이고 하나님의 입장으로 서는 것이 사무엘에게 찾아가는 것이다. 예수님이라면 어떻게 할 것인가 하고 고민하는 것이 사무엘에게 찾아가는 것이다. 하나님의 말씀의 원리 가운데 서는 것이야말로 사울의 집요한 추적을 따돌리고 원수의 추적을 따돌리고 사방의 우겨 쌈 속에서 해방될 수 있는 유일한 길인 것을 믿어야 한다.

원수가 쫓아오고 사방이 우겨 쌈을 당할 때 하나님을 원망하고 나 자신을 학대하는 것이 아니라 내 신앙을 원망하는 것이 아니라 두려워하고 무서워하는 것이 되어서는 안 된다. 그러면 그럴수록 마음을 굳게 하고 하나님과의 언약적 관계에 확신을 가져야 한다. 그리고 하나님의 말씀의 원리 가운데 나 자신을 붙들어 매고 내 신앙을 붙들어 매고 내 믿음을 붙들어 맬 때 하나님은 적진 가운데 우리 편을 두시고 피 할 길을 주시는 것이다.

지금 여러분은 분명한 하나님과의 언약적 관계 속에 서 있는가? 하나님나라의 원리 앞에 서 있고 말씀의 원리 가운데 서 있는가, 모든 일을 하나님의 입장에서 생각하고 있는가? 아니면 삶의(신앙의) 위기가 있을 때마다 어디로 가고 있는가? 세상에서 해결 방법을 찾으려고 동분서주하고 있는 것은 아닌가? 그렇다면 당신은 아직도 하나님과의 언약적 관계 속에 온전히 들어가 있지 못하고 있는 것이다.

"너희는 믿음 안에 있는가 너희 자신을 시험하고 너희 자신을 확증하라 예수 그리스도께서 너희 안에 계신 줄을 너희가 스스로 알지 못하느냐 그렇지 않으면 너희는 버림받은 자니라"(고후13:5). 우리는 우리의 삶에 있어서 '구원에 이르는 믿음 즉 하나님의 자녀로 새 출발하는 믿음' 이것을 우리 자신 스스로 확인하는 것이 필요하다. 뿐만 아니라 다른 사람에게서 확인하는 것이 대단히 중요하다. 일반적인 대화 속에서 보면 구원받고 하나님을 잘 믿는 것 같이 보이지만 깊이 이야기를 나누어 보면 하나님이 무엇인가 내게 해 주었기 때문에 믿어주는 그래서 조금만 어려우면 하나님! 정말 살아계십니까? 하는 사람들은 진정한 구원을 얻은 사람들이라기보다는 구원의 언저리에서 왔다 갔다 하는 사람들이라고 말할 수 있다. 이런 사람들은 육에 속한 그리스도인 또는 경계인, 주변인이라고 말할 수 있다. 항상 핵심 속에 있지 못하고 바깥 주변에서 서성이는 사람들이다.

문제는 이런 사람들이 교회 안에 수 없이 많이 있고 또 이들이 교회 안에 분쟁과 다툼의 중심에 서 있다는 점이다. 이런 사람들을 고치기 위해서는 내가 먼저 온전한가를 알아야 한다. 우리 주변에는 신앙의 기초가 안 된 사람들 즉 하나님과의 온전한 관계 속에 들어가 있지 못하는 사람들이 많다. 이들은 신앙생활을 통해서 오는 진정한 쉼도 안식도 경험해 보지 못한 사람들이다.

신앙의 연륜이 많고 교회에서 봉사하고 직분을 감당하고 있다고 할지라도 심지어는 설교를 10년 했고 교회의 지도자라고 할지라도 그들 속에 심령의 변화는 찾아 볼 수 없다. 뿐만 아니라 진정한 쉼과 안식은 기대할 수도 없다.

우리와 하나님과 관계의 시작은 철저히 벽돌쌓기이다. 온전한 하나님과의 언약적 관계의 기초 위에 자기를 건축하는 것이다(유1:20). 이 첫 단추가 바르게 꿰어지지 않으면 그 다음 다음은 안 될 수밖에 없는 것이다.

　하나님은 은혜를 통해서 우리에게 말씀을 주신다. 그러나 믿음은 우리 몫이다. 우리가 결심하고 행동으로 옮기는 것이다. 즉 '가라!' 하면 가는 것이 믿음이다. 우리가 하나님 앞에 결단하고 결심하는 것이 믿음이다. 따라서 믿음은 눈감고 술래잡기 하는 것과 마찬가지이다. 눈 감은 채로 음성 따라 가는 것이 믿음이다. 그 음성을 믿고 그 음성에 나를 맡기는 것이다. 이것을 통해 내 문제를 해결 받고 또 해결 받는 것으로만 끝나버리는 것이 아니라 내 문제를 해결하신 하나님을 바라보고 서는 것이다. 이것이 대단히 중요하다. 이것이 우리가 하나님과 바른 관계에서 있느냐, 우리의 믿음이 바른 길을 가느냐 그렇지 못하느냐가 결정되어지기 때문이다.
　사도행전에 보면 날 때부터 앉은뱅이 된 자가 고침 받는 모습을 볼 수 있다(행3:1-10). "뛰어 서서 걸으며 그들과 함께 성전으로 들어가면서 걷기도 하고 뛰기도 하며 하나님을 찬송하니"(행3:8)라고 말씀하고 있다. 이 내용 중 어느 것이 핵심인가 고침 받은 것인가 아니면 하나님을 아는 것인가? 분명 자신을 치유하신 하나님을 아는 것이 핵심인 것이다.

엇갈린 비참한 운명...

　구약 성경 열왕기하 5장에는 두 사람의 이야기가 나오고 있다. 한 사람은 군대장관 나아만이라는 사람이 있다. 이 사람이 주인공이라면 또 한 사람은 엘리사의 몸종인 "게하시"라고 하는 사람이다. 두 주인공의 운명이 정반대로 엇갈리는 모습을 볼 수 있다. 한 사람은 적장이었고 또 한 사람은 하나님나라에서 가장 가까이서 시중드는 사람이었다. 즉 하나님 나라에 대해서 누구보다도 잘 알 수 있는 하나님나라의 최고 지도자 바로 옆에 있는 사람이다. 그러나 그는 하나님과의 온전한 언약관계 속에 거하지 못했기에 마음이 변화되지 않은 사람이었다.
　이 두 주인공의 비참한 엇갈림을 볼 수 있다. "그러므로 나아만의 나병이 네게 들어 네 자손에게 미쳐 영원토록 이르리라 하니 게하시가 그 앞에서 물러나오매 나병이 발하여 눈같이 되었더라"(왕하5:27). 이것이 하나님 나라의 현실이다.
　아람의 군대장관 나아만이 문둥병에 걸렸다. 그는 아람 왕의 충성스러운 장관이었다. 이 때 나아만의 아내의 몸종이었던 한 계집종에게서 엄청난 확신 가운데 있는 말을 들었다. "우리 주인이 사마리아에 계신 선지자 앞에 계셨으면 좋겠나이다 그가 그 문둥병을 고치리이다"(왕하5:3) 이 말을 들은 나아만은 아람 왕에게 고했고 아람 왕은 기꺼이 나아만을 보낼 것을 허락했다. 이 소식을 들은 이스라엘 왕은 옷을 찢으며 두려움에 사로잡혔다. 이는 분명 시비를 걸어서 싸우려고 하는 것이라고 생각을 했다. 하나님 나라의 역사를 생각하지 못하면 현상적으로 일어나는 일에 우왕좌왕하게 되어 있고 두려워하게 되고 근심하게 되어 있는 모습을 보여주고 있다. 그러나 하나님의 사람 엘리사는 이 사건의 모두를 이미 보고 있었다. 우왕좌왕하지 않고 그 사람을 내게 보내라고 했다. 그리고는 하나님 나라의 선지자답게 대단히 담대했다. 그리고 찾아온 나아만을 쳐다보지도 않고 요단강으로 보냈다. 많은 갈등 속에서 나아만은 일곱 번을 요단강 물에 자신의 몸을 잠그었다. 이것은 나아만의 믿음의 태도였다. 첫 번째 믿어보는 태도인데 물론 이것이 완전한 것은 아니었다.

　우리는 하나님 앞에 나아올 내 육신이 병들어 낳기 위해서 또는 사업이 망해서 해결책을 얻기 위해 또는 많은 문제들을 해결받기 위해서 이렇게 나올 수 있다. 오직 눈앞에 닥친 문제들 때문에 올 수 있다. 그러나 문제는 수많은 사람들이 자신의 문제들이 해결되면 하나같이 뺑소니를 쳐버린다는 것이다. 몸 고침 받고 옛날로 돌아가는 사람들, 문제해결이 되면 옛날로 돌아가 버린 사람들, 물론 이 사람들 역시 하나님의 역사를 체험할 수는 있다. 그러나 이들에게서의 하나님은 항상 몸을 낮게 하는 하나님, 문제를 해결해 주시는 하나님으로만 기억되는 것이 오히려 그들에게는 심각한 불행이다. 왜냐하면 하나님은 항상 이런 하나님으로만 계시는 것을 원치 않으시기 때문이다. 전에는 고쳐주셨다. 전에는 역사해 주셨다. 그러나 그 다음에는 고쳐주시지 않을 수도 있다. 왜냐하면 그 사람의 진정한 구원을 위해서 이다.

우리는 그 다음단계로 나가야 한다. 그 다음 단계는 어떤 것을 해결해 주시는 하나님이 아니라 너와 내가 무슨 상관이 있느냐를 물으시는 하나님이다. 처음에는 내가 갖고 있는 문제들을 놓고 기도하면 금방 역사하셨던 하나님이 시간이 지나면서 다시 기도하면 응답이 없는 경우들이 많이 있다. 왜 그럴까? 이제는 현상적인 것들이 중심이 아니라 본질적인 것 즉 하나님과 우리가 맺은 언약의 관계가 주는 진정한 쉼과 안식을 경험하게 하시기 위해서이다. 진정한 관계 속에서 새롭게 출발하시기를 하나님은 원하시는 것이다. 그리하여 더 깊은 관계로 발전하기를 원하시고 우리를 초대하시기 때문에 그렇다.

아담아 네가 어디 있느냐...

하나님은 우리 인생에게 질문 하신다. 선악과를 따먹고 부끄러움을 알기 시작한 아담이 동산에 있는 나무 뒤에 숨어 있을 때 아담에게 하나님은 "아담아 네가 어디 있느냐?"(창3:9) 하고 물으셨다. "아담아! 네가 어디 있느냐? 하는 말은 있는 곳의 장소를 묻고 있는 말씀이 아니다. 신앙적인 하나님과의 관계를 묻고 있는 말씀이다.

하나님은 인간에게 가장 큰 관심을 가지고 있다. 또한 하나님과 온전한 언약관계 속에서 관계를 유지하기를 원하신다. "너는 마음을 다하고 성품을 다하고 힘을 다하여 하나님 여호와를 사랑하라"(신 6:5) 고 말씀하신다. 예수께서도 새 계명 중 제1계명이 하나님을 사랑하는 것이라고 말씀하셨다. 이 말씀은 하나님과의 관계를 중요시 하라는 말씀이다. 즉 본질적인 관계의 중요성을 강조하시면서 믿음의 관계와 신앙의 관계를 온전하게 하라는 말씀이다.

주님은 베드로에게 "네가 나를 사랑하느냐?"(요 21장)고 물으셨다. 단순한 사랑만을 물으신 것이 아니다. 이것은 주님과의 관계 신앙의 관계를 묻고 있는 것이다. 베드로는 지난날 자신이 주님을 부인한 것 때문에 심한 죄책감과 상실감 속에 빠져 있었다. 주님은 이것을 아시고 주님과의 본질적인 관계의 회복을 선언하시고 있는 것이다. 즉 신앙의 관계, 주님과의 관계를 회복시키고자 하신 것이었다. 그저 단순히 네가 나를 사랑하느냐고 물으신 것이 아니었다. 왜냐하면 주님과의 관계가 무너져 있으면 신앙의 관계는 물론 믿음의 관계가 무너질 수밖에 없기 때문이다.

하나님은 오늘도 우리에게 묻고 계신다. "네가 어디 있느냐?" 이것은 하나님과의 관계가 어떤 것이냐 하는 물음이신 것이다. 하나님과의 본질적인 언약관계 속에서 그로 인하여 진정한 쉼을 얻고 안식을 누리고 있느냐 하는 문제이다. 여기서 신앙의 모든 것들의 진정한 출발이 되기 때문이다. 하나님은 우리가 하나님과의 언약관계 속에 있기를 원하시고 은혜 속에 있기를 원하신다. 왜냐하면 관계가 분명하지 않고 은혜를 잊어버리면 죄가 시작되기 때문이다. 은혜를 잊어버리면 법이 들어나게 되고 법이 들어나면 심판만 나타나기 때문이다. 사람이 강퍅해지기 때문이다. 오늘도 우리 인생의 많은 문제들 속에 던져지는 하나님의 물음은 "네기 지금 이디 있느냐?" 하는 하나님과의 본질적이고 가장 근본적인 언약관계를 묻고 있는 것이다. 이것이 회복되지 아니하면 결코 우리 삶에서의 기적은 일어날 수 없다. 왜냐하면 그만큼 우리가 사는 세상은 악하기 때문이다. 주님은 "인자가 올 때 믿음을 보겠느냐"(눅18:8)고 말씀하셨다. 세상은 지금 무슨 방법을 써서라도 하나님과 본질적인 언약관계를 깨닫지 못하게 하고 있다. 즉 신앙적인 관계 믿음의 관계를 무너뜨리려고 수단과 방법을 가리지 않고 있는 것이다. 우리는 여기서 우리 스스로가 신앙을 지키고 믿음을 세워나가야만 하는 사람들이다. 왜냐하면 이것이 우리의 영혼에 대한 문제이기 때문이다. 단순히 이 땅에서만의 문제가 아니기 때문이다.

우리는 아직도 하나님을 섬기는 것이 목적이 아니라 하나님을 섬김으로서 내게 주어지는 것이 목적이 되어 하나님을 섬기고 있을 수 있다. 그러나 고난이 있어도 어려움이 있어도 문제가 해결되지 않아도 하나님을 믿을 수 있고 하나님을 의지하고 신뢰할 수 있는 믿음이어야 한다. 왜냐하면 하나님은 여전히 신실하신 하나님이시고 여전히 나를 사랑하시는 하나님이시기 때문이고 여전히 나를 품으시고 위로하시고 격려하시는 하나님이시기 때문에 그렇다. "비록 무화과나무가 무성치 못하며 포도나무에 열매가 없으며 감람나무에 소출이 없으며 밭에 식물이 없으며 우리에 양이 없으며 외양간에 소가 없을지라도 나는 여호와를 인하여 즐거워하며 나의 구원의 하나님을 인하여 기뻐하리로다"(합 3:17-18) 그 하나님을 믿는 것이다. 하나님은 그 단계로 발전해 가기를 원하시는 것이다. 그저 하나님이 내 하나님이신 것이 감사하고 기쁜 것이어야 한다! 이것을 경험해 보았는가? 많은 사람들은 이 단계를 넘어가지 못하고 있다. 늘 세상의 많은 향락들 또는 세상이 주는 쾌락들의 향기가 늘 코에서 흔들흔들 살랑살랑 거려서 그것이 없으면 하나님을 믿어줄까 말까 망설이는 단계에 늘 왔다 갔다 하고 있다. 이제는 사회개혁의 문제가 큰 것이 아니라 교회 속에 있는 이런 믿음의 부류들 때문에 문제가 더욱 심각하다.

나아만 장군의 믿음의 상상력...

나아만 장군은 이런 단계에 머무는 것이 아니라 그 다음단계로 나가는 모습을 우리에게 보여주고 있다. 그것은 확실하고 분명한 것이었다. 하나님 앞에 고침 받는 은혜를 받았다면 그 다음에는 어떻게 해야 할 것인가에 대해 명확하게 표현해주고 있다. 나아만은 깨끗하게 고침 받고 "내가 이제 이스라엘 외에는 온 천하에 신이 없는 줄을 알았나이다!"(왕하5:15)하면서 예물을 드리려고 한다. 그보다 더 중요한 것은 나아만 장군은 선지자를 믿은 것이 아니라 그 선지자를 움직이는 하나님을 믿었다(왕하5:17). 그래서 앞으로는 오직 다른 신에게는 제사를 드리지 않고 하나님께만 드리겠다고 고백을 하고 있다. 물론 처음에는 자신의 병을 고침받기 위해 왔다. 그러나 고침 받은 후 자신의 마음이 그 병 나은 자신에게 있는 것이 아니라 치료하신 하나님께 관심을 갖는 나아만 장군이었다. 그래서 오직 하나님만을 섬기겠다고 고백하고 있다. 이런 믿음은 누가 주는 것이 아니라 내가 결단하는 것이다. 금식하면서 이런 믿음 주소서! 한다고 해서 주어지는 것이 결코 아니다. 내가 결단하고 행동으로 움직이는 것이다. 더 나가서 하나님을 보고 하나님과 확실한 관계를 가지는 것이다. 오늘 나아만 장군은 그 단계까지 나아갔다. 누가 나아만 장군을 가르친 것이 아니었다. 자신이 상상을 했다. 아니 첫 믿음의 단계에서부터 상상력을 발휘한 것이었다. 나아만 장군은 이스라엘의 흙을 가져가야 하겠다고 생각을 했다. 이스라엘과 자신을 하나로 만들고 싶었던 것이었다.

눈에 보이는 현상적인 것들만의 추구는 신앙의 총체적 위기를 불러와...

구약시대에는 이렇게 했지만 신약시대인 지금은 하나님나라의 소망을 가져가고 하나님나라의 비전을 가져가는 것이다. 그런데 우리는 이런 소망을 이런 비전을 우리 가운데 가져가고 있는가 아니면 당장 눈앞에 보이는 현상들인 병 고침의 문제, 삶의 문제들, 또 우리가 삶 속에서 소원하는 것들뿐인가? 하나님은 이스라엘의 흙을 가져가고 하나님 나라의 소망을 가져가고 하나님나라의 비전을 가져가서 이것을 하나님 앞에 구체적으로 이루기를 원하는 그런 사람이기를 하나님은 원하시고 있다. 그러나 그렇지 못하는 사람들이 듣기를 원하고 즐겨 들으려고 하는 설교는 오직 축복 받는 설교이고 문제해결 받으려는 설교일 뿐이다. 이렇게 되면 우리 한국 기독교의 미래는 어두울 수밖에 없고 총체적으로 붕괴가 일어날 수밖에 없을 것이다. 불행하게도 우리 교회 안에는 이런 사람들이 너무나도 많다. 따라서 이것이 우리 한국교회의 위기라고 할 수 있다. 오직 현상적인 것들 눈에 보이는 것들에만 관심이 있는 그리스도인들이 많다는 말이다. 무슨 일을 해도 하나님께 받기를 원하고 받을 것을 생각하면서 하고 있다. 그러나 하나님은 무엇인가를 바라고 하는 제사가 아니라 하나님이기 때문에 헌신하고 하나님이기 때문에 봉사하는 그 하나님이기 때문에 제사하는 그런 믿음 그런 성도들이 되기를 원하시는 것이다.

하나님이 만족 해 하시는 표현 '너는 평안히 가라'

나아만 장군은 림몬의 당에 가서 절을 할 수밖에 없다. 구약적 상황에서는 어쩔 수 없는 상황일 수 있다. 그런데 나아만은 사실은 림몬에게 절하는 것이 아니라 하나님께 절하는 것임을 알아달라고 말하고 있다(왕하5:18). 이 탁월하고 놀라운 상상력은 누구에게 배운 것이었는가? 그렇지 않았다. 마음이 열려 있었기 때문이고 그 마음이 순수했기 때문이었다. 가서 미리 할 일을 상상해 보면서 "하나님! 사실은 내가 그렇게 하더라도 내 마음은 그렇지 않습니다!" 라고 미리 말하는 나아만 장군의 모습이다.

"너는 평안히 가라!"(왕하5:19)는 말은 신약에서 예수님도 말씀하셨다. "네 믿음이 너를 구원하였으니 평안히 가라!"(눅8:48) 는 것과 똑 같은 표현이다. 즉 하나님이 만족하신 모습이다. 우리는 이것을 확인해야 한다. 정말 그 사람 속에 하나님만이 본질인가? 아니면 다른 것에 매여 있는가? 삶이 이것을 증거 해 주어야 한다. 신앙생활 20년 30년 된 것이 중요한 것이 아니라 이 관계가 정확하게 설정되어 있는가 늘 확인해봐야 한다. 정말 그 사람의 삶의 목적과 본질이 하나님인가 하는 문제이다.

게하시의 모습이 우리의 모습...

하나님나라의 가장 가까이 있던 사람으로 정 반대의 사람이 된 "게하시"의 모습도 있다. 하나님의 놀라운 역사를 보았음에도 불구하고 마음은 어두워져 있는 이미 문둥병자가 되어있는 게하시의 모습이다. 자신의 주인인 엘리사가 거절한 선물에 탐심이 생겨서 돌아가는 나아만 장군을 뒤 쫓아가서 은 두 달란트와 옷 두벌을 얻어 자신의 집에 감추었다. 어쩌면 이 게하시의 모습이 바로 우리 자신의 모습일 수 있다. 이것이 우리를 더욱 놀라게 한다. 하나님의 사람으로서 가장 존귀한 위치에서 수중 들었던 사람이 잘못되어 버리는 모습이다. 그런데 의외로 이런 모습이 우리 주변에는 많이 있다. 우리 역시 우리 속에 꿈틀거리고 있는 "게하시"를 찾아내야만 한다.

게하시에게는 엄청난 저주가 선포(5:27)되었다. "나아만의 문둥병이 네게 들어 네 자손에게 미쳐 영원토록 이르리라"는 엄청난 저주이다. 하나님 이럴 수가 있습니까? 라고 말할 수도 있을지 모르겠지만 그러나 아니다. 이것은 그렇게 사비로운 하나님 밑에서 그렇게도 완악한 가운데 있는 사람에게 주어지는 대가라고 말할 수 있다. 우리 인생은 어느 때인가 분명히 끝나게 되어 있다. 끝나기 전에 우리는 우리의 태도를 명확히 하나님 앞에 보여야 하고 그렇게 사는 모습을 사람들 앞에 보일 수 있어야 한다.

문제를 해결하는 그 문제 자체가 아니라 문제를 해결해 주신 하나님과 자신과의 관계에 초점을 맞추는 것을 간과해선 안 된다.

어떤 백부장이라는 군인이 있었다(눅7:1-10). 그런데 그 군인의 수하에 있는 사람이 갑자기 병들어 죽게 되어 있는 상황이 생겼다. 이 때 백부장이 예수의 소문을 듣고 사람을 보내어 부탁을 했다. 이 소식을 들은 예수님은 백부장을 향해 갔다. 그런데 이 백부장은 오시는 예수님을 향하여 오실 필요가 없다고 말하고 있다. 단지 말씀만 해 달라고 부탁을 하고 있는 것이다. 내가 군인인데 군대에서는 명령만 하면 부하들이 따르는 것처럼 예수께서 말씀만 하시면 그대로 될 줄로 믿는 다는 것이다. 이것은 우리에게 "믿음 주시옵소서!" "주시옵소서!" 하는 것이 아니라 우리가 행동하고 결단하는 것임을 잘 말해주고 있다.

술래가 수건을 가지고 음성만 듣고 가서 붙잡는 것 이것이 믿음이다. 그런데 그 믿음은 우리가 행하기 나름이다. 그 동안 우리는 잘못된 것들이 주는 경험들을 많이 가지고 있다. 이렇게 했더니 잘못되었고 이렇게 하면 잘된다는 경험과 지식들을 가지고 있다. 그런 가운데 스스로가 판단의 주체가 되어왔다. '우리가 어떻게 무조건 믿을 수 있습니까? 지금 세상이 어떤 세상인데요?' 하고 하나님께 말할 수 도 있다. 물론 세상의 이상한 것들에 대해서는 무조건 믿어서는 안 되겠지만 내가 믿고 섬기는 하나님과 내가 분명하고 바른 언약관계 속에 들어가 있다면 그분은 언제나 신실하시고 정확하신 하나님이라는 믿음이 있다면 우리는 마땅히 그렇게 해야 한다.

"거룩하신 하나님! 정말 우리 집에 직접 나오시지 않아도 됩니다! 그저 말씀만 하시옵소서!" 라고 말할 수 있는 사람들이 과연 우리에게는 얼마나 있을까? 이 백부장의 믿음의 태도가 정말 오늘 우리에게 필요한 것은 아닌가? 물론 이 두 사람이 군인이었기 때문에 단순한 것도 있지만 우리는 하나님이 누구신가를 알고 하나님께 나가는 것이 필요하다.

백부장은 자신의 종 때문에 유대인이 가장 존경하는 예수님을 알게 되었지만 거기에서 끝나는 것이 아니라 예수님과의 관계를 생각한 것이었다. 이 백부장은 자신의 종의 문제를 해결하는 그 문제 자체가 아니라 해결해 주신 하나님과 자신과의 관계에 근본적인 문제에 초점을 맞추고 있다는 것을 우리는 간과해서는 안 된다.

믿음이라고 하는 것은 그 역사하신 하나님과의 전폭적인 신뢰의 관계에 들어가는 것이 무엇보다도 중요...

하나님과의 분명한 언약관계의 기초위에 세워진 믿음일 때만이 어떨 때는 기뻐하시고 또 어떤 때는 매를 때리시는 하나님을 이해할 수 있다. 어린 아이 때는 하나님을 매일 젖을 주는 엄마로만 알 수 있지만 더 성숙하고 발전하게 되면 때로는 매를 치며 야단치는 아버지로도 이해할 수 있게 되기를 하나님은 원하시고 있다.

우리는 이 땅에 사는 동안에 실제적인 많은 사건들을 만나게 된다. 이럴 때마다 우왕좌왕 하는 사람들 또는 자기변명으로 일관하는 사람들을 만나게 된다. 이런 경우는 모두가 하나님과의 언약관계의 믿음의 기초가 근본적으로 성립되지 않은 원인에서 생기는 현상들이다. 이제 우리는 문제를 해결해 주시는 하나님, 나를 근본적으로 사랑하셔서 다 주시는 그 사랑하시는 하나님과의 근본적인 관계 속으로 들어가는 것이 너무나도 중요하다. 이것은 오늘 우리가 살아가는 이 험한 세상에서 신앙생활에 승리할 수 있고, 무너진 신앙을 다시 튼튼하게 회복하는 가장 큰 관건이기 때문이다. 이제 우리가 다른 사람들을 그렇게 만들 수 있는 능력이 있어야 하고 사람들과의 그런 관계를 말하고 그렇게 할 수 있어야 한다. 이 단계로 나아갈 때만이 우리 기독교는 소망이 있을 수 있다. 우리에게 이런 기초가 되어 있어야 만이 진실 된 헌신도 봉사도 나오게 되어 있는 것이다.

　오늘 우리에게 필요한 것은 하나님이 내게 무엇인가를 해주신 하나님 정도가 아니라 하나님과 내 자신이 결코 그 어떤 누구도 변개할 수 없는 분명한 언약관계 속으로 들어가는 것이 무엇보다도 중요하다. 내 속에 뭔가 이룬 것이 없다고 할지라도, 하나님이 특별히 나를 고쳐 주시지 않았다고 할지라도, 내가 말할 수 없이 어려운 상항임에도 특별히 도와주시지 않았다고 할지라도, 변함없는 하나님과의 관계 속에 들어가는 것이 중요하다.

　사람은 나이가 들면서 공통적인 생각은 "내가 이 세상을 떠나면서 뭔가 이 땅에서 이루고 가야하는데!" 하는 생각들을 한다. 그러나 이런 생각들을 다 내려놓아야 한다. 뭔가 이루고 가야 하는데 사실은 아무것도 이룰 수 없기 때문에 그렇다. 뭔가 이루었다고 할지라도 얼마 지나지 않으면 다 그것들이 쓰레기들이 되고 마는 것을 우리는 이미 경험했기 때문이다. 다 부질 없는 것들이다. 우리가 많은 것들을 위해 노력했다고 해도 전도하고 선교하고 설교했다고 해도 충성하고 헌신했다고 해도 그것들이 사람들의 근본을 바꾸는 데는 많은 어려움이 있다. 쉽지 않다. 결국은 자라나게 하시는 이는 하나님임을 깨닫게 되어 있다.

　이제 우리는 내 속에서 이룬 것이 무엇인가를 따질 때가 되면 나이가 점점 들어간다는 표시일 수 있다. 그러나 그 속에서 이룬 것에 대한 생각을 하기보다는 하나님이 우리 삶에 결과 되시고 하나님이 우리 삶에 유업이 되신 것이 기쁘고 감사할 수 있어야 한다. 오직 하나님만이 나의 생명과 나의 삶의 전부라는 것을 진심으로 알게 될 때, 정말 그 것만이 내 심령 속에 남아있을 때, 그것만으로 내 속을 채우고 있을 때, 마지막에 손에 쥔 것이 아무것도 없이 죽을 때도, 하나님이 나에 유산되시고 유업 되신다는 그 사실 하나만 가지고 내 삶을 마감할 수 있는 사람, 하나님이 내 삶에 결과라는 것만을 가지고 죽을 수 있는 사람, 그 사람이 이 땅에서 성공한 자요 이룬 자인 것을 믿어야 한다.

관계가 만들어내는 믿음의 고백과 관계를 통해서만이 할 수 있는 믿음의 상상력...

따라서 첫 단추가 너무너무 중요하다. 하나님과의 첫 단추를 바르게 꿰는 단계로 하나님은 우리를 초대하고 있다. 즉 하나님과의 언약관계의 확신이다. 그렇게 하기 위해서 우리 삶 가운데 일어나는 일들은 하나의 시험일 수 있다. 병들어서 생사의 갈림길에 서고 사업이 어려워져 망하기도 하고 예기치 못한 일들로 말할수없는 고난을 당하기도하고 이런 시험들을 통해서 첫 단추를 꿸 수 있게 하시는 것이다.

또 그 가운데서 믿음으로 반응하게 하시는 것이다. 관계가 만들어내는 믿음의 고백과 관계를 통해서만이 할 수 있는 믿음의 상상력들을 만들어내게 하시고 그 하나님을 알게 하시고 깨닫게 하시는 것이다. 이런 증거를 다른 사람에게 보여 줄 수 있어야 하고 말할 수 있어야 한다. 그렇지 못하다면 우리는 아직도 첫 단추를 잘못 꿰고 있음을 깨닫고 다시 시작해야 한다. 알면서도 다시 시작하고자 하는 몸부림이 없다면 그 사람은 아마 가짜일 수 있는 확률이 높다. 살아있는 양이 양을 낳을 수 있다. 죽은 양은 결코 양을 낳을 수 없다.

신앙의 본질이 무엇인지 확인하라...

우리는 우리 주변에 있는 사람들에게 또는 우리 자신에게 "게하시와 같은 꼴"이 되어서는 안 된다. 또한 예수께서 쫓는 무리들을 향하여 이르시되 "이런 믿음은 너희에게는 결코 찾아 볼 수 없구나! 하는 백부장의 교훈을 받는 꼴이 되어서도 안 된다. 우리는 선택을 해야 한다. 백부장의 믿음이 될 것이냐! 아니면 예수님께 백부장의 교훈을 받는 사람이 될 것인가 선택해야 한다. 지금은 설교를 듣는 구경꾼이 아니라 동참하는 자이어야 하고 행동으로 옮기고 결단하는 반응하는 자가 되어야 한다. 그리고 내가 백부장처럼 나아만처럼 남에게 증거 할 수 있고 또 내가 다른 사람을 그렇게 만들 수 있는지 확인해 보아야 한다. 이럴 때 내가 하나님과 분명한 언약관계 속에 있는지, 이런 믿음을 가진 자인지 확인할 수 있다.

또한 자신의 증거를 확인해 보아야 한다. 그렇지 못하다고 결론이 났다면 조용히 우리는 다시 시작해야 한다. 나아만 장군처럼 백부장처럼 날 때부터 앉은뱅이였던 사람처럼 나에게 있어 신앙의 본질이 무엇인가를 다시 확인해 보아야 한다. 그리고 그 하나님과의 관계 속에 들어가는 그래서 첫 단추를 바르게 꿰서 진정한 하나님과의 관계 속에서 주어지는 역사를 경험할 수 있어야 한다.

복음의 본질을 알지 못하면 항상 복음의 핵심 속에 있지 못하고 복음의 주변에 머물며 서성거리게 되어 있다…

우리 믿음의 생활은 전쟁이다. 우리는 이런 싸움을 하기 위해 연습이 필요한데 연습이 되지 않는다는 것이 우리에게 고통으로 남아 있다. 이것이 바로 그리스도의 도의 초보에 해당하는 믿음의 문제이다. 그러나 그 믿음의 문제 깊은 곳에는 아직도 하나님과의 온전한 언약관계 속에 들어가 있지 못하고 있다는 본질적인 문제가 자리 잡고 있다.

성경을 해석하는 것과 믿음의 관계는 어떤 관계일까 이것은 아주 중요한 문제이다. 로마서 1장 15절을 보면 바울이 로마교회에 복음을 전하기를 원한다고 말하고 있다. 그런데 당시 이 편지를 받고 있는 로마교회는 이미 복음을 받았다. 그렇다면 여기서 말하는 복음의 의미는 무엇일까? 여기서 복음의 의미는 우리가 알고 있는 일반적인 의미의 복음이 아니라 '깊이 있고 원리적이고 변치 않는 복음의 실체(복음의 본질)'를 의미한다. 즉 그 복음의 실체의 기초를 놓아주기를 원한다는 것이다. 왜냐하면 우리가 복음의 본질을 알지 못하면 항상 복음의 핵심 속에 있지 못하고 복음의 주변에 머물며 서성거리게 되어 있기 때문이다. 그렇게 될 때 그 사람의 삶은 평안도 기쁨도 아닌 능력도 담대함도 아닌 기형적인 믿음 속에 있게 된다. 주일날 말씀을 들으면 잠간 기쁨과 평안을 소유하다가도 교회 밖을 나가는 순간 다 잊어버린다. 삶이 주는 현실적인 두려움과 어려움 속에 붙잡혀 버리기 때문이고 삶이 주는 무게에 질식해 버리기 때문이다. 그래서 복음의 본질을 놓쳐버리고 힘이 없는 신앙인이 되어버리고 만다. 마치 주님의 씨 뿌리는 비유에서처럼 길 가에 떨어진 씨, 바위 위에 떨어진 씨, 가시떨기 속에 떨어진 씨와 같은 것이다(눅8:4-8).

　그래서 바울은 로마서 1~7장에 걸쳐 복음의 기초에 해당하는 실체를 말함으로써 기초를 닦아주기를 원했던 것이었다. 따라서 우리가 가지고 있는 믿음의 실체에 대해 알게 되고 그것이 온전하게 될 때 그때부터 로마서 8장-12장으로 넘어가게 하고자 했던 바울의 의도였다. 로마서 12장부터는 우리의 행위 즉 믿음의 실천 문제를 다루고 있다. 그러나 12장으로 넘어가기 전에 1장~11장까지의 문제를 다루고 넘어가야 했던 것이었다. 즉 복음의 본질이 무엇이고 복음의 기초가 무엇인가를 정확히 알고 넘어가기를 원했던 것이다. 이것을 로마 교인들은 모르고 있었기 때문에 심한 혼란과 방황이 그들 삶과 신앙 속에 있었고 이것을 바울은 열심히 가르치고자 했었던 것이다.

> 하나님을 믿는다고 말하고 복음을 안다고 말하면서도 삶 속에서 문제를 만나면 두려워하고 낙심하고 좌절한다면 하나님과의 관계 속에 온전히 들어가지 못한데서 오는 결과...

우리는 믿음의 본질과 믿음의 실체 그리고 믿음의 완성이 무엇인가를 알아야 그 다음으로 넘어갈 수 있다. 우리 가운데 "믿음 더욱 주소서!"는 우리의 기도와 제목이 될 수 없다. 왜냐하면 이미 우리에게는 믿음의 씨앗을 주셨기 때문이다. 이제 우리는 "믿겠습니다!"가 되어야 한다. "믿고 행하겠사오니 역사하여 주시옵소서! 이다. 믿음은 우리 몫인 것이다. 물론 큰 믿음의 은사는 하나님 나라의 큰일을 위해 필요하다. 그러나 내게 있는 환란 내게 있는 고난을 돌파하는 믿음은 내 몫이다. 우리는 믿음의 활용이 필요하다. 그러나 대부분은 내가 믿음으로 행하고 난 다음에 생길 부정적인 결과 부정적인 영향력들에 대해 두려워하고 염려하는 것이 문제이다. 이것은 하나님과의 관계를 정확하게 깨닫지 못하고 있으며 믿음의 본질과 실체를 정확하게 인식하지 못한데서 오는 결과이다.

지금 로마 교인들은 예수를 믿는 것은 알고 있지만 견고한 뿌리가 없었다. 즉 믿음의 본질을 알지 못했다. 이것을 바울이 원리적으로 가르쳐 주고 있는 것이다. 하나님을 믿는다고 말하고 복음을 안다고 말하면서 삶 속에서나 생활 속에서 문제를 만나면 두려워하고 낙심하고 좌절하고 우왕좌왕하는데 그것이 너희 믿음의 실체이냐? 그러면서 하나님을 믿는다고 할 수 있느냐 그럴 수 없다는 것이다. 바울은 이것을 하나님과의 관계 속에 온전히 들어가지 못한데서 오는 결과라고 생각했다.

복음의 실체라고 하는 것은 "모든 믿는 자에게 하나님 나라의 소망을 주시는 하나님의 능력"이라고 말하고 있다. 하나님은 지금 예레미야가 "하나님만이 내 삶의 결과가 되고 하나님만이 나의 유업이 되었다고" 고백했던 것처럼 우리를 믿음의 마지막 단계 즉 최고의 단계로 초대하고 있는 것이다. 하나님이 우리에게 주신 은혜가 내 남편 잘되는 것 그리고 잘 먹고 잘사는 것 그것밖에 안 되는 것인가 그럼에도 불구하고 두려움이 있는가? 하나님 믿고 하나님의 자녀가 되는 것을 아는 것이 복음인가? 그것만이 다 인가? 그렇지 않다. '하나님의 자녀의 신분이 어떤 것인가 존귀하고 엄청난 권위와 권세와 보배롭고 세상의 그 어떤 것과도 바꿀 수 없는 것임을 확증하는 것' 이다.

하나님은 분명한 관계 속에 들어가서 출발하기를 바라신다...

하나님께서 예수를 통해서 나에게 주신 것들이 있다. 영생, 죄사함, 능력, 하나님의 자녀가 되는 권세, 그 밖의 수많은 것들을 주셨다. 그것들이 너무 귀하고 소중하고 크기에 내가 이 세상에서 버림받아도 좋다. 또 내가 사는 삶 속에서 어려움을 당해도 좋고 없인 여김을 받아도 좋다. 배신당해도 좋고 따돌림을 당해도 좋다. 그 어떤 것들이 내게 없어도 상관없다. 그저 주님이 계시기에 감사하고 그저 구원받았다는 감격이 있어 기쁘고 감사하는 그런 출발에 합당하는 믿음에 이르도록 하나님은 우리를 초대하고 있다. 즉 분명한 관계 속에 들어가서 출발하기를 바라시는 것이다. 이렇게 첫 출발을 할 때 우리 가운데 엄청난 것들 즉 눈에 보이지 않는 것들이 우리에게 주어진다. 이것을 우리가 전하고 믿어야 한다. 바울이 애써서 전하기를 원하는 것이 바로 이것이었다. 하나님 자체, 주님 자체였던 것이다. 이것이 본질이었고 핵심이었다.

하나님을 아버지라고 부르는 성도는 증인...

여기에 우리가 능동적으로 행하는 믿음의 행위가 필요하다. 그렇게 할 때만이 예수 그리스도의 의가 우리 것이 된다. 뿐만 아니라 그리스도의 아들의 지위와 그리스도의 다스림의 권세가 우리 것이 되는 것이다. 그리고 그것을 믿고 하나님께 담대히 가버리는 우리의 결단과 행동이 필요하다. 이것이 지금 우리에게 희미해지고 있고 견고하게 자리 잡고 있지 못하고 있기 때문에 능력 있는 그리스도인이 되지 못하고 확신 속에 거하지 못하고 있다. 입으로는 말하고 있지만 실제적인 삶 속에서나 신앙 속에서는 전혀 그리스도인의 삶을 나타내 보이지 못하고 있는 것이다. 그래서 우리 삶에서 찾아오는 문제들에 굴복하고 염려하고 울면서 징징거리면서 나약한 신앙인으로 살아가고 있는 것이다.

하나님을 아버지라고 부르는 성도는 증인이다. 증인처럼 본 것을 증거 하는 것이 성도이다. "예수가 능력이다! 십자가가 구원의 능력이다! 기도에는 응답이 있다! 예수만이 우리의 유일한 소망이고 그 길만이 사는 길이다!" 라고 하는 진정한 신앙의 간증이 있어야 한다. 내가 믿는 예수 내가 믿는 복음 내가 체험한 복음을 증거 해야 한다. 그것이 능력의 원천이고 본질이다. 그러므로 모든 증거는 내가 받고 내 속에서 나와야 한다. 이것이 안 될 때 울리는 꽹과리에 지나지 않는다. 그저 요란스럽기만 할 뿐이다.

이것이 여러분 안에 확증되어 있는가? 그런 확신이 견고하게 뿌리내려져 있는가? 그렇다면 우리가 다른 사람과 말하고 행동할 때 나타나게 되어있다. 고난 가운데도 찬양하는 모습이 나타나게 되어 있고 사방이 우겨쌈을 당하는 어려움 가운데서도 찬미하는 모습이 나타나게 되어 있다. 기도하는 모습이 나타나게 되어 있다. 우리가 이런 모습을 전파해야 한다. 그렇지 못하면 다시 시작해야 한다. 기본으로 다시 돌아가야 한다.

사도행전 16장에 보면 바울과 실라는 감옥에 갇혀서도 하나님을 찬미하고 기도할 때 옥문이 터지고 채워져 있던 착고가 풀어지고 두려워했던 간수가 그 모습을 보고 구원받는 하나님의 역사를 볼 수 있었다. 이것은 하나님과의 온전한 관계 속에 있을 때만이 나올 수 있는 믿음의 행동이다. 바울과 실라는 '나가게 해달라고 기도하거나 원망한 것이 아니었다.' 문제는 우리가 하나님과 온전한 언약관계 속에 들어가 있느냐 하는 것이다. 우리에게 아들을 주신 그 하나님을 믿는 믿음이 있느냐 하는 것이다. 독생자를 아낌없이 주시는 그 하나님을 믿는 믿음이 있느냐 하는 것이다. 우리는 그 믿음을 통해서 주어지는 담대함과 당당함 그리고 풍성함을 누릴 수 있어야 한다.

감옥에 갇혀 있는 바울의 고백을 우리는 알고 있다. "여보시오! 내가 다시 말하노니 기뻐하시오! 기뻐하시오!" 무엇이 바울을 이렇게 만들고 있는가 그것은 오직 하나님과의 관계의 확신 속에서 오는 담대함이었다. 환경에 정복되는 것이 아니라 하나님의 은혜에 정복되는 바울의 모습이다. 우리 속에는 이런 기쁨이 넘치고 있는가 하는 문제이다. 하나님과 내가 생명을 걸고 맺은 분명한 언약관계로 인하여 세상이 결코 어떻게 할 수 없음에 대한 당당함이 있는가? 예수님이 가진 신분을 내가 가졌다는 이 엄청난 신분 때문에 잠을 설쳐본 적이 있는가? 그래서 내 속에서 감당할 수 없을 만큼 생명력이, 기쁨이 넘쳐나고 있는가?

하나님을 알게 하는데 아무런 영향을 주지 못하는 사람은 죽은 생명...

오늘 우리는 교회 안에서 직분과 상관없이 진솔하게 자신을 성찰해 봐야한다. 너무나도 중요하고 구원과도 직결되기 때문에 그렇다. 믿음이 확증된다면 생명력이 어떻게 발휘되는가를 스스로 체험하고 깨달아 봐야한다. 말만 많이 하는 것이 아니라 그 속에 생명이 넘쳐 나오고 있는지 그래서 자연스럽게 다른 사람에게 전염시키고 있는지 아니면 고여 썩고 있는지 아니면 다른 사람에게 시험거리인지 확인해 보아야 한다. 교회 안에서 일은 많이 하는데 만나는 다른 사람에게 영적 영향력은 아무것도 없다면 문제 있는 사람이다. 직장에서 많은 친구들을 만나고 있는데 그 친구들에게 전혀 하나님을 알게 하는데 영향을 주지 못하는 사람이라면 죽은 생명이다. 즉 하나님과의 바른 관계 속에 있지 않은 사람이다. 우리는 속이지 말고 우리의 실체를 꺼내 놓고 도와달라고 말해야 한다. 솔직하게 말하고 생명력이 넘치는 곳으로 나아가야 한다. 썩은 곳에 오래 머물러 있으면 나도 썩게 되어 있다. 생선가게에 오래 앉아 있으면 내게도 비린내가 나게 되어 있다.

문제는 본질을 깨닫고 아는 것이 무엇보다도 중요하다. 하나님께서는 이 강력한 복음의 증거를 위해 우리를 부르셨다. 그리고 우리의 믿음을 쓰시고자 하신다. 관계의 확신을 깨닫고 부르심의 목적을 깨닫고 그 목적이 우리의 신앙을 우리의 삶을 이끌고 갈 때 능력 있는 신앙인이 되는 것이다.

위기가운데서 어떻게 이렇게 밝고 희망적이고 낙관적으로 시를 쓸 수 있는가 도대체 이런 상황 가운데서 환경에 굴복하지 않는 강한 힘은 어디에서 나오는가...

다윗이 쓴 시편57편은 죽음 앞에 있는 상황이다. '다윗이 사울을 피하여 굴에 있던 때에 쓴 시로 이 상황은 절대 권력을 가지고 있던 그 시대의 왕이 죽이겠다고 선언한 상황이다. 따라서 굴 안에 있지만 상황은 풍전등화이다. 언제 어떻게 될지 아무도 모르는 초 긴장상태에서 쓴 시다.

그런데 이 시를 잘 읽어보면 너무나 밝고 낙관적인 것을 볼 수 있다. 시가 너무 희망적이다. 그래서 그 상황하고 시가 잘 연결이 되지 않는 것 같아 보이기도 한다. "하나님이여 주는 하늘 위에 높이 들리시며 주의 영광이 온 세계 위에 높아지기를 원하나이다"(시57:5) 지금 이러고 있을 상황이 아니다. 목숨이 경각에 달여 있는 상황이다. "하나님이여 내 마음이 확정되었고 내 마음이 확정되었사오니 내가 노래하고 내가 찬송하리로다"(시57:7) 라고 말한다. 지금 죽음을 앞에 둔 상황인데 무슨 노래가 나오고 찬송이 나올 수 있는가! "내 영광아 깰지어다 비파야, 수금아, 깰지어다 내가 새벽을 깨우리로다 주여 내가 만민 중에서 주께 감사하오며 뭇 나라 중에서 주를 찬송하리이다"(시57:8-9)라고 고백한다. 지금 상황에서 새벽을 깨워서 뭐하겠다는 말인가? 뿐만 아니라 목숨을 위협받고 있는 깜깜한 동굴에서 지금 하나님께 감사하고 있다. "하나님이여 주는 하늘 위에 높이 들리시며 주의 영광이 온 세계 위에 높아지기를 원하나이다"(시57:11) 이 말씀은 이 시편의 결론이고 최고의 절정이다.

위 내용을 보면 풍전등화와 같은 위기가운데서 동굴에 갇혀 있는 사람이 쓴 시라고는 믿기지 않는다. 어떻게 이렇게 밝고 희망적이고 낙관적으로 시를 쓸 수 있느냐 하는 것이다. 도대체 이런 엄청난 상황 가운데서 환경에 굴복하지 않는 강한 힘은 어디에서 나오고 있단 말인가?

이와 비슷한 내용이 사도행전에서 나온다.(행12:1-3) '사도들의 대한 핍박을 시작하는 상황 속에서 정치가들은 여론의 동향이라는 것이 대단히 중요했다. 그런데 기독교 지도자 야고보를 죽였는데도 여론이 좋았다(즉 잘 죽였다는 여론). 그러자 또 다른 지도자 베드로를 죽이기 위해 옥에 가둔 상황이었다. 그때 옥에 갇힌 베드로는 얼마나 두려웠겠는가? 그런데 성경에 보면 베드로는 우리가 상식적으로 이해할 수 없는 행동을 하고 있다. 편안하게 잠을 자는데 얼마나 깊이 잠이 들었는지 "천사가 와서 옆구리를 쳐 급히 일어나라 하니"(행12:7절)라고 말씀하고 있다. 지금 감옥에는 갑자기 빛이 나고 지진이 일어나고 광채가 나타나고 요란한 일이 일어났는데 그것을 까마득히 모르고 깊이 잠이 들어있다. 도대체 이 상황을 뛰어 넘는 마음의 평안은 어디서 온 것인가? 일반 사람 같았으면 제정신이 아닐 것이다. 그런데 어떻게 흔들어 깨워야 할 정도로 평안하게 깊이 잠을 잘 수 있는가? 이 환경과 상황을 뛰어 넘는 행동은 어디에서 나오는 힘인가? 그러나 이것은 복잡한 것이 아니다. 하나님과의 분명한 관계 속에 들어가 있는 사람에게서만 나타나는 믿음의 힘이기 때문이다. 도저히 일상적인 삶과 생활이 불가능한 상황에서 이런 삶을 뛰어 넘을 수 있는 구체적인 에너지 즉 관계의 확신 속에서 오는 믿음이 이런 힘을 만들어 내는 것이다.

그렇다고 다윗의 그 내면에 갈등이 전혀 없었던 것도 아니었다. "내 영혼이 사자들 가운데서 살며 내가 불사르는 자들 중에 누웠으니 곧 사람들의 아들들 중에라 그들의 이는 창과 화살이요 그들의 혀는 날카로운 칼 같도다"(시57:4) 즉 생각하면 잠을 이룰 수가 없다. 생각하면 분노가 치밀어 올라온다. "그들이 내 걸음을 막으려고 그물을 준비하였으니 내 영혼이 억울하도다 그들이 내 앞에 웅덩이를 팠으나 자기들이 그 중에 빠졌도다(셀라)"(시57:6) 내가 잘못한 것이 뭐가 있는가! 자기가 위험을 만났을 때 골리앗을 때려 눕혀 자기를 구해준 것이 난데 왜 나에게 이렇게 할 수 있는가? 하는 다윗의 분노도 본문 안에 그대로 담겨져 있다. 그런데 중요한 것은 이렇게 내면에 분노와 불안이 엄습해 올 때 다윗에게는 이런 본능을 억누를 수 있는 능력이 있다는 점이다.

그래서 인생은 둘 중에 하나이다. 이 세상에 사는 사람들이라면 누구에게나 불안과 곤고와 어려움들이 찾아온다. 이때 내 안에 있는 이런 모든 불안적인 것들을 억제할 수 있는 능력이 내 안에 있느냐 없느냐 이것의 차이이다. 내가 누군가를 죽이고 싶을 정도로 미워하는 마음이 있을 때 자다가도 벌떡 일어날 정도로 원망과 분노가 있고 증오가 있을 때 이것을 억누를 수 있는 힘이 내게 있느냐 없느냐 하는 것의 차이이다. 이런 감정을 뒤집어서 평상심으로 되돌릴 수 있는 힘이 있느냐 하는 것이다. 이것이 없으면 죽을 때까지 환경에 눌려 살 수 밖에 없다. 날마다 분노와 불면증과 고통에 시달릴 수밖에 없다.

그 평안은 분명하고 확고한 관계 속에서 오는 기쁨과 평안이었다. 이것은 하나님께로 피 할 때 주는 은혜였다...

다윗에게는 어떻게 이런 환경에 억압당하지 않고 그의 밝음이 있고 찬양이 있고 꿈이 있고 새벽을 깨우겠다는 소망이 있는 것인가? 이런 것들은 어디에서 기인하는가? 그것은 하나님이 주신 평안(평화)이다. 사울이 다윗에게 있는 모든 것을 다 빼앗아 갈 수 있었지만 절대 빼앗아 갈 수 없었던 것이 있었다. 그것은 하늘 위에서 내려오는 평안이었다. 그 평안은 분명하고 확고한 관계 속에서 오는 기쁨과 평안이었다.

생각해 보면 이 땅에서 빼앗긴 것이 얼마나 많은가? 그러나 하나님이 주시는 평안, 평화를 주시는 축복의 선물을 다윗은 또 베드로는 결코 빼앗기지 않았던 것이다. 이들이 빼앗기지 않았다면 우리 역시도 빼앗기지 않을 수 있다. 우리 역시도 이들처럼 환경을 뛰어 넘는 강한 믿음을 가지고 살 수 있다. 그러기 위해서는 우리가 살아가는 삶속에서 위기를 만날 때 해야 되는 것이 있다.

그것은 어려움이 있을 때 하나님께 피해야 한다. "하나님이시여 내게 은혜를 베푸소서 내게 은혜를 베푸소서 내 영혼이 주께로 피하되"(1a절) 다윗은 지금 몸은 굴로 피했는데 다윗은 그 행위가 하나님께 피하는 행위이기를 바라고 있다. 그리고 피하면서 불쌍히 여겨달라고 말하고 있다. 사실 목숨을 위해서라면 그렇게 빌어야 할 대상은 사울에게 가서 그렇게 해야 할 것이다. 그런데 다윗은 비굴하게 단 한 번도 무릎 꿇고 빈 적이 없다. 그것은 다윗이 사람을 상대하며 살지 않았다는 증거(삼상 24:6-7)이다. 다윗은 그런 상황에서도 하나님을 상대하고 있다. 도대체 이런 사울에게 어떻게 왕이 되게 했는지 모르겠지만 그렇게 하신 분은 하나님이시라는 것이다. 그러니까 거기에 굴복하는 것이다. 인간이 하는 행동으로는 목을 쳐도 시원치 않지만 하나님이 세운 종이기 때문에 하나님이 처벌하실 것이라는 것이다. 다윗은 사람을 상대하지 않았다. 우리가 살아가면서 내가 직접 뭔가 되갚아 주고 싶은 마음이 있을 때 다윗과 같은 '하나님께 맡기는 마음이 자리할 수 있어야 한다.'

물론 위기를 만날 때 하나님께로 피해야 한다고 하는데 이 가운데는 두 가지의 의미가 함축되어 있다. 첫째 하나님과의 친밀감의 문제이다. 시편57편1절에 보면 "피하다, 피하다"가 두 번 나온다. 우리 성경에는 잘 볼 수 없지만 첫 번째 "피하다"는 현재형이고 뒤에 나오는 "피하다"는 미래형이다. 앞에 것은 완료형이고 뒤에 것은 미완료형이다. 즉 이 말은 "내 영혼이 지금까지 쭉 주께로 피난처를 정했습니다. 그렇기에 앞으로도 쭉 그렇게 하겠습니다." 라는 뜻이다. 그러니까 다윗에게 갑자기 위기가 찾아오니까 허둥지둥 놀라가지고 하나님께 피한 것이 아니었다. 이미 다윗은 기쁜 일이나 슬픈 일이 있을 때나 쭉 하나님께 피하는 삶, 하나님을 의지하는 삶을 살아왔었다는 말이다. 마치 어린아이가 눈만 뜨면 엄마를 찾는 것처럼, 그러다가 자기에게 어려움이 있을 때 본능처럼 엄마에게 달려가는 것처럼 그렇게 살아왔다는 말이다. 자! 누가 하나님을 찾을 수 있는가? 갑자기 위기를 만난다고 하나님을 찾을 수 있는 것이 아니다. 일이 정상적으로 잘 풀리고 모든 것이 순조로울 때 잘 될 때 미리부터 하나님을 찾는 친밀함의 연습이 있어야 가능하다. "내 영혼이 지금까지 쭉 주께 피난처를 정해왔습니다. 앞으로도 그렇게 하겠습니다." 이런 하나님과의 친밀감이 있는 인생이 하나님께 피할 수 있다.

둘째로는 하나님과의 신뢰의 문제이다. 지금까지 어려울 때마다 쭉 하나님께 피한 사람에게는 그때마다 하나님께서 주신 은혜가 있다. 주신 자와 받은 자만이 가질 수 있는 체험이다. 이것이 있어야 한다. 이것이 없으면 하나님께 피할 수 없다. 하나님께 피하는 자에게는 하나님을 신뢰할만한 은혜를 주신다는 것을 경험해야 한다. 환난의 날에 하나님께 피했더니 주신 은혜이다.

하나님은 천지만물을 창조하시고 무기력하고 무능력하게 방치해 놓으시는 분이 아니시다. 하나님은 2000년 전에만 일하시고 지금은 일하시지 않는 분이 아니다. 지금도 일하시고 계시고 내 삶 속에 개입하시고 역사하시고 있다. 이 하나님을 경험하기 시작할 때 내가 어려울 때 하나님께로 피하기 시작하는 것이다.

이것이 바로 하나님과의 언약관계이다. 결코 그 어떤 누구도 나와 하나님과의 관계를 나눌 수도 빼앗아 갈수도 없는 생명을 걸고 맺은 언약관계이고 영원토록 보장되어진 언약관계임을 깨닫고 확인하는 것이 필요하다. 이 관계 속에 들어갈 때만이 결코 세상이 빼앗아 갈 수 없는 평안과 안식 속에 거할 수 있다. 여기서부터 진정한 신앙은 시작된다. 이 관계 속에 들어가지 못할 때 세상의 모든 염려와 두려움 속에서 나와 하나님과 관계, 교회와의 관계, 성도들과의 관계에 문제들이 생기기 시작한다.

다윗은 분명한 언약관계 속에 들어가 있었기 때문에 생명의 위협 속에서도 평안이 그를 지배할 수 있었다. 베드로가 그랬던 것처럼 바울이 그랬던 것처럼 이제는 내 차례이다.

제 3장 폐어야 할 두 번째 단추[시편 73편]

"하나님의 자비를 통해 인생의 결국에 대한 깨달음이 있는가?"

　　[이 자비가 주어져야 만이 눈을 떠서 자신을 볼 수 있고 세상을 볼 수 있고 사람을 볼 수 있다...]

　　[악인의 형통과 고난에 대한 근본적 문제들을 극복했는가]

하나님의 자비를 통해 인생의 결국에 대한 깨달음이 있는가?
[고난을 대하는 태도의 문제]

　시편 1편과 23편 이 두 시편은 모두가 6절로 구성되어 있고 3등분으로 나누어져 있다. 각 단위는 인생의 각 단계를 의미하는 것으로 인생이라고 하는 것은 끝까지 가봐야 한다는 것을 나타내고 있다. 인생의 출발(시1:1-2)과 인생의 중간(3-4절) 그리고 인생의 마지막을 말씀(5-6절)하고 있다.

　인생의 출발은(시1:1-2절) 여러 가지 길이 있을 수 있으나 하나님의 자녀들이 갈 길은(복이 있는 자) 오직 하나님임을 말하고 있다. 율법을 즐거워하여 그 율법을 주야로 묵상하는 자이다. 이 말은 오직 여호와의 토라를 즐거워하는 것을 의미한다. "나 너에게 모든 것을 다 주고 너와 결혼했다!" 이 증거 문서가 바로 토라(언약 증거문서)이다. 따라서 이 증거문서를 보면 하나님은 나를 위하여 모든 것을 다 주었구나 하는 것을 알게 되어 있다. 그러므로 이 증거문서를 늘 읊조리는 것이다. 우리는 그 길 하나 밖에 없다. 그리고 그에 준하는 행동을 어떻게 할 것인가가 우리에게 가장 중요한 것일 뿐이다.

　인생의 중간 단계(3-4절)를 "겨" 같은 인생으로 표현하고 있다. 많은 결과를 얻은 것 같은데 사업에 성공하고 명예와 권력을 갖고 돈을 많이 벌고 무엇인가를 얻고 성공한 것 같은데 그 안을 뒤집어 보면 아무것도 없다. 진정한 행복을 느끼지 못하는 단계를 말하고 있다. 그러나 토라(언약의 증거문서)를 묵상하고 그 길을 따라가는 자는 "시냇가에 심은 나무가 시절을 좇아 과실을 맺으며 그 잎사귀가 마르지 아니함 같으니 그 행사가 다 형통하리로다" 라고 말씀한다. 즉 시냇가에 심기운 나무와 같은 인생도 될 수 있다고 말씀하신다.

　마지막 인생(5-6절)을 "하나님 앞에서 결산"하는 것으로 표현한다. 그런데 여기에는 긍정적 인생과 부정적 인생이 있음을 말한다. 하나님 앞에서 결산을 하는데 어떤 인생은 의인의 회중에 들어갈 뿐만 아니라 하나님께서 인정하시는 인생이 있는가하면 어떤 인생은 의인의 회중에 들어가지 못하고 망하는 인생이 있다고 말한다.

　위 시편들은 우리가 잘 아는 내용이라 할지라도 묵상을 하면 할수록 새로운 세계가 보인다. 다윗은 인생의 깊이와 넓이를 두루 경험한 입장에서 하나님의 현존과 임재가 어떤 의미를 가지는지 매우 간결하면서도 차분하게 진술해 주고 있기 때문이다. 다윗이 살고 경험했던 세계에서 만났던 하나님은 오늘 우리에게는 어떻게 다가오시는가를 묵상 해 보는 것이 필요하다.

신앙인의 삶을 어떻게 시작하고 어떻게 마무리를 할 것인가

　시편1편과 150편 역시도 마찬가지이다. 시편 1편은 신앙인의 삶이 어떻게 시작(출발)되어야 하는 지를 말해주고 있다면 시편 150편은 신앙인의 삶이 어떻게 마무리되어야 하는 지를 말해주는 것이다. 히브리인들은 이스라엘 백성의 전체적 삶을 시편에 맞추고 살려고 노력했다. 그들은 시편 1편을 통하여 '순종'의 삶을 살려고 노력했던 것이다. 따라서 시편의 첫 출발의 문제를 수많은 시 중에서 하나님과 이스라엘과의 출발을 "관계성"(relativity)'이라는 것에 그 초점을 맞추고 있다. 이 중에서 하나님의 법이라는 시편을 찾아냈다. 하나님의 백성인 이스라엘의 회복의 문제를 하나님의 법을 즐거워하며 그것을 주야로 묵상하는 것이라고 보았던 것이다. 율법을 순종하는 것이 하나님과 바른 관계를 정립하는 것이라고 본 것이다. 이스라엘 민족이 포로기에서 회복되어 어떻게 살 것인가를 고민하게 되었다. 편집자들은 이스라엘 역사 속에서는 '하나의 법'만이 완전하다고 결론을 지었던 것이다.

  마지막은 시편 150편을 통하여 찬양으로 종결한다. 즉 이스라엘 백성 전체의 문제가 '말씀에 대한 순종의 문제'에 있다고 보았다. 이것은 인생 여정에서 가장 중요한 출발점의 포인트는 순종이라고 보았던 것이다. 뿐만 아니라 인생의 여정은 하나님께 찬양드리는 삶을 드려서 종결해야 한다는 것을 강조하고 있다.

  요즘 미국에서 결혼식을 공동묘지에서 많이 한다고 한다. 죽음을 생각하며 결혼식을 하면 이혼율이 낮다는 통계가 있다. 인생의 여정에서 마지막을 생각하면서 출발하는 것이 의미가 있음을 강조하고 있는 내용이다.

  토라는 하나님의 온 세상을 향한 계획을 말한다. 인생의 출발에서 종착역까지 전체 인생을 말한다. 우리는 인생의 의미가 무엇인가를 마지막 인생의 결산 때 가서 확인하기 보다는 출발하기에 앞서 진정으로 우리 인생의 의미와 목적이 무엇인가를 다시 한 번 생각하게 하는 근본적인 메시지가 필요하다. 우리가 살아가고 있는 지금 우리의 현실은 더 더욱이 이런 메시지가 필요한 때임을 자각하고 있다.

  우리는 신약 속에서 예수 그리스도를 통해서 주신 것이 너무 귀하다는 것을 많이 들어 알고 있겠지만 이제는 구약 속에서 나타나있는 복음이 무엇인가를 보는 것도 중요하다. 신명기 26장 17~19절은 "구약의 복음의 진수"라고도 말한다. 하나님은 이스라엘 백성들을 자기의 보배로운 백성으로 인정하시고 그리고 모든 민족위에 뛰어나게 하신다고 말씀하시고 있다. 원문에는 "지존자 되게 하시고"라고 말하고 있다. '지존자'라는 표현은 하나님께 쓰는 용어인데 우리에게 써주시는 것을 볼 수 있다. 즉 너희가 세계 최고다! 라고 말씀해 주시는 것이다. 또한 하나님께서는 이스라엘을 "성민"(聖民)이라고 표현해 주시고 우리 자신이 "칭찬과 명예와 영광이 되게 하신다"(신26장19절)고 말씀하시고 있다.

이것은 우리가 질적으로 깨끗하다는 것을 의미하는 것이 아니다. 우리의 삶의 모습이 거룩하다는 것도 아니다. 깨끗하지 못하고 거룩하지 못한 가운데서 하나님은 우리를 파내어서 친 백성 삼아 주셨다는 뜻이다. 하나님께서 그저 아무 대가 없이 지존자 삼아 주시고 친 백성 삼아 주신 것이다. 결코 우리가 어떤 노력을 해서가 아니다. 그러므로 우리가 손에 보배를 따로 쥘 필요가 없다. 우리 자체가 보배이기 때문이다. 예를 들면 왕이 어떤 거지에게 '내가 너에게 돈 1조 원과 황태자가 되게 하겠다'는 조건을 제시했다면 그 거지는 어떻게 해야 할 것인가? 그리고 황태자가 되었다면 이제 내 마음대로 돈을 쓰는 것이 아니라 아버지의 뜻에 따라 돈을 쓰고 아버지의 뜻에 따라 절제하는 것을 배우는 과정에 들어가는 것이 필요하다. 1조원이라는 돈을 조절할 능력이 될 때까지 아버지는 훈련을 하게 될 것이다. 그 때까지 훈련이 필요한 것이다.

우리 주변에는 욕심을 따라 은사를 받고 욕심을 따라 기도해서 능력을 받았다고 하는 자들의 결과를 종종 보았다. 그들은 출발부터가 잘못되었기 때문에 그들의 결과는 비참한 모습들이 많았던 것을 경험했다. 첫 출발이 그만큼 중요한 것이다.

요한복음 1장에서 보면 우리 인생에 찾아오는 것들이 있는데 젊은 나이에 찾아오는 것은 정욕이라면, 중년 나이에 찾아오는 것은 재물욕이었고, 말년에 찾아오는 것은 명예욕이었다. 그 중에서도 가장 끈질긴 것이 명예욕이다. "회개하라 천국이 가까워졌느니라!" 라고 외치는 세례 요한에게 유대인들이 제사장들과 레위 인들을 보내서 네가 누구냐고 물을 때 요한의 증거는 "나는 그리스도가 아니다!"라고 솔직하게 드러내고 고백을 했다(요1:19-20). "나는 선지자 이사야의 말과 같이 주의 길을 곧게 하라고 광야에서 외치는 자의 소리"(요1:23)라고 말하고 있다. "나는 소리다!" 요한은 자신을 소리라고 말하고 있다. 그 때 잠깐 나왔다가 다시 사라져버리는 소리에 불과하다고 당당하게 말하고 있다. 나는 잠깐

소리하고 사라질 뿐이라고 자신 있게 말할 수 있었던 것은 세례요한이 첫 단추를 바르게 꿰었기 때문이다. 즉 인생의 의미를 깨달은 자였다. 뿐만 아니라 요한은 "그는 흥해야 하겠고 나는 쇠하여야 하리라"(요3:30)라고 말한다. 바로 이런 것이다. 문제는 예수가 흥해야 한다는 것에는 대다수가 동조하지만 반대로 "나는 망해야 한다! 나는 쇠해야 한다!" 는 것에는 동의하지 못한다. 그렇다면 이것 역시 주님과의 관계가 시작되지 않았음을 의미한다. 주님은 이렇게 근본적으로 새롭게 시작하기를 원하시고 있다.

우리는 종종 영적 대 각성이 있어야 한다는 말을 자주 듣곤 한다. 그렇다면 영적 대각성이라고 하는 것이 무엇인가? 은사 받고 불 같이 뜨거워서 뛰는 것을 말하는가 그런 것은 분명 아니다. 그것보다 먼저 그 안에 예수 생명이 내 생명이 되고 내 생명이 예수 생명이 되어서 진정으로 하나님 앞에 설 수 있느냐 하는 것이 중요하다. 그 어떤 것들이 무너지고 다 없어져 버린다고 할지라도 주님 앞에 설 수 있느냐 하는 것이 중요한 것이다. 이것이 있게 될 때에 근본적인 대각성이 있고 회개가 일어날 수 있는 것이다. 가장 깊은 삶의 동기와 목적 자체가 변화되지 않는 상태에서 그 밖의 것은 잠깐 옷을 바꿔 입는 것에 불과할 뿐이다. 옛날 심장이 없어져 버리고 옛날의 삶의 동기가 없어져 버리고 새것이 되는 것이 중요한 것이다. 이럴 때 우리 삶을 위협하는 무서운 것들이 없어져 버리는 것이다.

악인들의 형통함을 보고...

시편 63편 전체의 내용을 보면 죄악에 대한 내용은 없고 이 사람을 한쪽구석에 방치해 놓은 상태임을 알 수 있다. 이것은 우리가 예상치 못한 상황 가운데 하나님께서 그렇게 놓을 수도 있음을 말한다. 잠언의 진리는 우리가 원칙대로 살 때 하나님께서는 그에 합당한 것을 주신다는 진리라면 욥기의 진리도 있다. 원칙대로 했는데도 그렇게 안 되더라는 것이다. 시편 23편에서 나는 부족함이 없다고 하는데 하나님이 부족한 가운데 집어 넣어버리는 상황이다. 우리는 이것을 어떻게 이해할 수 있는가? 그것은 인생 가운데서 진정으로 하나님을 발견하는 것이 목적이기 때문에 그렇다. 그것도 단순하게 알고 발견하는 것이 아니라 체험적으로 아는 것을 의미한다.

시편은 인생에 대해서 정직하다. 우리가 부르고 있는 찬송은 거의 승리하는 모습을 보여주고 있다. 그러나 시편은 반 이상이 우리 인생의 고뇌와 탄식이 추가되고 있는 것을 볼 수 있다. 어떤 시편은 "아이고! 나 죽겠네!" 하는 것이 시편의 모습이다. '하나님! 내가 범을 피하려고 돌아가니 사자가 기다리고 있고 사자를 피하려고 돌아가니 표범이 기다리고 있습니다. 하나님! 어쩌면 좋겠습니까? 빨리 구해 주세요! 빨리 얼굴을 좀 보여주세요!' 하고 간절히 간구하고 있다(시63:1절). 어떻게 하면 이 과정을 뚫고 나갈 수 있을까? 어떻게 하면 주의 권능과 영광을 볼 수 있을까 하고 주를 바라보고 있다고 간구한다(시63:2절). 그런데 '하나님! 죽겠습니다!' 하던 사람이 갑자기 찬양하는 모습으로 바뀌고 있다. "주의 인자하심이 생명보다 나으므로 내 입술이 주를 찬양할 것이라"(3절)라고 고백하고 있다. 도대체 어떻게 이런 일이 일어날 수 있는가? 하는 것이다. 아직도 어려움이 끝나지 않았다. 아직도 고난과 고통이 떠나지 않았고 당장이라도 죽을 것 같다. 걱정 근심으로 머리를 들 수도 없다. 그런데 성전에 나와 하나님 앞에 무릎을 꿇는 순간 안개가 다 거쳐버리는 것처럼 모든 것이 훤히게 밝아지고 새로운 것들이 나가오는 것을 발견한다. 새롭게 깨닫게 되는 것을 경험한다. 하나님의 은혜가 임하는 것이다. 성전에 나와 하나님 앞에 무릎을 꿇는 순간 주어지는 놀라운 은혜이다. 여러분은 이렇게 깨닫게 되는 상황으로 들어간 본적이 있는가?

이것은 첫 단추를 바르게 꿴 사람들에게 주어지는 하나님의 해결책이다. 이것은 교회에 나와서 어떤 목사님의 설교를 듣고 깨닫는 것이 아니다. 그저 교회에 나와 예배당에 앉는 순간 무엇인가 알 수 없는 것이 '확' 내게 들어오면서 깨닫게 하는 순간을 경험하는 것이다. 아직까지 원수를 하나님께서 처리하지 않았을 수도 있다. 그러나 내 마음 속에 확신이 생기고 담대함이 생겨버렸다. 넘치는 기쁨이 생겨버렸다. "괜찮다! 그까짓 원수들! 한 번 해 볼 테면 해봐라!" 하고 담대함을 가져버리는 것이다.

이것은 첫 번째 단추가 잘 꿰어져야 만이 이루어지는 기쁨이다. 하나님 앞에서 예수 생명 내 생명, 하나님이 나의 분깃이요, 하나님의 분깃이 곧 나의 것이 된다는 기본적인 마음이 정리가 돼서 하나님 앞에 설 때만이 가능한 것이다(시63:9-11절).

시편63편과 동일한 원리로 기록되어진 시편이 73편이다.
21C를 사는 사람들에게서 찾아 볼 수 있는 공통점이 있다면 그것은 연약성이다. 우리는 두 마리의 토끼를 쫓고 있다. 한 마리는 우리 자신 속에 있는 토끼이고 또 한 마리는 공동체 속에 있는 토끼이다. 하나님은 그 가운데서 싸우기를 원하신다.

이 부분에 있어서 탁월한 사람이 있다. 아니 사람이라기보다는 사람이 속한 가계(家系)이다. "아삽"이라는 가계다. 이 가계(家系)는 위대한 전통을 가지고 있었는데 이 두 마리의 토끼를 모두 잡을 수 있었다. 이것이 우리에게 중요한 교훈을 전해주는 내용이다. 아삽가계 역시 고라 자손들과 함께 레위인들로서 하나님을 찬양하는 직분을 맞고 있는 성가대였다.

우리의 능력은 두 가지로 증명된다. 하나는 우리 자신에 대한 정복이고 그 다음은 밖과의 싸움에서 승리하는 것이다. 그런데 이 아삽의 가계는 안과의 싸움에서 승리한 동시에 밖과의 싸움에서도 승리한 가계이다. 21C에 하나님나라에 대한 우리의 도전은 이 두 가지를 동시에 극복하는 과제라 할 수 있다. 우리는 이 아삽가계에 대한 전통을 배우고 익히고 확립해서 자신과의 싸움뿐만 아니라 밖과의 싸움에서 승리할 수 있어야 한다.

성경에는 개인 영성의 탁월함을 말하고 있는 부분들이 많이 있다. 그 중에서도 개인 영성의 탁월함을 말하고 있는 말씀이 시편 73편의 말씀이다. 이 73편의 시를 볼 때는 히브리인의 시의 원칙에 따라 볼 필요가 있다. 이 시편의 가장 중심이 되는 핵이 16-17절 말씀이다. 즉 시편 73편에서 결정적인 전환점은 16절, 17절 말씀이다. "하나님의 성소"가 핵심이다. 성소에 앉아 있는 순간 은혜가 임하는 것이다. 누가 설교하는 것이 중요한 것이 아니라 들어가 앉아 있는 것이 중요하다. 들어가 앉는 순간 "하나님이 정하신 악인의 종말에 대해서 깨달음"을 주신 것이다. 이 16-17절 말씀을 두고 양쪽에 있는 말씀들이 팽이처럼 돌아가고 있다. 즉 의인의 고난과 악인의 형통으로 인한 믿음의 시험(1-15절)은 하나님의 성소에 나가 깨닫게 되는 단계(16-17절)에 도달하기까지의 고통스러운 단계를 말한다. 또한 졸지에 망하게 될 악인의 운명과 시인의 우둔함에 대한 고백과 회개(18-28절)는 이 고통이 지나고 난 다음에 이 문제가 해결되는 방식을 보여주고 있다. 이것이 시편 영성 가운데 가장 깊은 부분 가운데 하나라고 말할 수 있다.

이 16-17절을 지나면서 완전히 자다가 깬 것처럼 새로운 차원으로 옮겨가게 되고 절대로 그 사람 눈으로는 보지 못했던 것들을 눈을 열어서 보게 되고 듣지 못했던 사람이 갑자기 듣게 되는 모습이다. 이와 같은 것은 하나님의 엄청난 은혜이다. 여러분 속에 있는 그 이전 차원의 괴로움 속에서 벗어나서 전혀 새로운 차원으로 옮아가는 천지가 개벽하는 것과 같고 새 생활이 열리는 것과 같은 그런 것이다. 이것은 단순히 예수 믿을 때의 차원이 아니라 이 사람은 이미 예수를 믿고 하나님의 자녀 된 신분을 가지고 있는데 한 차원 더 나가기 위해서 껍질이 벗겨져야 되고 뒤집어쓰고 있던 망토가 벗겨져야 되는 그 "벗겨짐"이 바로 "성전에서의 깨달음"(16-17절)이다. 이것이 개인 영성의 탁월한 면 가운데 하나이다.

　시인은 무엇 때문에 고민 하는가 그 이유를 말하고 있다(3-12절). 고민하는 이유가 너무나 악인들이 잘 먹고 잘사는 것 때문이다. 그들이 너무나 잘되기 때문에 그들을 건드릴 자가 없다. 악인들의 형통함을 바라보면서 가슴 조리고 괴로워하면서 고민하고 있는 모습이다. "하나님이 참으로 이스라엘 중 마음이 정결한 자에게 선을 행하시나 나는 거의 넘어질 뻔 하였고 나의 걸음이 미끄러질 뻔 하였으니"(73:1-2) 사실 이 같은 표현을 할 수 있는 사람은 개인적으로 말할 수 없는 고통가운데 들어가 봤던 사람만이 할 수 있는 표현이다. 그 고통이 생각조차 하기 싫은 아픔이었는데 그 아픔이 이제는 나 혼자만이 아니라 우리 백성 모두가 격어야 하는 상황이 되었다. 따라서 지금 시편기자의 마음은 개인적이고 개별적인 시련과 아픔 그리고 고통 그 이상을 말하고 있다.

　히틀러 때 유대인들에게 강하게 제기해왔던 반론이 있었다. 그것은 "신정론(神正論)"이었다. '즉 하나님은 정말 옳은가? 하나님은 정말 살아계신가?'하는 의문들이었다. 하나님은 정말 살아계시고 우리 한 개개인에게 진정으로 관심을 가지고 계시는 것일까? 그렇다면 어떻게 이런 일들이 일어날 수 있을까 하는 것들에 대한 의문들이었다.

　"악인의 형통함을 보고"(3절)라고 말한다. 문제는 내가 바라본 것은 오직 악인의 현재의 삶, 즉 잘 먹고 잘사는 것만을 바라봤다. 그들의 미래는 바라보지 못했다. 그들의 겉모습만 보고 그들의 영혼의 괴로움은 간과했다. "오만 한 자를 질시했다"(3절)고 말하고 있다. 여기서 오만한 자란 "어리석은 자"란 뜻으로 악인을 의미하고 있다. 즉 세상에서 악인의 형통함을 보고 악인의 현재만을 바라보고 내가 부러워하고 질시했다는 것은 나 역시 어리석은 자였다는 뜻이다. 나 역시 악인이나 마찬가지였다고 고백하고 있는 것이다.

우리는 일반적으로 사람이 죽음의 선고를 받게 되면 의인과 악인 사이에 무엇인가 다른 점이 있을 것이라고 생각을 한다. 그래서 악인은 고통에 처할 것이라고 생각한다. 그러나 시편 기자가 악인의 죽음을 관찰해 보았더니 그가 기대했던 과는 달리 그들은 죽음도 평안하게 맞이했다. 오히려 화려했고 죽는 그 순간까지도 그들은 부를 과시하며 떵떵거리며 죽어갔다. 또 어떤 이들은 죽는 그 순간에 하나님을 모독하며 저주하는 자들도 있었다. 그럼에도 불구하고 그들의 죽음은 평안했다. 이렇게까지 하는데도 하나님은 침묵하실 수 있는가? 죽는 순간까지도 편안하고 자신만만한 저들을 어떻게 이해해야 한다는 말인가? 하는 것이 말할 수 없는 고통이고 고민거리였다. 시편 저자가 가장 이상하게 생각하는 것이 바로 이것이었다. 이런 사람들이 우리 주변에는 얼마나 많은지 모른다. 문제는 이런 사람들이 너무 잘된다는 것이다. 우리는 없는 것 쪼개고 모아서 겨우 어떻게 조심스럽게 주식 투자했는데 빈번히 망해버린다. 그러나 저들은 하는 것마다 대박이고 잘된다. 그것도 하나님을 조롱하면서 비아냥거리면서 '하나님이 어찌 알랴 지극히 높이 계신 자가 어떻게 우리와 같은 지식이 있겠느냐!(11절)하면서 조롱하는 데도 그들의 경영은 잘되기만 한다.

이렇게 악인들의 혀가 인간사회에서 거짓과 위선과 악의 찬 비웃음으로 가득 차 있는 가운데 순수하고 신실한 길에 머물러 있고 내 양심을 지키며 서 있는 다고 하는 것이 얼마나 어려운 일인지 모른다. 악인의 힘은 너무 크고 세서 의인의 마음에 질투의 탐욕을 불러일으킬 만한 능력을 충분히 가지고 있다. 우리가 악인들이 풍요로운 삶을 살아가는 것을 질투의 눈으로 바라볼 내 우리 마음의 고뇌는 시작되고 절망하고 낙심하기까지 하게 된다. 때로는 삶의 의욕을 잃어버릴 때도 있다. 내가 열심히 땀 흘리며 노력하는 것에 대한 의미를 잃어버릴 때도 있다.

하나님의 자비를 통한 인생의 결국에 대한 깨달음...

　이와 같은 악인들과는 정반대로 의인들이 당하는 고난의 모습들도 말하고 있다(13-15절). 아삽은 마음뿐만 아니라 그의 외적인 행동에도 주의를 기울이며 조심했던 사람이었다. 그러나 거룩한 삶을 산 대가가 고작 고난이었기에 그는 거룩한 것이 무슨 가치가 있느냐고 묻고 있다(13절). 내가 신실하게 살았고 다른 것은 다 몰라도 착하게 살았고 남 속이지 않고 정직하게 살았지만 그것이 내 삶에 무슨 유익을 주었단 말인가? 내가 정결하게 살았지만 그것이 나에게 무슨 도움이 되었단 말인가? 지금 나에게 남은 것은 고난 밖에 없는데 라고 탄식한다. 오히려 더러운 마음을 가진 자들이 더 높은 자리에 오르고 이 땅에서도 더 좋은 것들은 다 그들이 차지하고 있는데 하나님이 진정 살아계신 하나님이시라면 이런 일이 일어날 수 있단 말인가? 아침마다 새벽기도하고 교회에 봉사했는데 하는 것마다 다 깨져버리고 되는 일이라곤 아무 것도 없다. 나는 열심히 한다고 하는데도 발걸음을 옮길 때마다 실패만이 나를 따라 다니고 있다. 나를 괴롭히는 자들이 많고 아침에 일어나자마자 영문도 모르는 뺨을 맞는 일이 허다하고 하루도 편할 날이 없다. 그런데 거룩한 삶이 무슨 소용이 있는 것입니까? 하고 말하고 있다. '날마다 내 손을 씻어 깨끗케 하는 것이 헛되다고 생각'을 하고 있는 것이다. 왜냐하면 아침마다 하나님이 하시는 징책 때문이다. 손을 열심히 씻었는데도 여기 때가 조금 보이네! 여기도 있네! 저기도 있네! 하시는 것이다. 나를 사랑하시는 주님! 정말 어찌 이럴 수가 있습니까? 그것에 대한 하나님의 대답은 '사랑하기 때문에 그렇다! 사랑하기 때문에 그래!' 라고 말씀하시고 있다.
　내가 하나님 앞에 이렇게 깨끗하게 살려고 하는데 정직하게 살려고 하는데 왜 사업이 이렇게 안 되는 것일까? 정반대로 악인들은 왜 또 저렇게 잘되는 것인가 하고 탄식하고 있다. 설상가상으로 11절에서는 하나님을 조롱하기까지 하고 있다. "하나님이 어찌 알겠느냐! 너무 높이 있어서 우리와 같은 지식이 있겠느냐! 너무 높이 있어서 인생들이 어떻게 하는지 모르시죠?" 하면서 조롱까지 하고 있다. 악당들이 하나님을 조롱하는 것을 보았는가? 하나님께 버림을 받은 자들은 면류관을 썼고 하나님의 택하심을 받은 자들은 십자가를 졌다. 성도들이 한 숨을 짓고 죄인들이 즐거이 노래한다는 것은 이상한일이 아닐 수 없다. 오히려 세상에서 소동을 일으키는 자들에게는 안식이 있었고 즐거움이 있었다. 그러나 서로 평화를 누리자고 하는 자들에게는 평화가 주어지지 않았다. 도저히 이해할 수 없는 일이 아닐 수 없다.

지금 시편 기자는 두 가지로 인하여 고통을 받고 있다(16절). 악인이 잘되는 것을 보고 알기에 고통스럽고 또 하나는 하는 일마다 안 되는 나를 바라보니 고통스러운 것이다. '그래서 어쩌면 이를 알까하여!' 고민하고 있는 모습이다(17절).

그런데 시편 기자는 하나님 앞에서 인생에 이루어지는 일들을 어떻게 볼 것인가 하는 작정을 보는 것이다. "하나님의 성소에 들어갈 때에야 저희 결국을 내가 깨달았나이다."(17절) 라고 고백하고 있다. 즉 핵심은 "깨달음"이다. 저들의 결국을 보았다는 말이 아니다. 체험했다는 것도 아니다. 내 마음이 깨달았다는 것이다. 가장 중요한 것은 밖이 아니라 내 마음(안)이 문제라는 것을 말하고 있다. 마음이 평정되고 하나님 앞에 서는 것이 이루어지는 것을 의미한다. 이것을 두 번째 단추라고 할 수 있는 "하나님의 자비를 통한 인생의 결국에 대한 깨달음" 이다. 이 깨달음은 저절로 깨닫게 되는 것이 아니라 하나님의 자비였다. 이 자비가 우리 가운데 주어져야 만이 눈을 떠서 자신을 볼 수 있고 세상을 볼 수 있고 사람을 볼 수 있다. 이 자비가 우리 가운데 주어지지 않으면 악인이 잘되는 깃 때문에 마음이 상하고 고통스럽고 내가 늘 안 되는 것 때문에 원망하고 불평하게 되고 결국은 하나님께 도전하게 되고 엉망이 되어 버리고 만다.

하나님의 자비를 받기위해서는 성소에 나아가야...

그런데 이 하나님의 자비를 받기 위해서는 적어도 한 가지를 해야만 한다. 그것은 하나님의 성소에 나아가는 것이다. 하나님의 처소에 나아갈 때만이 하나님의 임재를 경험하게 되고 하나님의 자비를 경험하게 되는 것이다. 성소에 나가기 전에는 악인이 잘되는 것 때문에 고통스러웠다. 무슨 일을 해도 잘되지 않는 나를 바라볼 때 낙심이 되고 절망스러웠다. 짜증나고 실망스러웠다. 그래서 절망스럽고 고통스러운 마음 때문에 교회에 가기도 싫고 움직이기도 싫었다. 그러나 그렇다고 주저앉아 버리는 것이 아니라 억지로라도 하나님의 성소에 나가야 한다. 나가면 나도 모르게 자리에 앉는 순간 모든 실망과 낙심이 사라지고 모든 미움이 사라지고 가슴이 뜨거워지고 주체할 수 없는 하나님의 은혜가 임해서 눈물이 나오고 나도 모르게 찬양이 쏟아지는 것을 경험할 수 있다. 그래서 우리가 힘들고 어려우면 어려울수록 하나님의 성소를 찾아야 하는 이유가 바로 여기에 있다.

고대의 하나님의 성소는 예루살렘에 있었다. 사람들은 이 성소에 가기 위해서 몇 날을 준비하여 걸어갔다. 그런데 이제는 우리가 예루살렘까지 갈 필요가 없다. "성령과 진리로 예배하고 너희 두 세 사람이 모인 곳에 내가 있느니라"고 말씀하신 것처럼 언제든지 그 자리에 나갈 수 있다. 그저 성소에 나가 조용히 앉는 순간에 누가 설교하는 것을 듣는 것이 문제가 아니다. 나가는 동시에 하나님의 자비가 임하는 은총을 경험할 수 있는 것이다. 나 자신도 모르게 은혜가 임해서 눈물이 나오고 미워하는 자가 갑자기 이해가 되고 마음이 열리는 것을 경험할 수 있다. 이 깨달음은 악인의 형통함과 의인의 고난에 대한 놀라운 깨달음이다. 이제 이런 가운데 좌절하고 절망하는 것이 아니라 이런 상황 속에서 살아가는 하나님의 사람이 얼마나 정상적인가를 깨닫게 된다. 아삽은 이것을 우리에게 교훈해 주고 있다.

기쁨이 절망을 극복할 때...

우리가 살아가는 삶 속에서 때로는 평안을 유지할 때가 있다. 하나님의 인도하심과 함께하심을 정확하게 인식할 때다. 내가 다소 어렵고 힘들지만 하나님이 함께 하신다는 확신이 나를 붙잡고 있을 때는 평안하다. 기쁘고 소망이 넘친다. 그러나 상처와 소외와 죽음의 시간들이 있을 수도 있다. 하나님에 대한 소망을 잃어버리고 방황할 때다. 하나님을 아무리 불러도 아무리 찾아도 보이지 않을 때다. 이때는 방향을 잃어버린 때이다. 내가 지금 어디에 있는지조차 알 수 없는 캄캄한 밤일 때이다. 그러나 새로운 방향제시의 시간도 있다. 우리가 하나님의 새 은사들로 압도될 때다. 기쁨이 절망을 극복할 때다. 하나님의 성소에 나가 하나님을 만나 하나님이 주시는 은혜가 내 육신의 아픔과 절망을 극복할 때이다. 바로 이 시편 73편은 우리의 눈앞에 있는 현실들로 인하여 방향을 상실했음을 말하면서도 새 방향을 제시해 주고 있는 걸 작품이다.

악인들의 형통이란 꿈처럼 깨면 없어져 버릴 것들...

시편 73편 후반부에서는 세 가지의 새로운 방향을 제시해 주고 있다 (17-28절).
첫 번째로는 악인에 대한 새로운 방향제시가 존재하고 있음을 말한다. 성소에 나가 하나님을 만나는 경험은 악인들의 행동의 결과에 대해 새롭게 깨닫게 했다. 질투의 관점에서 볼 때는 그들은 천하무적이었다. 반대로 정결함과 신실함으로 하나님을 믿는 사람들로서 양심을 가지고 착하고 바르게 살고자 했던 우리의 투쟁은 어리석은 것으로 보였다. 그러나 그들의 권세는 환상이었다. 그들이 누리는 평안과 안식은 허상이었고 그들의 형통은 하룻밤의 꿈처럼 꿈꾼 후에는 무시해버리는 것처럼 아주 갑자기 사라질 수 있는 것들이었다. 이것이 하나님의 성소에 나가 앉는 순간 하나님의 은혜를 통해서 깨닫게 해 주신 것이었다. '아! 악인들의 형통이란 것은 결국은 꿈처럼 깨면 없어져 버릴 것들이구나!' 하는 귀한 것을 깨닫게 되었다. 하나님께서 이들에게 풍요로움을 누리게 하신 것은 그들을 축복하기 위한 것이 결코 아니었다. 오히려 그 반대의 목적이 있었다는 사실을 알게 되었다. 그들을 높은 곳에 두시고 풍요를 누리게 하신 하나님의 손이 이제는 그들을 아래로 내던지시는 것이다. 그들을 높은 곳으로 올리셨던 것은 그들로 더 확실하게 파멸을 당하게 하기위한 것이었다. 영원한 심판을 받는 자들은 과거에 누렸던 풍요를 생각하고서 더욱 슬퍼할 것이기 때문이다. 그들이 이 세상에서 누렸던 즐거움은 이 무서움을 줄이는 것이 아니라 실제로는 더욱 무섭게 하는 것이 되고 만다.

또한 이 모든 악인의 형통함을 꿈에 비유하고 있다. 꿈에서 깨면 모든 것이 신속히 사라지는 것처럼 교만한 자의 허영과 풍요로움도 순식간에 모두 녹아 없어져 버릴 것임을 교훈한다. 누가 꿈속에서 누렸던 풍요로움을 부러워하겠는가? 오직 어리석은 자만이 부러워 할 것이다. 이제 악인이 살았던 삶들의 무의미함, 나중에는 아무것도 없게 되는 것이 인생의 본질이라는 것을 눈을 열어서 깨닫게 되고 마음에 확증이 되면서 악인에 대해 증오하는 마음이 없어지게 되었다. 오히려 그들의 안락이 안타가운 것이 되고 불쌍한 것이 되어 진다.

또 하나의 문제는 부자에 대한 자각보다는 자기 자신에 대한 문제였다. 내가 열심히 했는데도 내게 돌아오는 것이라고는 아무것도 없다는 것에 대한 억울한 마음이 문제였다. 그러나 이 억울한 마음을 가진 내가 비정상적이라는 것을 내 자신 스스로가 발견하게 되었다. 그것이 바로 어리석은 자이기 때문이다.

진리를 바라보고도 깨닫지 못하는 것은 무지하고 짐승과 같은 것…

　두 번째 새로운 방향 제시는 자아에 대한 새로운 인식이었다. 진리를 바라보고 깨닫지 못하는 것은 무지하고 짐승과 같은 것이라고 고백하고 있다(21-22절). 하나님의 임재 앞에서도 그는 깨닫지 못하고 짐승보다도 못되게 놀았던 것이다. 풀을 뜯어 먹는 황소는 눈에 보이는 것 밖에는 모른다. 눈에 보이는 것만 판단할 뿐이다. 그래서 먹을 것만 풍족하면 그것으로 만족해하는 동물이다. 시편 기자 역시 마찬가지였다. 우리 역시 마찬가지 아닌가? 이 세상의 삶의 모습으로 사람의 외적 모양으로 육체가 즐기는 것만으로 판단을 내렸다. 이런 자신을 스스로 참회하면서 짐승이라고 고백하고 있다. 그가 이처럼 자신의 어리석음을 깊이 의식하고 있었다는 것은 그가 진실로 지혜로운 사람이었음을 증거하고 있다. 자신의 정신적 방랑에 대해 통렬하게 탄식하고 있는 것이다. 그렇다면 나는 어떠했는가 하는 것이다. "하나님 왜 나는 이런 삶을 사는 것입니까?"하고 고통스러워하고 힘들어 했던 것 자체가 얼마나 우매하고 무지한 것이었는가를 말하고 있다. "하나님! 나는 하나님의 자녀임에도 불구하고 잘 안되는데 저들은 하나님을 믿지도 않는데도 잘되고 떵떵 거리며 살아가는 것이 있을 수 있는 것입니까?" 하고 고민하고 번민했던 이런 내가 하나님 앞에 얼마나 짐승 같았습니까? 라고 말한다. 우리는 이런 자각 가운데 들어가 보았는가? 이런 확신 가운데 서 보았는가? 아니면 여전히 이런 질문 가운데서 고민하고 있는가? 이렇게 인생을 해석할 수 있는 능력이 우리 가운데 있어야한다. 이런 경험 가운데 들어가야 살아가는 용기가 생기고 살아갈 때 우리 삶의 정당한 해석을 할 수 있다. 뿐만 아니라 이런 우리 앞의 삶의 질문(의문)에 당당하게 대답할 수 있게 된다. "내 육체와 마음은 쇠잔하나(점점 나이 먹고 늙어지나)(26절)" 그러나 걱정할 것이 없다. '하나님은 내 마음의 반석이시오 영원한 분깃이시라' 겉 사람은 날로 쇠하나 속사람은 날로 강건해 지는 것에 대해 눈이 떠져야 된다.

　세 번째 새로운 방향 제시는 하나님의 현존을 향한 것이다. 내가 항상 하나님과 함께 있다는 것을 알고 육체와 마음이 실족한다 할지라도 하나님의 반석은 영원하실 것이라는 것을 깨닫는 것이다. 하나님으로부터 멀리 있는 자들은 멸망할 것이지만 우리 앞에 설계된 미래는 여호와를 피난처로 삼는 자들 앞에 영원히 변함없이 놓여 있다는 것을 깨닫는 것이다. 이제는 우리가 어떤 마음을 가져야 할지를 깨닫게 해주고 있다. "마음이 청결한 자는 복이 있도다! 왜 그런가? 그들이 하나님을 볼 것이기 때문에 그렇다. 뿐만 아니라 "하나님은 내 마음의 반석이시오 영원한 분깃이시라"(26절)고 고백하고 있다. 즉 하나님만이 나의 유업이라고 고백하고 있는 것이다. 내가 이 세상에 남길 재산은 세상에 그 어떤 것들이 아니라 재물이나 돈이 아니라 바로 하나님이다. 하나님만이 나의 전부라고 고백하고 있다.

하나님은 나의 영원한 유업...

　그러므로 이 악인의 형통과 의인의 고난의 문제를 넘어가서 중요한 답변을 얻은 것이 바로 "하나님은 나의 영원한 분깃(유업)"이라는 답변을 깨달은 것이었다. 이 놀라운 깨달음 가운데 들어가는 진실 된 인간만이 이기는 자가 될 수 있고 승리가 있을 뿐이다. 이 사람에게 어떤 무엇이 주어져서 이런 고백을 한 것이 아니라 하나님의 성소에 나가 앉는 순간 하나님이 주시는 은혜를 통해서 눈이 떠지고 귀가 열린 것이다. 이것이 아삽가계가 가지고 있는 가장 중요한 장점가운데 하나였고 개인 영성의 완성이었다. 이런 영성을 가진 자야만이 하나님 나라를 위해서 싸울 수 있는 것이다. 이런 개인영성이 있고 난 후에 공동체 영성으로 넘어갈 수 있는 것이다. 지금 우리는 이런 개인 영성으로 무장되어 있는가? 세상의 풍요로움이 문제가 아니라 악인의 형통함을 보고 분노하는 것이 아니라 정말 내 속에 계신 하나님이 나의 전부라고 고백할 수 있고 그 하나님이 나의 영원한 분깃이라고 고백할 수 있는가 하는 문제이다. 이렇게 고백할 수 있을 때만이 우리 앞에 장애물은 거치게 되고 자유함을 얻을 수 있다. 그리고 하나님나라를 위해 헌신할 수 있는 것이다. 이런 아삽가문과 같은 영성이 회복되어야 한다. 그러기 위해 이 시간도 우리는 하나님을 만나기를 소망하고 항상 하나님의 처소에 나가기를 사모해야만 한다.

고난을 통하여 배우는 하나님의 말씀...

시편 119편은 말씀의 장(토라 시편)이라고 말하기도 하고 알파벳 시편이라고 말하기도 한다. 왜냐하면 각 8절마다 말씀의 시작이 알파벳순으로 되어 있고, 한절 한절이 말씀하고 관계가 있기 때문이다. 예를 들면 시119편 65절에서 72절은 하나의 문단으로 구성되어 있다. 67절 "고난당하기 전에는 내가 그릇 행하였더니 이제는 주의 말씀을 지키나이다"에서도 고난을 말하고 있고, 71절 "고난당한 것이 내게 유익이라 이로 인하여 내가 주의 율례를 배우게 되었나이다"에서도 고난을 말하고 있다. 즉 하나님의 말씀을 배우는 데는 이렇게 성경에 있는 문자를 통해 배우는 것이 아니라 고난을 통해 배우고 있는 모습이다. 그 결과 "나는 전심으로 주의 법도를 지키겠다고 고백"하고 있다.

찬송가에서는 "만사형통하리라" 했는데 왜 고난을 당하고 있는가? 이것은 은혜뿐만 아니라 고난도 함께 받게 하려 함이라고 말씀하신다. 성경은 고난은 선택이 아니라 필수 사항이라고 말씀하신다. 그 이유는 우리가 하나님의 자녀가 되어 세상에서 넘어 왔는데 가장 시기하는 자가 사단이다. 자기 밥 하나를 잃어 버렸기 때문이다. 따라서 온갖 어려움을 주는 것이다. 예수님의 씨 뿌리는 비유도 그렇다. 하나님나라 때문에 받는 고난, 가시밭길 그것을 통과해서 꽃을 피우기를 하나님은 원하시는데 그것을 못하고 있는 것이다. 따라서 하나님께서는 우리 속에 있는 죄 성을 다루기 위해서 또 거지 근성 같은 성격을 다루기 위해 고난이라는 도구를 쓰시는 것이다. 즉 고난당하기 전에는 듣고 동의만 했지만(그럴 수 있다고 동의만 했지만) 이제는 행하지 않으면 하나님의 징계가 있다는 것을 알게 됐다. 그러나 하나님께서도 우리 속에 있는 습관들을 무너뜨린다는 것은 쉽지 않다는 것을 아시기에 사랑하기 때문에 고난이라는 도구를 사용하시는 것이다. "주는 선하사"(68절)라고 말씀하고 있다. 나를 때리시는 하나님을 향해 선하시다고 고백할 수 있게 되는 것이다.

또한 69절에서는 악당들이 나타나고 있다. 이제는 나와 하나님과 악당과의 관계이다. 나를 그냥 치는 것이 아니라 거짓을 지어(억울한 일과 모함 그리고 온갖 음모를 가해서) 나를 치는 것이다. 하나님나라 대적이 하나님 나라 밖에 있는 것이 아니라 하나님 나라 안에 있는 것이다. 다윗에게 있어 블레셋이 무서웠는가? 사울이 무서웠는가? 사울이 훨씬 더 어려운 적이었다. 세상 사람이라면 내가 이해할 수 있는데 교회 집사가 장로가 목사가 나를 울분의 도가니로 몰아넣는 것이다. 이럴 수는 없는 것이다. 이 때 교회에 나가지 않고 내 마음대로 해버리면 사단의 밥이 되고 만다. 사단은 그렇게 악을 가지고 다른 사람을 치게 하고 모함하고 거짓으로 속이고는 자신은 슬쩍 빠져버린다. 이것이 사단의 술수이고 간계이기 때문이다.

지금까지가 하나님과 나와의 관계(65-68절)였다면 이제부터는 악당과의 관계이다(69-72절). 69절에서는 "전심으로 주의 법도를 지키리이다"라고 말하고 있다. 그러나 65~68절에서는 "전심으로"라는 말이 나오지 않고 있다. 하나님 말씀이 전심으로 안 지켜지는가? 거짓으로 나를 속이려고 하는 그 사람의 얼굴만 생각이 나는가? 그러나 하나님은 그 사람의 얼굴을 분석하려고 하지마라 또 그 사람 마음도 분석하려고도 하지마라 하나님의 마음(말씀)을 알려고 하라고 말씀하신다. 악당이 계속적으로 괴롭혀서 울분이 터질 것 같지만 그 모습을 바라보면서 "나는 주의 법을 즐거워하나이다" 라고 말하고 있다. 이것은 성경공부를 통해서 알고 배운 것이 아니라 고난을 통해서 배우게 된 것이다. 이 고난을 통해서 하나님의 법을 배우게 되는 것이다.

하나님께서 내게만 주신 것 같은 유산 같은 말씀이 얼마나 되는가? 고난을 통과하면서 고난을 관통하면서 하나님이 주신 말씀이 몇 개나 되는가? 진정 자녀들에게 남길 수 있는 하나님의 말씀이 몇이나 있는가? 하나님은 나를 보시며 지존자라고 말씀하셨다. 비록 내가 아무것도 없다고 할지라도 사단이 말할 수 없는 고난과 고통을 가지고 어렵게 한다고 할지라도 그 속에서 나에게 주시는 천금 같은 말씀을 끝까지 읊조리며 하나님 앞에 갈 수 있는 성숙한 믿음의 사람이 되기를 하나님께서는 우리를 초대하고 계시는 것이다.

여전히 고난이 우리 앞에 괴물처럼 산처럼 서 있다, 중요한 것은 시간과의 싸움이다...

우리가 세상을 살아가면서 이런 생각을 할 때가 종종 있다. 고난이 우리에게 없으면 얼마나 좋을까? 하는 생각을 한다. 그런데 그것은 헛된 생각이고 유치한 생각이기도 하다. 우리가 성경을 읽다보면 이런 의문이 생겨난다. "왜 하나님이 이 땅에 악을 남겨 놓으시고 당신의 사랑하는 사람들에게 고난을 허용하시는가?" 하는 생각이다. 사실 이 질문에 답하는 것도 쉽지 않다. 인생의 역경 속에서 해석이 잘되지 않을 때가 많기 때문이다. 그러나 분명한 것은 내가 이해하거나 납득되거나 해서 하는 것은 인간의 이성에 불과한 것이다. 때론 이해되진 않아도 하나님을 신뢰하는 것이 우리가 가져야 할 가장 중요한 신앙의 자세이다.

여전이 인생의 밤이 다가오면 우리가 절망할 때 많고 항의할 때가 많다. 그러나 시편 30편에는 "상상할 수 없는 고통을 당한 한 신앙인이 하나님께 어떤 감사와 고백을 드리는가" 이 시편 30편은 오늘을 살아가면서 어떤 신앙의 자세를 가져야 하는가를 점검해 볼 수 있게 한다.

요즘 주제가 '힐링'이다. 세상의 많은 사람들이 상처를 너무 많이 받고 살아간다는 말일 것이다. 그 힐링의 주제가 "하나님의 터치, 하나님의 어루만지심" 인데 그만큼 현대를 살아가는 사람들이 치유와 회복에 대해 갈망을 갖고 있다는 증거이다. 그런데 문제는 고통당하는 그 사람에게 어떤 해답을 주어야 하는지가 쉽지 않다. 지금 당하는 그 사람의 고난에 대해 쉽게 이해가 가고 해석이 되고 그래서 쉽게 판단하고 설명할 수 있는가 결코 쉽지 않기 때문이다. 때로는 우리가 쉽게 이렇게 말하기도 한다. '기도합시다!' 그러나 그 말조차도 때로는 무책임 할 때가 있다. 그것이 정답일 때가 아닌데 정답일 수밖에 없기 때문이다.

우리는 고난이 왜 오는가 잘 모를 때가 많다. 그러나 궁극적으로는 좋게 하실 것이고 합력해서 선을 이루실 것이지만 그러나 결과도 중요하지만 우리가 시간의 개념을 잘 이해해야 할 필요가 있다. 욥기에 보면 1장에서는 고통이 찾아오지만 42장에서부터 보면 욥에게 회복이 찾아오고 축복의 결과를 맺는 것을 볼 수 있다. 지금 내게 이런 고통과 환난이 있어서 하나님께 기도했더니 바로 역사하셨다 하면 좋겠는데 대부분의 경우는 여전히 고난이 우리 앞에 괴물처럼, 산처럼 서 있다. 중요한 것은 시간과의 싸움이다.

자연세계에도 밤이 찾아오는 것을 볼 수 있다. 인생에도 때로는 원치 않지만 인생의 밤이 올 때가 있다는 것을 우리는 기억해야 한다. 그러나 인생 가운데 밤이 없다면 아침의 찬란함이 느껴지지 않을 것이다. 고난이 없이 하나님의 역사하심이나 인생의 진정한 가치는 느낄 수 없다. 성경은 우리에게 이런 놀라운 은혜들을 알려주고 있다. "나는 빛도 짓고 어두움도 창조하며 나는 평안도 짓고 환난도 창조하나니 나는 여호와라 이 모든 일을 행하는 자니라 하였노라"(사 45:7) 하나님은 빛도 짓고 평안도 주시는 분 환난도 허용하시는 분이다. 그러나 한 가지 분명한 것이 있다. '늘 햇빛만 쏟아지는 곳은 사막이 될 뿐이다.' 중동지방의 격언이 때로는 우리에게 통할 때도 있다. 인생 속에 늘 좋은 것만 있다면 그것이 과연 행복이며 삶의 진정한 가치를 누리는 현실이 될까 하는 것이다. 하나님께서도 당신의 독생자를 십자가에 내어 놓으실 때 가장 칠 흑 같은 시간이었을 것이다. 그 과정을 통해서 나를 구속하시고 존귀한 후사로 세우신 것이다.

정답일 수는 없겠지만 성경적인 정의를 내리자면 인생을 향한 밤 즉 하나님의 자녀들을 하나님이 계획하신 최상의 사람으로 만드는데 고난의 밤을 허용하시기도 한다는 것이다. 고난에는 하나님의 어떤 결과가 존재함을 반드시 기억해야한다. 시편을 읽는데 느낌은 좋은데 배경을 모르면 허공을 치는 것과 같을 수 있다.

깨어짐으로 그 가슴속에 채워지는 또 다른 은혜가 있다...

사무엘상하 18장은 압살롬의 반란과 그 종말에 대한 내용을 기록하고 있다. 위대한 믿음의 사람 다윗이라 할지라도 상상 할 수없는 역경이 닥쳐왔다. 아들 압살롬의 반란이다. 다윗의 범죄(밧세바 사건)로 인하여 후반부에 압살롬의 반란이 일어났다고 말할 수도 있다. 또한 하나님의 징계라고 말할 수도 있다. 그러나 너무나 참혹한 상황이다. 그럼에도 불구하고 이 결과는 결국 다윗의 후반부가 그래도 견고해 지는 것을 볼 수 있다.

사람은 나이가 들수록 권력의 자리에 더 매달리고 싶은 욕심이 많아진다. 따라서 이런 엄청난 고난이 다윗에게 없었다면 이 사람의 후반부가 이렇게 아름다울 수 있었겠는가? 그렇다고 아들이 자기 아버지를 죽이겠다고 반란을 일으키는 것 자체를 어떻게 설명할 수 있는가? 아들은 아들대로 권력에 대한 욕심이 지나쳐서 정말 사랑했던 아들이 아버지를 죽이겠다고 쫓아온다. 결국 압살롬은 자기가 판 함정에 빠져 최후를 맞이한다. 다윗은 다시 예루살렘으로 귀환하고 왕권을 회복하고 성전을 정결케 하고 하나님께 예배드렸던 현장이 시편30편이다. 다윗이 하나님을 찾고 기쁨으로 드렸던 노래이다.

"내 아들 압살롬아 내 아들 내 아들 압살롬아 내가 너를 대신하여 죽었더면 압살롬 내 아들아 내 아들아 하였더라"(삼하18:33) 전쟁의 승리를 거두었던 사람들도 우리는 과연 누구를 위해 싸운 것인가 할 정도로 상황이 어려웠다. 얼마나 그가 마음이 상하고 아팠겠는가? 다시 한 번 반복하지만 깨어지고 상실됨으로 고난만 찾아온 것은 아니다. 그의 상실한 삶속에 거룩한 기회가 찾아온다. "권력이 다가 아니구나! 하나님을 더 힘껏 의지하자! 이 권력이라는 것은 아무것도 아니구나!" 자식이 허망하게 죽게 된 상황에서 깨어짐으로 그 가슴속에 채워지는 또 다른 은혜가 있었다는 말이다.

때로는 인간은 잃어버려야만 그 진가를 알 때가 있다. 돈을 잘 벌 때는 그 돈의 진가를 잘 모르고 오만함으로 산다. 돈을 잃어버려야만 그 돈의 가치를 알게 되는 것처럼 '어느 누구든 교사가 될 수 있다!' 는 말이 있다. 어느 누구이든 연약하고 실패한 사람을 조롱할 수 없는 것은 그 실패가 내게는 좋은 스승이 될 수 있기에 그렇다. 지혜로운 자는 다른 사람을 통해 끊임없이 배우는 것이다.

나는 어떻게 살 것인가? 다윗도 처절하게 깨어짐으로 권력이 세상의 부귀영화가 다가 아니라는 것을 깨달았다. 대가지불은 너무나 컸지만 하나님이 대신 채우시는 은혜가 컸다. 하나님을 믿는 사람들은 감사할 것이 있는 것이 그 깨어지고 부서진 틈으로 하나님은 당신의 것으로 채워주신다는 것이다. 실패하지 않고 성공만하는 삶이라면 세상을 우습게 여길 수 있고 오만해 질 수 있다. 깨져본 사람 상실해 본 사람은 함부로 살지 않는다. 함부로 살 수 없다. 우리의 삶은 항상 동일하지 않아서 언젠가는 균열이 온다. 그 때 내 가슴 속에 복음이 새겨져 있다면 내가 약할 때에 그 깨어진 우리의 전 인격 속으로 그 복음이 들어오기 시작하는 것을 경험할 수 있다.

인생의 밤을 통과하는 자들을 향한 세상 사람들의 손가락질이 고통스러울 때도...

다윗의 고백을 보면 처절한 고통의 내면에서 그가 얼마나 절망하는가 하는 고백들이 등장을 한다. 그는 고통과 절망의 밤을 지냈던 신앙인이었다.

시편 30편에는 '내 대적(원수)(1절)' '무덤으로 내려가지 아니하게 하셨나이다'(3절) '주의 얼굴을 가리우시며'(5절) '슬픔 그리고 베옷을 입었다'(11절)라는 말이 나온다. 이 말들이 의미하는 것은 그 만큼 깨어진 모습을 표현하고 있는 것이다. 철저하게 깨어진 모습이다. 여기서 '내 대적(원수)(1절)'이란 자기 삶을 무너지게 했던 모든 것을 말한다. 그것이 자기 자신일 수도 있다. 그 밖에 물질일 수도 있고 명예와 권세일 수도 있고 나 외의 다른 사람일 수도 있다. 뿐만 아니라 인생의 밤을 통과하는 자들을 향한 세상 사람들의 손가락질이 고통스러울 때도 있고 또 스스로에게 절망을 느끼고 잠을 이루지 못하고 탄식할 때도 있다. "이제는 나보다 젊은 자들이 나를 기롱하는구나... 이제는 내가 그들의 노래가 되며 그들의 조롱거리가 되었고 그들은 나를 미워하여 멀리하고 내 얼굴에 침 뱉기를 주저하지 아니하나니"(욥30:1,9,10) 지나가는 개도 유난이 나를 향해 지으면 나를 무시하는 것 같아 신경이 쓰인다. 실제로 그럴 수도 있고 본인 스스로 그렇게 느끼기도 하는 것이다. 아무도 그렇게 보지 않는데 마음이 무너지면 그렇게 보일 수 있다. 삶도 힘든데 그런 느낌들이 우리 마음을 더 괴롭게 하기도 한다. 그 당시의 깨어짐과 부서짐이 너무 크고 아파서 들리지 않고 보이지 않아 안타깝게도 대부분의 많은 사람들이 이 부분을 견디지 못하고 잘못되는 경우도 많다.

그러나 하나님의 사람으로서 중요한 것은 하나님 앞에 나아와 십자가 앞에 내려놓는 것이 무엇보다도 중요하다. 그리고 헛된 것들이 아닌 진정한 가치와 썩어지지 않는 하나님의 은혜로 살아가겠다고 하는 선언이 필요하다. 하나님의 자비를 통해 깨닫게 되는 은혜를 경험하는 것이 중요하다는 말이다.

다윗은 지금 음부에 있다(시30:3). 무덤에 있는 고통이 얼마나 처절한지 고통 그 자체이다. 7절에도 "주의 얼굴을 가리웠다"고 말한다. 그리고 예루살렘으로 돌아왔다. 마음을 다시 정리하고 성전에 나아가 예배하러 나아가는데 백성들이 보이는 것이다. 예전에 그는 일국의 왕이었고 높이 송축 받는 자였다. 그런데 이제는 백성들을 돌아볼 때 부하들이나 백성들이 다르게 보인다. "아! 백성들마저 나를 조롱하는구나!" 마치 백성들이 큰 소리로 "네 자식도 너를 배반했는데!" "정작 당신은 자식에게 아비 노릇도 못했으면서..!" 하면서 무시하는 것 같은 느낌이 드는 것이다. 물론 백성들은 그렇지 않을지라도 다윗 스스로가 그런 느낌을 갖는 것이다.

그러나 여기에서 아주 중요한 것이 있다. 이럴 때 다윗이 어떤 행동을 했는가 이다. "내가 주께 부르짖고"(2절), "내가 주께 부르짖고 여호와께 간구하기를"(8절) 그리고 '여호와여 들으시고 내게 은혜를 베푸소서!'(10절) 라고 고백하고 있다. 우리가 여기서 다윗을 통해 교훈 받을 것은 '그런 상황 속에서도 부르짖고 간구했다' 이다. 사람에게 말해봤자 오히려 그것이 훗날 나를 힘들게 하는 올무가 될 수 있다. 그러나 하나님께 마음을 토하는 사람들에게는 하나님께 자신의 전 마음을 쏟아 놓는 사람들에게는 하나님의 위로가 있고 하나님의 임재를 경험할 수 있다. "너 예수께 조용히 나가 네 마음을 쏟아 노라!"(찬송 539장)는 찬송이 있다.

주의 백성들아 시시때때로 주 앞에 나가 네 마음을 쏟아 노라는 말씀이다. 하나님께 나아가서 마음을 쏟아 놓는 것이 중요하다. 그래서 기도가 무엇을 얻기 위해서만 하는 것이라면 너무 약한 것이다. 기도는 우리의 상처도 아픔도 다 주께 의탁하는 것이다.

저녁에는 울음이 깃들지라도 아침에는 기쁨이 오리로다...

 기도의 결과가 나타난다. "여호와 내 하나님이여 내가 주께 부르짖으매 나를 고치셨나이다. 여호와여 주께서 내 영혼을 스올에서 끌어내어 나를 살리사 무덤으로 내려가지 아니하게 하셨나이다"(시30편 2-3절) 회복시켜 주시는 하나님을 경험하는 것이다.
 다윗이 고난 가운데 놓치지 않는 소중한 믿음이 있었다. 첫째로 '어떤 절망가운에 있을지라도 주님은 늘 내 곁에 나와 함께 계신다!' 둘째로 '아무리 캄캄한 절망의 밤일지라도 하나님은 내 기도소리를 들으신다!' 셋째로는 '아무리 고난의 밤이 깊을지라도 아침은 반드시 온다.' 였다.

 "주의 성도들아 여호와를 찬송하며 그의 거룩함을 기억하며 감사하라 그의 노염은 잠깐이요 그의 은총은 평생이로다 저녁에는 울음이 깃들지라도 아침에는 기쁨이 오리로다"(시30:4-5절) "내 슬픔이 변하여 춤이 되게 하시며 나의 베옷을 벗기고 기쁨으로 띠 띠우셨나이다!"(11절) 이 부분의 말씀이 너무나도 소중하다. 하나님의 회복이다. 우리가 이것을 믿기 때문에 움츠려 들고 당장 빛이 보이지 않아도 소망으로 나아가는 것이다. '저녁에는 울음이 깃들지라도 아침에는 기쁨이 오리라'는 소망의 역사하심이 우리의 간구 속에 신뢰와 믿음 속에 항상 풍성하게 임해야 한다.

시련과 고통의 순간이지만 우리에게는 영적 성장의 기회라는 것...

　조그만 다이아몬드를 얻기 위해서는 커다란 원석을 깨뜨리는 작업을 한다. 인생의 진정한 보배도 우리 삶이 깨어지고 또 깨어지는 현장을 통해서 이루어져 가는 것을 재발견 한다. 우리가 시편을 묵상하며 다윗의 삶을 추적해 보자면 왜 그렇게 많은 시편을 올려드릴 수 있었을까? 왜 그렇게 진정한 고백들이 풍성할까? 그것은 다윗의 삶이 깨어졌기 때문이었다. 원석이 깨어져야 진수가 드러남같이 때로는 고통이 힘겹고 어렵지만 고난을 통해 우리의 신앙의 진수 삶의 진수가 드러날 때가 있다는 것이 성경적인 교훈이다.

　누구나 문제없는 삶을 살기를 소원하지만 어느 누구도 문제가 없지 않다. 문제가 있다는 것은 살아있다는 증거이고 살아갈수록 문제는 바닷가의 파도처럼 우리 곁에 다가온다. 기억해야한다. 가장 아름다운 것들은 가장 가치 있고 고귀한 것들은 고난과 역경을 통해서 우리에게 주어진다고 하는 것이다. 인생의 가장 소중한 것들은 삶의 아픔을 통해서 온다 해도 과언이 아니다. 독생자 예수 그리스도의 십자가의 죽으심과 부활 때문에 우리가 하나님의 자녀가 되었다. 예수님의 십자가는 실패한 것 같이 보였지만 그 실패를 오히려 당신의 승리로 만드셨다.

　고난당하는 사람들의 반응이 다 처음부터 다 긍정적인 것은 아니다. 고난을 당하면서 우리가 비명을 지르고 낙심하고 원망부터 시작한다. 처음부터 신앙적인 반응을 가지면 얼마나 좋겠는가? 그러나 쉽지 않다. 왜 말씀 앞에 다가서는가? 역경이 다가올 때 믿음의 태도를 갖기 위해서이다.

시편 31편에서 다윗이 고난당할 때 처음에는 믿음의 태도가 견고하지 못했다. 사실은 이 말씀이 우리에게 희망을 준다. 믿음의 사람 다윗도 흔들렸다. 그러나 다윗은 흔들렸다가도 다시 자신의 궤도를 하나님께로 돌이키는 모습을 볼 수 있다. 이것이 우리에게 중요하다.

고통이 다가올 때 나타나는 현상이 있다. 첫 번째는 정서적으로 혼돈해 지기 시작을 한다. "여호와여 내가 고통 중에 있사오니 내게 은혜를 베푸소서 내가 근심 때문에 눈과 영혼과 몸이 쇠하였나이다. 내 일생을 슬픔으로 보내며 나의 연수를 탄식으로 보냄이여 내 기력이 나의 죄악 때문에 약하여지며 나의 뼈가 쇠하도소이다"(시31:9-10절) 지금 고통 중에서 탄식하고 하소연하고 있는 다윗의 모습이다. 누구나 단발의 고난은 견디어 낼 수 있다. 그러나 다윗은 십 수년 간의 고난이었다. 이 긴 고난 앞에 그 어떤 사람도 견딜 수 있는 사람은 없다. 찾아온 고통이 얼마나 힘들었으면 고통 때문에 눈과 혼과 몸이 쇠하였다고 고백을 하고 있다. 찾아온 고통으로 인하여 이성도 마비되고 감정도 마비되고 삶의 경험조차도 아무런 의미가 없이 철저하게 무너져버릴 때가 많다. 탄식과 하소연이 그에게 있었고 두려움과 무기력함이 그에 삶에 나타난다. 하나님이 나를 버린 것은 아닌가 하는 근심과 무기력으로 빠져 혼란 속으로 들어가 버리고 만다. 마치 깨어져버린 그릇과도 같은 아픔을 느낄 때도 있다.

둘째로는 두려움과 무기력함으로 사로잡힌다. "내가 무리의 비방을 들으며 사방이 두려움으로 감싸였나이다!"(13절) 라고 고백한다. 오늘 우리는 어떤가? 뉴스만 들어도 온통 두려움의 소식들로 가득하다. 여전히 어렵다는 말들이 시년을 상식하고 있다. 세상의 소식은 두려움 밖에 없다. 희망을 주는 듯 하지만 결국은 우리를 속이는 것에 불과한 것들이다. 자극과 갈등의 요소가 많다는 것을 성경은 우리에게 말씀하고 있다.

그런데 하나님의 사람들의 두려움 속에는 세상 사람들과는 근본적으로 다른 그 무엇이 있다. 세상 사람들은 세상을 더 의지하고 도피하고 우상에게 무릎 꿇는다. 그러나 우리는 살아계신 하나님 앞으로 나아가

기도하고 무릎 꿇기 때문에 근본적으로 다르다. 하나님의 사람들은 하나님께 더 나아가야 한다.

시편 31편에 보면 일반사람들과는 달랐던 다윗의 신앙적인 태도가 드러나고 있다. "여호와여 그러하여도 나는 주께 의지하고 말하기를 주는 내 하나님이시라 하였나이다"(14절) '하나님만이 내 인생의 주관자십니다! 하나님이 나와 함께 하신다!' 는 반응이다. '내게 환난이 있어 사방에서 나를 비방하고 조롱하고 두려움으로 가득 차 있을 때마다 세상에 휘둘리지 않았습니다! 그릇된 가치관에 농락당하지 않았습니다! 거기에 발목 잡히지 않았습니다! 오직 하나님을 의지하고 기도하는 소중한 신앙의 기회로 삼았습니다!' 하는 것이 다윗의 신앙의 태도였다.

시련과 고통의 순간이지만 우리에게는 영적 성장의 기회라는 것을 성경은 말씀한다. 시련 없이 절망 없이 영적으로 성장할 수 있는가? 실패와 좌절이 고통스럽고 아프기도 하지만 하나님을 의지하는 소중한 밑거름이 되고 기회가 되기도 한다는 말씀이다. 다윗은 선언한다. '세상은 희망이 없다고 말하지만 나는 하나님으로 인해 여전히 소망이 있다!' 고 말한다. 믿음이라고 하는 것은 원래 현실과는 별개의 것이다. 현실을 뛰어넘어서 하나님이 나와 함께하심을 선언하는 것이 믿음이다. 현실을 뛰어넘어서 그 말씀을 신뢰하는 것이 믿음의 진수라고 시편31편에서 말씀하고 있다.

"주는 나의 하나님이십니다!" 이 말씀을 요약하면 "나는 하나님 때문에 소망이 있다!"는 말이다. 나는 하나님과 분명한 언약관계 속에 있음을 천명하는 것이다. "당신은 나의 남편입니다!" 라는 의미이다. 우리에게는 영원한 나라가 있다. 지금 우리에게 그 어떤 자랑거리도 없고 그 어떤 가능성도 없다고 할지라도 하나님 때문에 희망을 갖는다. '그러하여도 나는 주께 의지하고 주는 내 하나님 이십니다! 남들이 자신의 성공과 영광을 자랑할 때 비록 나는 그리하지 못할지라도 하나님이 내 편입니다!' 이것이 진정한 신앙의 자존심 아닌가? 이것이 오늘 하나님의 사람들에게 있어 끝까지 존재해야 하는 신앙적 태도이다. 분명한 관계의 확신이다. 정말 중요한 것은 고난의 현장에서 어떤 믿음의 태도를 고백하고 선포하는가 하는 것이다. 그러므로 진정한 하나님의 자녀들의 신앙적 반응은 "그러하여도 내가 주를 의지하는 것" 즉 "그럼에도 불구하고 내가 주를 의지하는 것"이다. 또한 성도들에게 끝까지 존재해야 하는 신앙적 반응은 "주는 내 하나님 이십니다!"이다. 이것이 언약적 관계에서 주어지는 공적 관계인 것이다. 그렇게 분명한 언약관계 속에서 주님을 의지하는 자들에게는 하나님의 특별한 은총이 있다. 첫째는 "주를 두려워하는 자를 위하여 쌓아 두신 은혜 곧 인생 앞에서 주께 피하는 자를 위하여 베푸신 은혜가 어찌 그리 큰지요"(19절) 세상을 두려워하지 않는다. 하나님이 내게 하신 말씀에 집중한다. 세상일 때문에 일희일비 하는 것이 아니라 하나님 말씀 때문에 일희일비한다. '하나님께서 너는 내 자녀다 하시며 내가 너를 사랑한다!' 하시면 우리는 웃을 수 있다. 둘째로 "주께서 저희를 주의 은밀한 곳에 숨기셨다"(20절)고 말씀하신다. '세상에 휘둘리지 않고 낙심하지 않고 좌절하지 않고 하나님 의지하는 사람들 그리하여도 나는 내 하나님 의지합니다!' 라고 고백하는 자들에게 '넓은 곳'으로 '은밀한 곳으로' 인도하신다는 것을 성경은 말씀하시고 있다.

'넓은 곳' '은밀한 곳'은 하나님과 만나는 곳이다. 고난은 가슴앓이지만 하나님과 일대일로 만나는 장소이다. 욥이 큰 고난 앞에서 '이제는 내가 주를 눈으로 뵈옵나이다!'(욥42:5) 라고 고백한다. 고난을 통하여 욥은 주님을 만난 것이다. 고난이 하나님 앞에 나아가게 한다. 하나님은 고난을 통해 넓은 곳을 바라보게 하신다. 은밀한 곳을 소망하게 하신다. 그리고 '내가 함께 한다. 내가 앞서 동행하겠다!' 즉 불변의 언약관계를 확인하시며 넓은 시각을 갖게 하시는 것이다.

믿음의 사람 갈렙이 여호수아에게 약속된 산지를 달라고 요구한다(수 14:12이하). 그러나 그 곳은 아직도 강한 대적들이 버티고 있다. 당장은 아무런 가치도 희망도 보이지 않는 땅이다. 아마 다른 지파들은 그런 땅을 선택하는 갈렙을 향해 조롱했을지도 모른다. 그러나 그 땅에서 다윗이 태어나고 메시야가 태어났다. 갈렙은 하나님의 언약과 약속을 붙들었던 것이다. 그 땅을 통해 하나님의 비전을 보았고 넓은 희망을 가졌다. 결국 그 땅은 유대지파의 분깃이 되는 것을 성경을 통해 볼 수 있다.

고난 중에 있는 성도들을 향하여 하나님은 무엇을 요구하시는가? "너희 모든 성도들아 여호와를 사랑하라 여호와께서 성실한 자를 보호하시고 교만히 행하는 자에게 엄중히 갚으시느니라 강하고 담대하라 여호와를 바라는 너희들아"(23-24절) 여호와를 사랑하라! 하나님을 사랑하라! 는 말씀이다. "네가 물 가운데로 지날 때에 내가 함께 할 것이라 강을 건널 때에 물이 너를 침몰치 못할 것이며 네가 불 가운데로 행할 때에 타지도 아니할 것이요 불꽃이 너를 사르지도 못하리니"(사43:2) "너희가 세상에서 환난을 당하나 담대하라 내가 세상을 이기었느니라"(요16:33)고 말씀하신다. "하나님이 나의 하나님이십니다!" "또 하나님 사랑합니다!" 라는 믿음의 선언이다.

고난의 아픔 가운데서도 새로운 도전과 용기를 공급받는 것이 신앙인의 모습임을 시편 31편은 말씀하고 있다.

시편 63편, 73편, 1편, 23편, 119편 모두는 첫 번째 단추를 바르게 꿸 때 생길 수 있는 사단이 주는 괴로움의 여러 가지를 다루고 있다. 그렇다고 너희는 무조건 고난을 받아야 된다 이런 것은 아니다. 우리가 하나님의 자녀가 될 때 우리가 받는 여러 가지 차원의 고난들을 이해할 수 있게 되고 그 고난을 받아들이게 되고 그 고난에 견디게 되는 것을 의미한다. 이것이 바로 첫 번째 단추를 바르게 꿰고 난 후에 두 번째 단추를 꿰는 것을 의미하는 것이다.

이 두 번째 단추의 과정은 하나님이 나를 찾아오시고 이상한 힘을 발휘하시는 그 하나님을 만나기 시작하는 단계이다. 그것도 다가 아니라 내 속에 있는 내 죄를 위해 죽으신 예수님, 내 문제를 해결해 주시는 예수님, 내 가운데 가장 가까이 다가오시는 인격적인 하나님 그것도 다가 아니다. 이제는 나와 법적인 관계를 맺고 내 문제를 해결할 뿐만 아니라 하나님의 존귀한 아들과 딸로서 왕자로서 신분을 가지는 법적 권세를 가진 자로서 서게 하시는 그 믿음의 단계까지 하나님이 우리를 초대하시고 있는 것이다.

내가 경험한 하나님이 내 속의 있는 문제들을 해결해 주시는 그런 하나님 정도가 아니다. 또한 내 감성을 따뜻하게 해 주실 하나님 정도도 아니다. 뿐만 아니라 열심히 찬양하고 기도해야 만이 마음이 풀어지는 것 같은 그런 관계의 하나님도 아니시다. 찬양이 없어도 찬양할 힘이 없어도 말씀을 듣지 못해도 그저 나와 맺으신 그 언약에 영원토록 신실하신 그 하나님을 볼 수 있는 그 믿음이다. 우리와 영원한 법적인 관계에 도장 찍으신 그 분, 그 분이 법적인 권세를 주셨기 때문에 그 법적인 권세를 시행하게 될 때마다 역사가 나타나는 그 분, 그 분이 이제 우리에게 그 권세뿐만 아니라 모든 것을 주셨다. 하나님께서 우리를 존귀한 자로 세우시고 그렇게 행할 권리를 주고 계신다. "아! 나는 그런 것 받은 적이 없는데! 그렇게 행할 능력이 없는데! 라고 말하는 것이 아니라 상황이 닥치면 상황을 해결 할 능력을 주신다고 믿고 그 상황을 타개해 보라는 것이다. 그 상황을 돌파해 보라는 것이다. 그렇게 될 때 이전에 경험하지 못했던 것들을 경험하게 되는 놀라운 하나님의 역사를 체험하게 되는 것이다. 하나님께서는 우리에게 주신 법적 권세를 믿고 그 자리에 서도록 우리를 소내해 주시고 있나.

제4장 꿰어야 할 세 번째 단추 (시편 19편, 25편, 17편)

"우리 안에 순간마다 숨 쉬고 있고 꿈틀거리는
죄성들과 피 흘리기까지 싸우고 있는가?"

우리 안에 있는 죄성과의 싸움

현재 우리나라는 2700년 전 유다의 상황과 너무 비슷한 것을 볼 수 있다. 유다는 남북조 이스라엘로 나누어졌다. 북조 이스라엘이 하나님을 섬기지 않다가 망해버린 상황이다. 그리고 앗수르는 너무나 무서운 사람들이었다. 앗수르는 적군을 잡으면 아버지가 보는 앞에서 아들을 죽이고 그 아버지의 눈을 뽑아 버리는 잔악함을 보였다. 시 137:8-9에서 보면 바벨론은 어린 아이를 발을 잡아서 돌에 패대기를 쳐서 죽이는 자들이었다. 이와 같이 북동쪽에는 바벨론, 앗수르와 같은 무서운 나라가 포진하고 있는 상황이었다. 마치 미국, 일본, 중국, 러시아 사이에 끼여 있는 작은 나라 한국과 같은 상황이다. 그러나 이 땅은 기회의 땅이었다. 왜냐하면 하나님 나라를 세우는 기회의 땅이기 때문에 그렇다.

이제는 내 믿음 내가 가지고 천국에 간다는 것에 머물러 있어서는 안 된다. 우리 모두 공동체가 하나님 손 안에 들어가야 한다. 그러기 위해서는 하나님 말씀 안에 돌아가야만 한다. 그럴 때 사회는 변화되고 우리 심령 또한 변화될 수 있다. 이제는 국가를 위해 기도하고 세계를 위해 기도할 때이다.

종교 개혁자 마틴 루터는 임종을 앞두고 '천사가 나를 데리러 온다. 나는 더 좋은 곳으로 간다!'고 고백했다고 한다. 그러면서 사단을 향해 외쳤다. '내 살을 뜯어라!' 하나님께서 우리에게 원하시는 것은 죽음의 두려움에서(공포) 탈출하는 것이다. 예수님께서 이것을 위하여 우리에게 해 준 것이 두 가지이다. 죽었다가 부활하심으로 죽음에서 해방시키시고, 또 하나는 하나님의 자녀로 입적시켜 주신 것이다.

영광의 관계가 이루어지면 반드시 따르는 것이 고난이다. 이것은 정결한 신부 깨끗한 신부가 되어 지기 위해서 오는 하나님의 사랑...

출애굽기 20장 2절에 보면 "여호와 너의 하나님이로라!"(원문) 즉 하나님과 이스라엘과의 공적관계의 선포를 하시는 모습이다. 이스라엘은 하나님의 은혜로 애굽에서의 해방과 자유를 얻었다. 그러나 이것은 마치 백마 탄 기사가 백설 공주를 구하는 것만으로 끝나는 것이 아니다. 또한 자유를 주는 것으로만 끝나는 것도 아니다. 그와 결혼하는 것이 주된 목적이다. 다리 밑에 있는 거지에게 돈 몇 푼을 주는 것이 전부가 아니라 데려다가 황태자를 만드는 것이 목적이다. 임금이 사형수에게 자신의 아들을 보내서 옷을 바꿔 입혀 감옥에서 나가게 하는 것으로만 끝나는 것이 아니라 아버지의 아들로 입적하는 것까지를 말하고 있는 것이다. '나 자유 얻었네 너 자유 얻었네 우리 자유얻었네!' 하다가 내 문제가 풀어지지 않으면 하나님을 믿지 않고 또 믿었다가 또 믿지 않는 이런 것을 수 없이 반복하는 것이 아니다. 자유만으로 끝나는 것이 아니라 결혼하는 것까지이다.

로마서에서는 성령의 확증을 보여주고 있다. "성령이 친히 우리 영으로 더불어 우리가 하나님의 자녀인 것을 증거하시나니"(롬8:16절), "또 미리 정하신 그들을 또한 부르시고 부르신 그들을 또한 의롭다 하시고 의롭다 하신 그들을 또한 영화롭게 하셨느니라"(롬8:30) 라고 말씀하신다. 여기서 "하셨느니라"는 하나님의 자녀가 되는 순간 황태자의 왕관을 쓰여 주시는 것을 의미한다. 신명기 26:18-19절에서도 아무 공로가 없어도 "너는 내 보배요 지존자다!" 아무것도 한 것이 없어도 "너는 내 아들이다!" 라고 선포하시고 있다. 그러나 이 모든 것이 가능 할 수 있는 것을 한 마디로 함축하고 있는 말씀이 바로 롬 8:17이다. "고난도 함께 받아야 한다"고 말씀하시고 있다. "자녀이면 또한 후사 곧 하나님의 후사요 그리스도와 함께한 후사니 우리가 그와 함께 영광을 받기 위하여 고난도 함께 받아야 될 것이니라" 이런 영광의 관계가 이루어지면 반드시 따르는 것이 고난이라는 말씀이다. 이것은 정결한 신부, 깨끗한 신부가 되어 지기 위해서 오는 하나님의 사랑인 것이다.

우리가 하나님의 은혜 가운데 들어갔다면 이제는 내 속에 있는 좋지 못한 성격을 죽이기 위해서 끝임 없이 싸우는 것이 절대적으로 필요하다. 그렇지 않고 바로 직분을 맞고 주의 일을 하면 절대 그 사람은 변화되지 않는다. 은혜 받았다고 그것으로 끝나면 안 되는 것이다. 우리 주변에는 생사를 넘나드는 극한 상황 가운데서 하나님의 은혜를 체험한 사람, 불의의 교통사고를 당하였지만 하나님의 은혜로 구사일생 목숨을 건짐 받은 사람, 불치의 질병으로 사형선고를 받았지만 하나님의 은혜로 깨끗함을 받은 사람들의 간증을 듣고 은혜를 많이 받기도 한다. 그러나 그런 그들이 끝까지 은혜 가운데 머물고 하나님의 영광을 드러내는 사람들이 많지 않은 것을 볼 수 있다. 그들은 하나님을 만나고 은혜를 경험 할 수 있었을지는 모르지만 그 이후에 끊임없는 자신과의 싸움을 지속적으로 하지 않았기 때문에 그들은 옛 속성에서 온전히 벗어나지 못했던 것이다. 그래서 은혜는 받았지만 오래 가지 않아 그 은혜를 잊어버리고 옛날로 돌아가 버린 것이다.

그렇다면 우리 속에 남아있는 개성들은 결코 어찌 할 수 없는 것들인가? 성령께서도 어찌 할 수 없는 것인가? 우리는 의인이라고 하는데도 항상 죄 가운데 있다. 우리는 의인이면서 죄인이라고 주장하는 자들도 있다. 주일이면 의인이고 평일이 되면 또 죄인이 된다고 생각을 하는 자들도 있다. 다리 밑에 있는 거지가 임금을 만나 물질의 문제를 해결 받는 것으로 끝나는 것이 아니라 황태자가 되는 것까지이다. 황태자가 되면, 이 거지는 거지에서 황태자다운 모습으로 변화되어야 한다. 황태자로서 변화되지 않고 황태자이면서 계속 거지의 삶과 거지의 생활을 그리워한다면 그리고 그 근성을 버리지 않는다면 그 황태자는 황태자로서의 품위와 자질을 가질 수 없다.

관성의 법칙이라는 것이 있다. 달리는 자동차가 갑자기 브레이크를 잡았을 때 바로 그 자리에서 딱 서지 않고 설 때까지 미끄러져 나가는 것을 의미한다. 즉 정지하기까지 자신의 몸부림이 있어야 한다는 말이다. 이 거지가 정말 임금의 은혜를 안다면 자기 속에 있는 거지 근성과 싸워야 할 것이다. 그런데 싸우지 않는다고 한다면 임금의 아들로 입적한 것이 가짜일 가능성이 농후한 것이다. 많은 사람들이 하나님의 자녀라고 확증하면서도 자신 속에 있는 거지 근성 즉 더러운 것과 싸우려고 하지 않는 사람들이 있다. 이런 사람들은 첫 번째 단추도 꿰지 않은 사람일 수 있다. 우리는 하나님의 자녀답게 살고자 하는 몸부림이 있어야 한다.

시편 19편은 시편영성의 최고라고 주장하는 자들(C. S. 루이스 등)이 많이 있다. 시19편 1-6절에는 자연 속에 나타난 하나님의 영광을 나타내면서 대표적인 계시로 '태양'을 계시하고 있다. 또한 7-14절에서는 특별계시로서 하나님의 언약법 '토라'를 계시하고 있다. 즉 '자연계시의 해'와 '특별계시의 토라'는 없으면 인간에게는 치명적인 것으로 하나님의 토라의 위대함을 말하고 있다.

그런데 하나님의 토라의 위대함을 말하고 그 토라를 자신에게 주관적으로 적용하면서(10절) 주의 종인 내가 이를 경계로 삼고 이를 지킴으로 상이 크니이다"(11절) 하고 끝났으면 되는데 혹과 같은 내용이 나오고 있다. '자기 허물을 깨달을 자가 없다'(12절)고 충격적인 고백을 하고 있다. 그리고 12절부터 기도에 들어가고 있는 모습이다. '나를 숨은 허물에서 벗어나게 하소서! 내가 숨겨 놓은 허물, 나만 알고 있는 허물, 내가 하나님에게 숨겨 놓은 허물에서 벗어나게 해 주옵소서!' 하고 기도하고 있다. 이어서 나를 괴롭게 하는 죄에서 나를 살려달라고 고백한다. 괴로운 투쟁을 하고 있는 주의 종의 모습이다. 정직하게 자기 자신의 내면을 살피고 있다. 이것이 바로 내 속에 있는 개성과 싸우는 것이다. '나의 반석이시오 나의 구속자이신 여호와여 내 입의 말과 마음의 묵상이 주의 앞에 열납 되기를 원하나이다.'(14절) 내 속에 있는 죄성과의 투쟁에서 승리하게 해 달라고 목이 터저라고 절규의 통곡을 하고 있다. 밖에 있는 적이 무서운 것이 아니라 내 안에 있는 적이 더 무서운 것임을 고백하고 있다. 즉 끊임없이 내 속에 있는 죄 성과 싸워야 하는 것을 말하고 있는 것이다. 어두운 속성이 끊어지는데 10년이 걸린다고 하는 사람도 있다. 이렇게 말한 사람은 예수 믿는 사람이 하는 말이었다.

죄 성이 오래 동안 있었기 때문에 그것을 자신의 개성이라고 합리화...

우리 속에 있는 더러운 것들과 싸우기 위해서는 두 가지 필요한 것이 있다. 첫째 내 속에 있는 죄 성을 죄 성으로 인정하는 것이 필요하다. 13절에서 말한 것 같이 고범죄를 인정하는 것이 필요하다. 죄를 인정하는 것은 참회의 시작이라고 할 수 있다. 죄를 범하면 일반적으로 죄로부터 도피하거나 감추려고 한다. 따라서 죄를 인정하는 데에는 용기가 필요하다.

다윗 역시도 처음에는 죄를 감추려고 했었다. 우리야의 아내 밧세바를 간음한 이후에 다윗 왕은 그녀가 임신했다는 소식을 듣게 되었다. 그러자 다윗은 자신의 죄를 감추기 위해서 꾀를 내게 된다. 다윗은 전선에 가 있는 밧세바의 남편 우리야를 잠시 불러 집으로 가라고 명령을 한다. 우리야가 집에 가서 아내하고 관계해 밧세바가 임신하게 되면 자기하고는 아무 상관이 없다고 꼼수를 부릴 작정이었다. 그런데 우리야는 전쟁 중이기 때문에 집에 갈 수 없다고 했다. 그래서 다윗의 꼼수는 계획대로 되지 않았다.

그러자 다윗은 작전을 바꾸었다. 이번에는 우리야를 최전선 아주 위험한 곳으로 보내어 죽게 하는 것이었다. 그 결과 다윗의 계획대로 우리야는 최전선에서 전쟁 중에 죽게 된다. 완전범죄가 성공하는 순간이었다. 오래간만에 다윗 왕은 모든 시름을 다 떨쳐버리는 것 같은 기쁨을 맛보았을 것이다. 그러나 이튿날 선지자 나단이 찾아와 다윗에게 말한다. "한 부자가 많은 양과 소를 거느리고 있습니다. 그리고 같은 성에 아주 가난한 농부 한 사람이 암양새끼 한 마리를 아주 애지중지 키우고 있습니다. 그런데 어느 날 이 부잣집에 손님이 찾아옵니다. 부자는 자기의 많은 양, 많은 소를 제쳐놓고 한 마리밖에 없는 그 암양새끼를 빼앗았습니다. 그리고 그것으로 자기 손님을 대접했습니다. 왕이시여, 어떻게 할까요?" 다윗은 너무너무 진노하면서 말했다. "그런 인간은 사람도 아니다 죽어도 싸다."

예언자 나단은 조용히 그리고 침착하게 다윗 왕을 쳐다보면서 선언했다. "왕이시여, 당신이 바로 그 사람입니다. 당신이 그 하나밖에 없는 암양새끼를 빼앗은 부자와도 같은 사람입니다!" 이때 다윗은 왕이라는 신분과 체면에도 불구하고 말했다. "맞소이다! 내가 여호와께 죄를 범하였소이다!" 참으로 왕의 신분으로는 어려운 고백이었다.

다윗은 밧세바에게도, 우리야에게도 범죄 했다. 간음죄, 살인죄를 범했다. 그러나 우리의 모든 범죄는 궁극적으로 하나님께 대한 범죄이다. 다윗은 범죄하는 그 순간 아무도 자기를 보지 않는다고 생각했을지도 모른다. 그러나 다윗은 비로소 깨달았다. '내가 범죄하고 있을 때에 하나님은 나를 보셨습니다. 주의 목전에서 내가 죄를 범하였습니다.'(시편 51:4) "하나님, 나는 죄인입니다. 나는 죄를 범했습니다." 이것이 참회의 시작인 것이다.

"내가 입을 열지 아니할 때에 종일 신음하므로 내 뼈가 쇠하였도다"(시32:3) "내가 이르기를 내 허물을 여호와께 자복하리라 하고 주께 내 죄를 아뢰고 내 죄악을 숨기지 아니하였더니 곧 주께서 내 죄의 악을 사하셨나이다(셀라)"(시32:5) 이 죄 문제, 죄책이 해결되지 못한 사람들의 영혼은 캄캄한 어두움의 감옥보다 더 깊은 감옥이다. 그들에게는 기쁨과 찬송이 없고 마음이 메말라 마치 사막과 같이 황폐화되어 있다. 내 심정이 안으로 말라가고, 진땀이 흐르고, 삶에 의욕이 없어진다. 그러므로 죄의 고백을 통한 하나님과의 관계의 회복이 있어야 한다. 주님이 나를 온전히 용서하셨고 나를 사랑하셨고 그리고 나를 변함없는 그의 자녀로 확인시켜 주는 그 순간 내 안에 일어나는 구원의 즐거움과 기쁨의 감격을 회복해야 한다. 내 삶의 자리가 하나님이 기뻐하시는 삶의 모습이 되고 내가 온전히 바른 사람으로 회복될 '그때에' 주께서 내 예배와 기도와 찬송을 받으신다. 하나님과 내 삶의 관계가 회복되지 않은 채 죄를 품고 있는 채로 있으면 하나님은 우리가 기도해도 찬양해도 열납될 수가 없다. 그것은 위선의 찬양이고 위선의 기도일 수밖에 없다. 우리가 잘못된 가치관을 갖고 범죄한 자리에 서서 하나님을 떠나있을 때 우리의 영혼은 병들어 간다.

따라서 하나님 앞에서 뿐만 아니라 많은 사람들 앞에 밝히는 천명이 필요하다. 대부분의 사람들은 그 죄성이 오래 동안 있었기 때문에 그것을 자신의 개성이라고 합리화 시키는 사람들이 많다. 그것이 나 되게 하는 성향이라고 주장하거나 우리가문의 경향이라고 주장하기도 한다. 때로는 전통이라고 문화라고 합리화를 시키기도 하며 이것을 건드리면 인격을 모독한다고 주장을 한다. 그러나 우리에게 있어서 인격의 실체는 하나님의 자녀(황태자)인 것만이 우리 인격의 실체다. 하나님은 우리가 예수님처럼 살기를 원하시는 것이다.

죄의 개념도 구약시대와 신약시대는 다르다. 구약시대는 하지 말라는 것 안하면 되는 것이었다. 그러나 신약시대에는 선을 알고도 행하지 않으면 죄라고 말씀하신다. 우리는 구약시대 사람들보다 천만 배나 더 예민해야 함을 말하고 있다. 따라서 우리는 죄 성에 대해 천명하는 것이 무엇보다도 절대적으로 필요하다. 우리가 예수님 앞에서 용서받지 못할 것이 무엇이라고 생각하는가? 우리 안에는 그 어떤 누구에게라도 약점은 있다. 문제는 그 약점과 싸우려고 하는 태도, 투쟁하려는 태도가 대단히 중요하다. 우리는 솔직해야 한다. 그러나 오늘날 교회 안에는 전통이 가로막고 있고 교리가 가로막고 있는 경우가 많다. 완벽하고 거룩한 모습만을 보이려는 위선 가운데 우리는 포장되어 있다. 그러나 이런 가운데서도 우리는 솔직해야 한다. 그럴 때만이 진정한 공동체가 이루어진다. 이 때 하나님께서 자유를 주시는 것이다.

피 말리는 싸움이고 집요한 싸움이어야 떨어져 나가...

둘째로 처절하게 싸워야 한다. "너희가 죄와 싸우되 아직 피 흘리기까지는 대항치 아니하고"(히12:4)는 책망하는 조의 어투임을 기억해야 한다. 피 말리는 싸움이고 집요한 싸움이어야 떨어져 나간다. 피 흘리기까지 해야 한다고 말하고 있다. 다윗은 블레셋과 싸웠고 사울과 싸웠고 자기 자신과도 싸웠다. 그러나 그 중에서도 가장 어려운 것이 자기 자신과의 싸움이었다. 이러한 실례가 우리 "구약과 신약" 속에서도 잘 나타나고 있다. 구약에서 보면 성전에 번제단과 물두멍 그리고 성소와 지성소가 있는 것을 볼 수 있다. 그렇다면 왜 물두멍이 필요한지 생각해 보았는가? 물두멍은 제사장들이 손을 씻고 깨끗하고 정결하게 하기 위해 필요했다. 번제단을 통과한 후(첫 관문) 물두멍이 있고 그리고 성소와 지성소가 있는 것을 생각해 볼 필요가 있다. 우리가 첫 관문을 통과하는 것으로 끝나는 것이 아니라 물두멍에서 또 손을 씻는 것이 필요함을 말해 주고 있다. 하나님의 자녀 된 신분이 영광스러운 것은 분명하다. 그렇다고 바로 지성소로 들어가는 것이 아니라 물두멍에서 또 씻고 들어기는 것이다.

신약성경에서도 "세족식"(요 13:1-11절)이 나온다. 그 내용에서 보면 베드로와 주님과의 대화가 있다. 베드로는 예수님께 자신의 발을 씻기시는 것을 못하게 하려고 하자 예수께서 하시는 말씀이 '내가 너를 씻기지 아니하면 네가 나와 상관이 없느니라' 라고 말씀하시자 베드로는 '그러면 내 몸 전체를 씻겨 주십시오!'라고 말한다. 그러자 주님은 '이미 목욕한 자는 발밖에 씻을 필요가 없느니라!' 고 말씀하신다. 그리고 '너희가 깨끗하나 다는 아니다!' 라고 말씀하셨다. 예수님께서 온 몸 씻는 것과 손발 씻는 것을 구분하시고 있는 모습이다. 너희는 깨끗한 자이고 나와 밀착되어 있는 자다. 그러나 손발은 항상 씻어야 한다고 말씀하시는 것이다. 그러나 너희 중에는 온 몸도 씻지 않은 자도 있다고 말씀하신다. 즉 자신과의 내면적인 처절한 투쟁과 싸움에 이기기를 주님은 바라시고 있다. 그리고 그 다음 단계로 나가기를 예수님은 우리를 초대하고 있는 것이다.

몸의 행실을 죽일 책임과 투쟁하고 싸울 책임은 우리에게...

시편 19편과 똑같은 내용이 로마서 7장이다. 시편 19편은 '나의 힘이 되신 여호와여 열납되기를 원하나이다!' 하고 끝나고 있는데 로마서 7장은 그렇게 끝나지 않고 있다. 바울이 십계명 가운데 열 번째 계명을 들어 설명하고 있다(롬 7:7-8). 그러면 바울이 왜 열 번째 계명을 들어 설명하고 있는 것인가? 열 번째 계명은 우리 마음의 죄악의 문제를 다루고 있다. 즉 탐심을 품지 말라는 것이다. 그런데 탐심을 품지 말라는 계명을 듣는 가운데 오히려 우리 마음에서는 '탐심을 품어볼까?' 하는 생각이 생긴다는 것이다. 품지 말라고 하는데 품어 볼까? 하는 마음이 생기는 인간의 부조리를 바울이 들어내고 있다. 마치 텔레비전에 나오는 뉴스나 사건사고 소식을 듣거나 보고 인간의 본성 속에 모방범죄를 저지르고 싶은 심리를 일으키는 것이나 마찬가지이다. 그래서 "오호라 나는 곤고한 사람이로다 이 사망의 몸에서 누가 나를 건져 내랴"(롬7:24) 하고 탄식하고 호소하는 것이다.

그러나 시편 19편은 호소로 끝나고 있는데 반해 롬 7장은 8장으로 이어지고 있다는 점을 주목해야 한다. '이는 그리스도 예수 안에 있는 생명을 주는 성령의 법이 죄와 사망의 법에서 너를 해방하였음이라'(롬8:2) 또한 '너희가 육신대로 살면 반드시 죽을 것이로되 영으로써 몸의 행실을 죽이면 살리니'(롬8:13) 즉 죽일 책임과 투쟁하고 싸울 책임이 우리에게 있음을 말해주고 있다. 이 투쟁에서 싸워 이길 때만이 또 다른 하나님의 사역으로 영적 대각성으로 또는 부흥으로 회개로 나갈 수 있는 것이다.

그리스도인이라는 이름으로 포장된 더러운 것들을 벗어버리고 승리하지 못하면 우리는 성장하지 못하고 초보적 단계에서 변화되지 않고 안주하고 주저앉고 말 것...

우리는 우리 속에 있는 죄 성과 거지 근성 그리고 노예근성 즉 개성들과 싸울 수 있어야 한다. 지금 우리에게 필요한 것이 이것들과 싸우는 것이다. 그래서 천명하는 것이 필요한 것이다. 내 자신 스스로가 인정하는 것이다. 그리고 고백하고 싸우는 것이다. 그리스도인이라는 이름으로 포장된 더러운 것들을 벗어버려야 한다. 이것에서 승리하지 못하면 해방 받지 못하면 우리는 성장하지 못하고 초보적 단계에서 변화되지 않는 모습에서 안주하고 주저앉고 말 것이다. '성령이 친히 우리 영으로 더불어 우리가 하나님의 자녀인 것을 증거하시나니 자녀이면 또한 후사 곧 하나님의 후사요 그리스도와 함께한 후사니 우리가 그와 함께 영광을 받기 위하여 고난도 함께 받아야 될 것이니라'(롬8:16-17절) 따라서 우리는 용서의 공동체를 이루어야 하고 그 공동체를 통해서 죄성이 극복되는 결과가 나타나야 한다. 우리 속에 내제되어있는 죄 성과의 전투에서 승리해서 끊어 버리지 않고 하는 기도와 받는 은혜는 오히려 공동체의 덕이 되지 못하고 교만으로 나타나 본인은 물론 전체를 진흙바탕으로 만들어 버릴 수도 있음을 우리는 명심해야 한다. 이것이 끊어지고 무너진 상태에서 하는 기도만이, 예배만이, 은혜만이 능력이 되고 생명이 된다. 우리 속에 있는 죄 성에 대해 인정하고(천명) 피 흘리기까지 싸워야 하는 것을 말하는 것이다. 이것이 세 번째 단추를 바로 꿰는 것이다. 이런 싸움에서 승리할 수 있을 때만이 하나님의 또 다른 사역을 통해 영광을 돌릴 수 있는 것이다.

하나님이 부정하시면 하나님의 생명을 내어 놓아야 하고 우리가 그 관계를 부정하면 우리의 생명을 내어 놓아야 하는 그런 관계가 성경에 써 있는 사랑...

우리는 지금까지 첫 번째 단추를 잘 꿰어야 하는 이유를 말했다. '날 사랑하심, 날 사랑하심, 성경에 써 있네!' 이다. 그런데 어떻게 써 있는가 이다. 신실하신 하나님 좋으신 하나님 정도가 아니라 아주 구체적으로 우리와 관계를 맺으신 하나님을 말씀하신다. "관계"라고만 하면 그저 막연한 감이 없지 않을 수 있다. 이제는 떼려야 뗄 수 없는 공적인 관계를 말한다. 하늘도 알고 땅도 아는 공적인 관계에 들어가는 것이 중요하다. 쉽게 말하면 남녀가 애인관계에 있다가 법적인 결혼 예식을 통하여 부부관계로 들어가는 것을 하나님은 원하신다. 떼려야 뗄 수 없는 관계를 원하시고 있는 것이다. 이제는 내가 어떻게 느끼든지! 어떻게 생각하든지 와는 관계없이 법적으로 맺어지는 관계를 의미한다. 그 속에 영원히 사는 것이다. 이것을 하나님이 부정하시면 하나님의 생명을 내어 놓아야 하는 것이고 우리가 만일 그 관계를 부정하면 우리의 생명을 내어 놓아야 하는 그런 관계인 것이다. 이것이 성경에 써 있는 사랑이다. 그저 내게 어려움이 있어서 그 어려움을 해결해 주시는 그런 사랑 정도가 아니다. 천하만민이 다 아는 아버지와 아들(딸)과의 관계에 우리를 들어가게 하신 것이다. 그로인해 우리에게는 엄청난 혜택들이 부수적으로 따라오게 된다.

출애굽기 24장3-8절에 보면 하나님과 이스라엘이 이제는 떼래야 뗄 수 없는 관계에 들어가는 예식이 나온다. 예식 중에서도 번제 화목제를 드리면서(4-5절) "피"를 뿌리는(6-8) 언약식이 나온다. 일반적인 경우는 피를 제단에 다 뿌리는 것인데 이곳에서는 반은 제단에 반은 이스라엘에 뿌리는 예식이 나온다. 이것은 쌍방이 피를 통해 생명을 걸고 하는 예식이라는 의미이다. 이것은 위반할 때는 생명을 담보한다는 말로서 죽음을 의미한다. 날 사랑하심! 날 사랑하심! 성경에 써 있네! 하는 구체적인 내용이 이렇게 엄중한 내용으로 하나님과 우리가 언약을 맺어가는 것이다. 하나님께서 당신의 자녀 삼으신다는 것은 그만큼 위험스러운 일이고 그만큼 충만한 것이고 그만큼 다 주고 다 받는 관계인 것이다. 이것이 하나님과 우리와 꿰어진 첫 번째 단추라고 말했다. 이렇게 첫 번째 단추를 꿰게 될 때 그 다음에 우리에게는 은혜가 쏟아지는 것을 체험하게 된다. 세상 사람들은 노력하는 가운데 뭔가 주어지기도 하고 그렇지 않기도 하지만 우리 하나님의 자녀들은 하나님의 뜻 가운데 행하게 될 때 하나님은 꼭 해주셔야 되는 것이다. 우리는 또 그것을 요구할 수 있다. 이것은 생명 걸고 맺어진 법적인 신분 때문이다. 아버지의 아들의 관계 즉 공적으로 들어가 버린 신분적 관계 때문이다.

이제 첫 번째 관계에 들어가게 될 때 누리는 것이 평안이고 안식이다. 또한 죽음에 대한 두려움과 공포에서 벗어나는 것이다. 사망권세를 해방하기 위해 오신 예수 그리스도, "이제는 죽음이여 오라! 이제는 내가 죽는 것은 영원히 사는 것이다! 너희는 이제 내가 죽는 것을 슬퍼하지 말고 찬양하라!" 그렇게 준비되어 있는가? 우리는 이것을 지금 준비해야 한다. 이런 자신감이 없다면 하나님과의 관계는 시작할 수 없다. 하나님은 우리를 이런 관계로 초대하시고 있다. 10-20년 내내 믿고 신앙생활 했는데 "내가 천국 갈 수 있을까? 없을까? 한다면 결코 이런 관계는 시작되어질 수 없다.

예수님이 말씀하시는 비유 자체가 복음이기도 하면서 심판...

　이렇게 하고 두 번째 관계가 시작된다. 하나님의 자녀가 되면서 곧 바로 시작되는 것이 고난과 핍박이다. "구원의 확신"이라는 말을 들어본 적이 있는가? 1960년 후반부터 시작되어진 말이다. "내가 진실로 진실로 너희에게 이르노니 내말을 듣고 또 나 보내신 아를 믿는 자는 영생을 얻었고 심판에 이르지 아니하나니 사망에서 생명으로 옮겼느니라"(요5:24))는 확신을 갖는 것은 좋다. 뿐만 아니라 "또 증거는 이것이니 하나님이 우리에게 영생을 주신 것과 이 생명이 그의 아들 안에 있는 그것이니라"(요일5:11)는 말씀의 내용도 좋다. 문제는 이것을 믿는 사람이 끝까지 이 말씀을 붙잡고 견디어 갈 수 있느냐! 하는 것이다. 그래서 하나님 나라를 가장 잘 설명하는 것이 예수님의 비유인데 그 중에서 예수님의 씨 뿌리는 비유(밭의 비유)이다. 씨는 완전한 것인데 밭의 상태에 따라서 열매를 맺을 수도 있고 열매 맺지 못할 수도 있음을 말씀하신다.
　비유로 말씀하시는 이유는 비유 자체가 복음이기도 하면서 심판이 되고 있기 때문에 그렇다. 예수님의 비유 말씀에는 들어야 할 자와 귀 있는 자 그리고 제자들에게 설명하시고 있다. 또한 "돌밭에 뿌리웠다는 것은 말씀을 듣고 즉시 기쁨으로 받되 그 속에 뿌리가 없어 잠시 견디다가 말씀을 인하여 환난이나 핍박이 일어나는 때에는 곧 넘어지는 자요"(13:20) 라고 하여 시간을 두고 봐야 할 사람들, 삶이 문제이고 행위가 문제인 사람들, 핍박이나 환란으로 인하여 넘어지는 사람들에게 말씀하시고 있다. 따라서 두 번째 단추는 하나님의 자녀가 될 때 생기는 많은 어려움들을 어떻게 통과 하는가를 보게 될 때 진짜 뿌려졌는지 가짜로 뿌려졌는지를 알게 되고 확인하게 된다는 말씀이다.
　결국은 "결실"을 맺어야 하는 것이다(21절). 그런데 세 번째 단추인 내 속에 있는 죄 성으로 인하여 결실을 맺지 못하는 것이다. 세상염려와 재리의 유혹에 말씀이 막혀 결실하지 못하는 것을 의미하고 있다. 열매 맺고 삶을 통하여 나타나야 하는데 그렇지 못하는 사람들이 너무 많다. 교회의 체제에나 조직에는 익숙한 사람들은 많다. 물론 이런 외적인 일들이 중요할 수도 있다. 그러나 내적인 것들을 통하여 영혼을 구원하고 변화를 줄 수 있어야 하는데 그렇지 못하는 경우들이 너무나 많다는 말이다. 외적인 헌신, 충성, 봉사가 있을 수 있다. 그러나 이것이 내적인 헌신, 충성, 봉사, 변화가 아닐 수도 있다. 실질적으로 내적인 변화를 통해서 결실이 맺어지게 되면 하나님 나라에 대한 태도가 달라지게 되어있다. 진정한 내면의 변화가 있을 때 기도가 달라지게 되어있다. 찬양이 달라지고 그 사람과 같이 있는 것이 두려울 정도로 영적인 권위를 느낄 수 있게 된다. 그렇다면 왜 우리는 이렇게 하지 못하고 기능적인 일만하게 되는 것인가? 심령을 바꾸는 일은 왜 못하는 것인가?

우리는 구약의 성도와는 완전히 다른 사람들이다. 어떤 한계만 정해준(하지 말라) 그런 사람들이 아니다. 이 모든 것들의 원인이 세상의 염려와 재리의 유혹 때문이라고 성경을 말한다. 이것으로 인해 성장하지 못하고 성숙하지 못하고 영혼이 잠식당하여 결국은 임종 때까지 가봐야 하는 상태에 이르게 되는 것이다. 결정적인 순간 임종 때 예수를 부인하는 자들 구원의 확신을 부인을 하는 자들이 있기 때문이다. 지금 한 번 생각해 보아야 한다. 내가 지금 하나님께 간다면 어떻게 하겠는가? 미리 한 번 생각해 보라는 것이다. 지금 내가 끝까지 붙들고 있는 그것들, 세상 염려와 재리의 유혹들을 내려놓을 때 하늘의 신령한 것들이 내려오는 것을 경험할 수 있다.

우리는 다리 밑의 거지 신분으로 있다가 어느 날 황태자가 되었다. 그 다음 문제는 그 황태자가 황태자로서 살기위한 자기 노력을 스스로 보여야 한다. 노력안하고 은혜를 좀 먹고 사는 사람은 하나님과 맺은 언약을 원천적으로 무시하는 사람일 수밖에 없다. 우리가 하나님의 값없는 은혜를 받아들였다면 그 다음 행동을 어떻게 할 것인가를 보여야 한다.

그 행동에 따라 언약의 의미와 준수 여부 그리고 언약의 효력을 평가할 수 있기 때문이다.

　야고보 사도는 행함을 강조했다. 행함이 없는 믿음은 죽은 믿음이라고 말한다. 우리가 하나님께서 값없이 주시는 은혜를 받아들였다면 하나님의 은혜에 보답하는 행위가 나올 수밖에 없다. 그런데 이것이 나오지 않는다면 이 사람은 은혜를 모르는 사람이거나 믿음 자체를 알지 못하는 사람일 수 있다. 결국 이 사람은 믿음이 없는 것이 되고 만다.

　누가복음에서 열 명의 문둥병자가 주님의 은혜로 깨끗함을 받았다. 이들 모두는 개인적인 문제 즉 질병의 문제는 해결되었다. 그러나 열 명 중에서 돌아와 예수님께 감사를 표한 한 사람에게만 영혼 구원이라는 궁극적인 문제가 해결되는 것을 볼 수 있다. 그것은 행동으로 보여준 결과였다. 참 은혜를 은혜로 아는 사람에게만 주어지는 결과였다. 벌써 야고보 시대에 이런 문제가 나타나기 시작했던 것이다. 하나님의 은혜의 가치에 대한 문제였다. 엄위로우신 하나님 보시기에 내가 어떻게 사느냐! 하는 것이 문제인 것이다.

　예수께서는 돼지에게 진주를 주지 말라고 하셨다. 즉 진주를 진주로 아는 사람에게만 주라는 말씀으로 의미와 가치를 아는 자에게만 주라는 것이다. 주님께서는 복음을 전할 때도 함부로 하는 것이 아니었다. 혼인잔치의 비유(마22장)에서도 잘 나타나있다. 예복을 입지 않은 자를 쫓아내시는 예수님이었다. 이것은 천국은 누구나 다 갈 수 있지만 그렇다고 아무렇게나 해서는 결코 갈 수 없는 곳이 천국인 것을 강조하신 것이다. 자신의 부족과 무지를 고백하면서 찾아오기를 기다리는 예수님의 모습이다. 하나님의 은혜를 받았다면 절치부심해서 앞으로 가는 것이 정상이다. 이것은 우리가 하나님께 은혜를 받기 위해 조건적으로 하는 행위를 말하는 것이 아니다. 구원 받기위해 하는 행위를 강조하는 것도 아니다. 은혜를 받았기 때문에 행위를 하는 것이다. 즉 하나님의 은혜에 대한 우리의 믿음의 반응인 것이다.

시편 25편은 우리 속에 있는 세 가지와 싸우는 것을 말씀하고 있다. 시편 25편은 무서운 기도 중에 하나이고 원수 때문에 하는 기도이다. 외형적으로 보면 혼자 하는 개인기도가 나오고 있다. "여호와여 나의 영혼이 주를 우러러보나이다 나의 하나님이여 내가 주께 의지하였사오니 나를 부끄럽지 않게 하시고 나의 원수들이 나를 이겨 개가를 부르지 못하게 하소서"(시25:1-2). 그러나 이 개인기도는 한 개인이 골방에서 하는 기도가 아니다. 예배공동체의 대표자가하는 대표기도이다. 이제는 개인적인 씨름이 끝나고 이스라엘을 위한 기도로 발전해 나가는 모습이다. 우리가 살아갈 때 원수들이 많이 있다. 그 원수들 중에서 더 지독한 원수가 있을 수 있다. 시 25편은 지도자와 원수 중에 가장 지독한 원수와 싸우는 모습이다. 시편 기자는 밖에 있는 원수를 놓고 기도하는 가운데 기도하다가 보니 내 속에 있는 원수가 더 큰 문제인 것을 알게 되고 깨닫게 되어서 기도하고 있다.

기도 내용 중에 "기억"이라는 단어가 3회 반복되고 있다. '기억하소서!' 주의 긍휼하심과 인자하심을(6절), '기억마시고' 내 소시의 죄와 허물을(7a절), '기억하시되' 주의 인자하심과 선하심을(7b) 하고 반복하고 있다. 이 사람은 기도의 전문가인 것을 알 수 있다. 좌우에 하나님의 선하심을 말하고 가운데서 자신이 기도하기를 원하는 것을 말하고 있다. 아버지 마음에 속 들게 하는 기도인 것을 볼 수 있다. 어릴 때부터 지었던 모든 죄를 송두리째 뿌리 뽑기를 원하는 모습이다. 이것은 죄의 역사성 문제이다. 죄는 잊어버리면 되는 것이 아니라 양심의 가책의 문제이다. 부지중에 지은 죄, 무식 중에 지은 죄, 내 소시 적에 지은 죄, 유년시절과 청년시절에 지은 죄 등 모든 것을 고백하고 용서를 구하는 하나님 나라의 지도자의 모습이다. 이 과정을 통과해야 만이 하나님 앞에 바로 설 수 있기 때문이다. 이 과정을 통과해야 만이 믿음으로 기도하는 즉시 행동으로 옮길 수 있는 하나님과의 관계가 형성되기 때문이다. 이 과정의 통과 없이 하는 믿음의 행위는 순간적이고 감정적이고 이적적인 것에 지나지 않을 수밖에 없다. 이런 행동은 오히려 하나님을 원망하게 되고 불신할 수 있는 동기를 줄 수도 있다. 이런 믿음은 오히려 하나님을 거짓말쟁이로 만들 수 있고 변덕쟁이로 만들 수도 있다.

종교개혁자 마틴 루터는 길거리에 지나가는데 새가 똥을 쌀 수 있고 새똥이 우리 머리위에 떨어질 수도 있다고 했다. 그러나 그 다음부터는 인간의 책임이라고 말한다. 빨리 가서 인간이 씻어야 하는데 씻지 않고 내버려 두면 이것이 썩게 되어 있다. 죄라고 하는 것은 한 번 행위로 끝이 나는 것이 아니다. 그것이 오염시키고 전염시키고 자라나는 것일 수 있기 때문에 처리가 문제되는 것이다. 이것을 인간의 책임이라고 말하고 있다. 길거리를 지나가다가 보고 듣고 생각하는 것을 통해서 죄를 지을 수 있는데 빨리빨리 씻고 지나가야 한다는 말이다. 그대로 두면 결국 마약 중독과 같이 되고 마는 것이고 그 책임은 인간에게 있다.

하나님은 그런 가운데 우리를 정결한 가운데 서기를 바라시는 것이다. 이것이 개인적인 차원의 죄뿐만이 아니다. 인간은 개인으로 사는 것이 아니라 공동체로 살고 역사로 사는 것이기 때문에 내 죄만 해결되는 것이 아니라 공동체의 죄악 문제 역시도 해결되어야 한다. 또한 역사적으로 지은 죄 역시도 우리 가운데 그 영향을 미치기 때문에 안타까운 마음을 가져야 한다. 느헤미야처럼 우리 열조의 죄악을 용서하여 주시옵소서! 라고 기도해야 하는 것이다(느9:2). 개인적인 죄뿐만 아니라 공동체의 죄까지도 하나님께 용서를 구하는 것이 절대적으로 필요한 것이다.

인도자가 성소를 향해서 자신의 죄와 열조의 죄를 고백하고 용서를 받고 돌아서서 이제는 성도를 향해서 설교를 하고 있는 모습이다(8-10절). 하나님의 선하심을 설교하면서 너희 역사도 하나님께 죄의 고백을 통해서 용서함을 받으라는 것이다. 따라서 시편 25편은 기도와 설교가 함께 혼합되어 있는 시편이다. 그리고 난 다음 이 하나님의 좋은 두 번째 원수와 싸우게 된다.(11절)

하나님이 기도를 들어 주셔야 하는 이유는 "당신의 이름 때문" ...

이 두 번째 내 속에 있는 원수가 있는데 그것은 "중대한 죄"라고 고백하고 있다. 이전에는 이것이 죄 인줄을 몰랐는데 하나님을 알아가면서 하나님 앞에 더 가까이 가면 갈수록 알게 되는 엄청난 죄이다. 내 삶의 동기가 잘못된 것을 알게 되고 삶의 목적이 잘못된 것임을 알게 되고, 그냥 지나쳐버렸다는 사실이 너무너무 죄송하고 미안하기 때문에 견딜 수 없어 "하나님! 내 죄악의 중대함을 용서하여 주시옵소서!" 하고 절규하고 있다.

그런데 용서하여 주시는데 "당신의 이름 때문에 용서해 달라고!"하는 아주 아버지 마음에 쏘옥 드는 기도를 하고 있다. 우리가 하나님께 기도할 때 "하나님! 내가 너무너무 아파 죽겠습니다. 하나님! 내가 너무너무 힘들어요! 빨리 내 문제를 해결해 주십시오! 내 아이 내 남편 내 직장 사업장 문제를 해결해 주십시오!" 라고 기도하는데 이 사람은 이렇게 기도하지 않고 있다. 하나님이 기도를 들어 주셔야 하는 이유가 "당신의 이름 때문"이라고 말하고 있다. 당신의 이름 때문에 내 중대한 죄를 용서해 달라고 기도하고 있다. 이런 기도는 하나님과의 언약에 기초할 때만이 가능한 기도이다. 그렇다면 왜 이 사람은 하나님의 이름을 걸고 넘어지고 있는 것일까? 그것은 이미 내 이마에 "하나님의 자녀"라는 타이틀이 붙어 있기 때문이다. "예수쟁이"라는 딱지가 붙어 있기 때문에 그렇다. 따라서 하나님께서 내 중대한 죄를 용서해 주시지 않으시면 늘 얻어맞게 될 텐데, 그러면 내가 세상에서 창피당하고 망신당하는 것은 문제가 아니지만 대신 아버지의 이름이 망신을 당하게 됩니다. "하나님 자녀가 저 모양 저 꼴이네!" 하고 비웃음을 당하게 되면 하나님의 망신이니까 아버지 이름 때문이라도 나를 용서해 달라고 간구하는 이 기도 꾼의 모습을 보고 있는 것이다.

하나님은 어떤 분이신가? 교회 가운데서 벌어지는 싸움들 즉 목사와 장로 간의 다툼, 목회자와 성도 간의 다툼, 성도와 성도 간의 다툼을 4대 일간지 1면에 나오게 허용하시는 하나님이시다. 목사의 잘못을, 교회의 잘못을, 성도의 잘못을 크게 부풀리게 하는 것을 하나님은 허용해 주시고 있다. 왜 그런가? 우리 가운데 분한 마음을 갖게 하여 하나님의 이름이 땅에 떨어졌구나! 하나님의 이름이 다른 사람들이 아닌 하나님을 믿는 자들로 인하여 비참하게 짓밟혔구나! 비참하게 조롱당하고 있고 부끄러움을 당하고 있구나! 하고 처절하게 보고 듣고 느끼게 하여 통회하고 회개 할 수 있도록 하기 위해서이다. 아버지와 아들의 관계가 그런 것 아닌가? 아버지 이름이 망신을 당한다고 할지라도 자녀가 잘되기를 바라는 것이 아버지의 마음일 것이다. 그렇다면 아들의 입장은 내가 죽는다고 할지라도 아버지의 이름을 망신당하게 해서는 안 된다는 마음을 갖는 것이어야 할 것이다. "아버지! 나 죽는 것은 문제가 아닙니다. 그러나 내 이마에 있는 '누구누구의 아들'이라는 것 때문에 아버지가 망신당하는 것은 원치 않습니다! 아버지 이 것 때문이라도 나를 용서해 주십시오!" 하고 이야기 하는 아버지 마음에 쏘옥 드는 기도를 하고 있다.

우리 속에 있는 원수, 이것은 밖에 있는 원수보다 훨씬 더 뿌리가 깊어 싸우기가 더 어렵고 힘든 것이다. 우리는 이 원수에게 나가기 위해서는 전략이 필요하고 하나님 앞에 나가는 자세가 필요하다. 이것이 무엇이냐 하면 "아버지! 내가 남입니까? 우리가 남이 아닙니다. 아버지! 내가 아버지 앞에 얼마나 심각하고 중대한 죄를 범했는지 다 압니다. 그러나 빨리 용서해 주십시오! 제하여 주십시오!" 라고 기도하고 있다. 죄의 심각성과 죄성의 심각성 그리고 죄악의 심각성과 씨름하고 있는 하나님 자녀의 모습이다.

많은 사람들이 예수를 처음 믿을 때 "예수 믿고 죄 문제가 해결되었다! 다 끝났다! 나 자유 얻었네! 너 자유 얻었네! 우리 자유 얻었네!" 하고 끝나 버리는 사람들이 있다. 그러나 여전히 우리 속에 남아 있는 죄의 문제, 죄성의 문제, 노예근성, 거지 근성, 개성의 문제들을 해결하지 않고 싸우려고 한다면 싸우는 족족 패배할 수밖에 없다.

아간의 범죄는 믿는 도끼에 발등이 찍혀버린 꼴...

　이스라엘 백성들은 여리고 전투에서 대승을 하고 기뻐했다. 그들이 한 것은 아무 것도 없었다. 오직 하나님께서 함께 하심이었다. 이스라엘은 가나안을 향하여 계속해서 진군을 했다. 그런데 아이성이라는 아주 작은 성 하나를 만난다. 아이성은 여리고성에 비해 너무 작은 성이었기 때문에 아이성 전투쯤은 쉽게 이길 수 있다고 생각하고 출전을 했다. 그러나 불행하게도 이스라엘은 아이성 전투에서 대패하고 말았다. 많은 이스라엘 용사들이 죽임을 당했다(수7장10-13). 여호수아는 하나님께 나아가 통곡을 한다. '하나님 이게 어찌된 것입니까?' 그러자 하나님께서는 "너희들이 범죄하여 내 언약을 어겼고 너희가 도적질하고 사기를 쳤느니라"고 말씀하셨다(수 7:11). 여호수아는 돌아와서 이스라엘 백성 모두를 세워 놓고 말을 한다. 하나님의 거룩한 이스라엘의 백성들아! 하나님께서는 우리들이 도적질을 했고 사기를 쳤다고 하신다! 그렇다면 분명 우리 중에 사기꾼과 도적놈이 있을 것이다. 우리는 그들을 찾아내야 할 것이다! 그리고는 범인을 찾아낸다. 그 결과 이스라엘의 12지파 중 가장 핵심적인 지파요 가장 핵심적인 인물인 유다지파 아간을 찾아냈다. 믿는 도끼에 발등이 찍혀버린 꼴이 되었다. 그 결과 아간은 그의 가족들과 함께 아골 골짜기에서 돌에 맞아 죽임을 당하게 되었다.

　유다지파는 12지파 중에서도 하나님의 아들이 오기로 약속되어 있는 지파였기 때문에 특별히 선택되고 선별된 지파였다. 그런 그들임에도 불구하고 자신의 사사로운 욕심 때문에 그의 모든 가족들이 멸문을 당해버리는 심판을 받게 되어버렸다. 잘하면 예수 그리스도가 이 땅에 오시는데 선택받을 수도 있었는데 오히려 많은 이스라엘 백성들을 죽음으로 밀어 넣고 자신들도 죽음을 맞이하는 비참한 자들이 되고 말았다. 무엇보다도 중요한 것은 하나님으로부터 영원히 떨어져 버리고 말았다고 하는 사실이다.

그리스도인들에게는 그것이 영적전쟁이든 삶의 전쟁이든 전쟁을 위해 말씀이라는 검을 주신다...

우리가 주목해야 할 것이 있다면 여리고성 같은 엄청난 전투에서는 가볍게 이겼는데 왜 아주 작은 아이성에서는 대패를 했을까 하는 문제이다? 하나님은 전쟁을 앞둔 용사들에게 검을 주신다. 오늘날 많은 그리스도인들에게도 그것이 영적전쟁이든 삶의 전쟁이든 전쟁을 위해 말씀이라는 검을 주신다. 그런데 그 검의 모양은 아주 특이하게 생겼다. 우리가 상식적으로 생각하는 그런 모양의 칼이 아니다. 다소 다르다. 손잡이가 가운데 중앙에 있고 양쪽에 칼날이 달린 양날 검이다. 그런데 이 하나님이 주신 말씀의 검의 기능은 "나를 먼저 찌르는 행위"가 있어야만이 상대방을 찌를 수 있는 힘과 용기와 영력과 능력이 나타나는 신기한 검이다. 먼저 나의 죄를 찌르고 나의 죄악 된 습관과 우상을 탐심을 질투를 하나님 보시기에 합당하지 못한 것들을 먼저 찌르는 행위가 있지 않고는 결단코 상대방과 싸워서 이길 수 없다. 나를 찌르는 이 행동이 선행 될 때만이 부흥도 축복도 생명도 발전도 성숙도 있다. 이스라엘 백성들은 전쟁을 앞두고 자신을 먼저 찌르는 그래서 죄를 없애고 회개하고 하나님보시기에 합당하지 못한 모든 것들을 다 씻어 버릴 때 그들은 상대방과 싸워 가볍게 이길 수가 있었던 것이었다.

오늘날 많은 사람들이 하나님이 주신 말씀의 검을 한 쪽만 보고 다른 한 쪽을 보지 못하고 있다. 그래서 통하지도 않는 검을 들고 허공만 찌르면서 혼자 소리만 요란할 뿐이지 그 속에는 아무런 능력도, 역사도 찾아 볼 수 없다. 빈껍데기 일 뿐이다. 그런 사람은 하나님이 주신 말씀의 검의 모양도 검의 기능도 알지 못하는 사람이기 때문에 그렇다. 오늘 교회가 성도가 모두 여기에 빠져 있는 듯하다. 그래서 언제부터이지 기독교인들이 옮기는 발걸음마다에 썩는 냄새만 진동하고 있다. 그 어떤 곳에서도 형제의 사랑도 예수의 용서와 화해도 복음의 능력도 발견하기가 어려워져 간다. 오히려 세상 사람들 보다 더 강퍅해져가고 사랑이 매 마르고 몰인정해져 간다.

하나님의 말씀을 내가 분별하고 나누고 쪼개는 것이 아니라 하나님 말씀이 나를 찌르고 쪼개고 들어내고 분별해야...

오늘날 우리는 하나님이 주신 말씀의 검을 내 자신을 먼저 찌르기 보다는 모두가 다 상대방을 먼저 찌르려고 하는 시대 속에 있다. 하나님이 주신 이 말씀의 검으로 상대방을 찌르고 내 이익을 보호하기 위해서, 나 자신을 그럴 듯하게 포장하기 위해서, 더럽고 오만한 나를 들어내기 위해서 사용하는 사람들이 얼마나 많은지 모른다. 먼저 하나님의 말씀으로 나를 찔러야 됨에도 불구하고 그래서 내 속에 있는 속사람이 갱신되어지고 죄의 욕망이 떠나가고 하나님 보시기에 합당해 지는 것이 먼저 선행되어야 됨에도 불구하고 남을 향해 먼저 찌르겠다고 하는 자들이 너무나 많다.

이 속에는 하나님의 역사는 없다. 예수를 20년을 믿어도 30년을 믿어도 변화는 찾아 볼 수 없다. 발전도 성숙도 찾아 볼 수 없다. 이것은 공갈과 협박에 지나지 않는다. 우리는 여기에 속지 말아야 한다. 지금은 바로 나를 먼저 찌를 때이다. 그렇지 않으면 소망은 없다. 성숙도 발전도 기대할 수 없다. 하나님의 말씀을 내가 분별하고 나누고 쪼개는 것이 아니라 하나님 말씀이 나를 찌르고 쪼개고 들어내고 분별하고 그 말씀을 부둥켜 안고 울고 고민하고 그 말씀 앞에 엎드려져서 자복하고 순종해야 할 때가 지금인 것이다. 어쩌면 이것이 주님이 우리에게 주시는 마지막 자비요 기회인지도 모른다.

지금 나에게 하나님보시기에 합당하지 못한 것들이 있는가? 나만이 알고 있는 죄들이 내 속에 숨겨져 있는가? 차마 남들에게 말하지도 못하고 하나님께도 말하지 못하고 있는 것들이 내 속에 꼭꼭 숨겨져 있는가?

먼저 나를 찔러 깨끗케 하지 않고는 나를 찔러 정결케 하지 않고는 그 어떤 싸움도 이길 수 없음을 기억해야 한다. 그렇지 않으면 그것이 영적 싸움이든 삶에 전쟁이든 모두 필패할 수밖에 없다.

하나님은 당신의 말씀에 충실 할 것을 요구하신다. 이스라엘 백성들과 항상 가까이 있는 것이 있었다. 그것은 바로 언약궤다. 이 언약궤 안에는 하나님과 이스라엘과의 맺은 언약의 문서가 있는 곳이며 하나님의 임재를 상징하고 있는 것이었기 때문에 매우 중요한 것이었고 소중한 것이었다. 그래서 이스라엘 백성들은 전쟁을 하거나 큰 행사를 하거나 또는 한꺼번에 많은 사람들이 이동을 할 때는 반드시 하나님의 언약궤가 제일 앞서가게 했다. 이것은 단지 하나님의 임재만을 상징하는 것이 아니다. 이것은 하나님의 언약 백성들로서 언약에 충실할 것을 다짐하는 약속의 표시였다. "하나님! 오늘 우리는 이 전쟁에 앞서, 오늘 이 행사에 앞서 먼저 우리 자신을 찔러서 정결케 했고 깨끗하게 했사오니 오늘도 우리와 함께 해 주시옵소서!" 라는 기도가 그 속에 포함되어 있는 것이다.

요셉에게 있어서 만 2년은 자신을 찔러 정결케 하는 시간이었다.

그 동안 많은 어려움 속에서 잘 견디어 오던 요셉이 감옥에서 꿈 풀이를 해준다(창 40장-41장). 술 맡은 관원장과 떡 굽는 관원장의 꿈 풀이였다. 그러면서 요셉은 술 맡은 관원장에게 부탁을 한다. '당신은 분명히 복직이 되는데 나가게 되면 나를 꼭 기억해서 나를 풀어 주시오 나는 억울하게 누명을 쓰고 갇혀 있는 히브리 청년이오!' 이렇게 말을 했다. 그러나 술 맡은 관원장은 복직이 되었지만 요셉의 부탁을 잊어버리고 만다. 그 결과 요셉은 만 2동안 자신의 의와 싸워야만 했다. "나는 죄가 없는데 내가 왜 이런 고난을 당해야 한단 말인가?" 하는 자신의 의였다. 얼마 전까지만 해도 요셉은 수 없이 많은 고난을 하나님의 뜻이 계셔서 나에게 이런 고난을 주시는 것이다. 반드시 하나님께서는 합력하여 선을 이루실 것이다. 하면서 사람을 의지하지 않고 오직 하나님만을 바라보던 요셉이었다. 그런데 갑자기 자신의 의가 발동했던 것이다. 그러나 하나님께서는 술 맡은 관원장으로 하여금 요셉의 부탁을 잊어버리게 하시고 그 후로부터 만 2년이 지난 후에 자신의 의가 모두 사라지고 난 뒤의 요셉에게 바로왕의 꿈을 해석할 기회가 주어졌다. 요셉에게 있어서 만 2년은 자신을 찔러 정결케 하는 시간이었다. 자신이 갖고 있는 의를 죽이는 고통의 시간이었던 것이다. 이 고통의 시간이 지난 후에야 비로소 요셉은 애국의 총리가 될 수가 있었고 자신을 죽이려고 했던 형들을 태평양처럼 넓은 가슴으로 그들을 용서할 수 있는 하나님의 사람으로 거듭날 수가 있었던 것이다.

다윗은 죄를 범했을 때나 범하지 않았을 때도 항상 자신을 먼저 찔러 깨끗케 하는 일을 게울리 하지 않았던 사람이었다...

하나님은 다윗을 나와 합의한 자라고 말씀하셨다. 그러나 다윗이 가장 두려워했던 것이 무엇이었는가? 다윗이 가장 두려워했던 것은 하나님 앞에서 다윗을 쫓아내는 것이었고 하나님의 신을 다윗에게서 거두어 가시는 것이었다(시51:10-11). 다윗은 하나님 앞에 죄를 지었던 사람이었고 하나님 보시기에 합당치 못한 일을 했던 사람이었다. 그런데도 하나님은 그를 사랑하시고 축복하셨다. 그 이유가 무엇이라 생각하는가? 다윗은 죄를 범했을 때나 범하지 않았을 때도 항상 자신을 먼저 찔러 깨끗케 하는 일을 게울리 하지 않았던 사람이었다. 항상 남을 탓하기 보다는 먼저 자신의 부족함과 죄악 됨을 탓하고 책망했다. 그래서 하나님의 말씀을 통해 성결해진 다윗 앞에 다가오는 대적들은 꼬꾸라질 수밖에 없었다. 그런 다윗을 하나님은 사랑할 수밖에 없었고 책임질 수밖에 없었던 것이다.

'빈 집'과 '내 집'

누가복음11:24-26절 말씀에서 보면 더러운 귀신이 사람에게서 나갔다. 그러나 귀신이 나간 것도 중요하지만 또 중요한 것이 있다. 귀신이 나간 후에 그 집을 하나님의 말씀으로 채우지 않는다면 귀신이 다시 들어와서 상태가 전보다 더 악해졌다고 성경은 말씀하고 있다. 예수를 믿고 매일 매일 나 자신을 하나님의 말씀의 검으로 나를 찔러 깨끗하게 하지 않는다면 예수 그리스도가 내 주인이 되고 내 마음과 영혼의 삶을 말씀으로 다스리는 신앙의 삶이 없다고 한다면 주님은 그런 그리스도인들을 바라보면서 '빈 집'이라고 부른다. 또한 사단은 그런 그리스도인들을 바라보면서 그 집을 '내 집'이라고 주장한다는 사실을 잊지 말아야 한다. 예배당에 나와 열심히 예배를 드리는 그리스도인들을 바라보면서 어떤 사람은 주님은 그 사람을 '빈집'이라고 하는 사람이 있고 또 어떤 사람은 사단이 그 사람을 '내 집' 이라고 주장하는 사람이 있다면 이는 실로 끔찍한 일일 것이다.

전쟁을 앞두고 한 할례는 먼저 이스라엘 자신을 찔러 거룩함을 하나님 앞에 나타내는 행위였다...

하나님은 당신의 백성들을 사랑하시고 끝까지 함께 하시기를 간절히 열망하신다. 그러나 먼저 자신들을 하나님의 말씀으로 찔러 언약백성 다운 삶을 살기를 원하신다. 이스라엘 백성들은 여리고를 바라보면서 길갈에 도착했다. 그런데 엄청난 전쟁을 앞두고 있는 상황에서 지도자 여호수아는 이스라엘 백성들로 하여금 할례를 받게 했다. 왜 여호수아는 전쟁을 앞두고 할례를 받게 했을까? 할례를 받으면 곧바로 전쟁을 할 수 없는 상황이 되는데도 불구하고 할례를 시행했다. 그것은 먼저 이스라엘 자신을 찔러 자신들의 거룩함을 하나님 앞에 나타내는 행위였다. '하나님! 우리는 하나님 앞에 말씀 앞에 거룩하고 성결합니다!' 라고 하는 고백과 같은 것이었다. 그 결과 이스라엘 백성들은 아무 어려움도 없이 전쟁에서 승리하는 모습을 보았다. 그러나 아주 보잘것없었던 작은 아이성도 하나님의 말씀에 충실하지 못했을 때 거룩하지 못했을 때 깨끗하지 못했을 때 말씀 안에 머무르지 않을 때 패배했던 모습 또한 우리는 보았다. 그것은 이스라엘 속에 아간을 통해 저질러진 죄를 그들이 먼저 깨끗하게 척결하지 않았기 때문이었다. 하나님과 맺은 언약을 어기고 도적질하고 사기를 쳐버린 죄인 된 그들의 마음을 먼저 찔러 정결케 하지 않았기 때문에 전쟁에 나가 상대방을 찌르겠다고 했지만 오히려 그들이 찔림을 받고 전쟁에서 패배할 수밖에 없었던 것이다. 여호수아는 하나님의 말씀대로 이스라엘 백성들을 성결케 하여 다시 하나님께 나아갔을 때 하나님은 아이성 전투에서 이길 수 있는 모든 방법, 전략, 전술을 가르쳐 주셔서 전투에서 승리하게 하셨다.

우리는 이제 이 하나님 말씀을 통해서 어떤 삶을 살아야 만이 하나님이 함께 하실 것이라는 것을 깨닫고 결단해야한다. 그리고 우리들에게 주어진 이 말씀이 먼저 나를 찌를 때, 그래서 내 속에서 때마다 시마다 꿈틀거리는 죄악 된 습성들이 쪼개져서 떨어져 나가 버릴 때, 그래서 하나님 보시기에 합당한 모습이 될 때, 하나님 말씀이 내 속에서 살아서 움직일 때, 우리 앞에는 그 어떤 장애물도 대적들도 접근 할 수 없는 것이다. 하나님과 맺은 언약 백성으로서 말씀을 충실하게 지키며 살아갈 때 나머지는 모두 하나님께서 책임져 주시는 것이다.

오늘 무엇을 위해 하나님께 기도하고 있는가? 무엇과 싸워 이기기를 위해 기도하는가? 무엇을 향해 말씀의 검을 들었는가? 그런데 말씀의 검을 들고 상대를 향하기 전에 먼저 나 자신을 찌르는 행위는 있었는가? 내 자신 속에 있는 우상과 탐심과 교만과 위선과 불순종을 먼저 찔렀는가? 그래서 그것들을 놓고 애통하며 회개하며 씻어냈는가? 그리고 난 후에 하나님께 기도의 제목을 놓고 기도하고 있는가? 이것이 선행되지 않고서는 상대를 향한 검은 힘이 있을 수 없다. 능력이 있을 수 없다. 이것이 선행되지 않고서는 전쟁에서 승리할 수 없고, 부흥할 수 없고 새롭게 갱신할 수도 없다. 오직 패배만 있을 뿐이다. 하는 일마다 낙심과 불안과 좌절만 있을 뿐이다. 이런 사람에게는 하나님이 없는 것 같이 캄캄한 밤만 있을 뿐이다. 하나님께서는 이 시간 우리가 먼저 우리 자신이 깨끗해지기를 원하신다. 당신 자녀답기를 원하시는 것이다. 그럴 때 나머지는 하나님께서 책임져 주신다.

이 시간 먼저 내 속에 있는 더럽고 추한 것들, 깊이 감추어져 있는 죄악된 것들을 먼저 찔러야 한다. 그러면 나머지는 하나님께서 하신다. 내가 깨끗해지지 않았는데 내 속에는 아직도 분노와 탐심과 미움과 죄악들이 가득 찼는데 어디에다 하나님의 선하신 것들을 부을 수 있고 담을 수 있겠는가? 번제단을 통과했고 그래서 원죄의 문제를 해결했다고 해서 바로 성소에 들어 갈 수 있는 것이 아니다. 반드시 물두멍에서 또 씻어 정결케 한 후에 성소에 들어가야 하는 것이다.

하나님 앞에서는 큰 죄 작은 죄가 따로 없다...

그리고 또 이 하나님의 사람은 "성도들아! 잠깐만 기다려 내 속에 원수가 또 하나있네!" 하고 돌아서서 기도하고 있다(16-18절). 여기 있는 이 사람의 목표는 18절에 나오는 "내 모든 죄"이다. 처음에는 큰 죄, 작은 죄를 따졌는데 하나님 앞에서는 큰 죄 작은 죄가 따로 없다. 이제 이 사람은 마지막 내 속에 있는 원수 즉 내 속에 있는 "모든 죄"와 싸우는 투쟁 가운데 들어간다. 마지막 투쟁 가운데 들어가면서 용서해 달라고 말하고 있다. 그러면서 하나님께서 용서해 주셔야 하는 이유를 말한다. 그 이유가 자기 자신에게서 나오고 있다. '내가 너무 괴롭습니다'이다(16절).

드디어 내가 경험하고 있는 경험 자체를 가지고 하나님 앞에 나가고 있다. 우리는 기도할 때 아픈 것, 가장 급한 문제를 먼저 이야기 한다. 그러나 지금 이 사람은 맨 마지막에 자신의 문제를 이야기 하고 있다. 우리가 하나님과 진정한 아버지와 아들의 관계라면 이렇게 기도해야 하는 것을 보여주고 있는 것이다. 아버지를 진심으로 사랑하는 아들이라면 아버지의 이름과 아버지의 능력 그리고 아버지의 것들이 먼저 나와야 하는 것이다. 그것을 먼저 넣고 기도하고 맨 마지막에 가서 "아버지! 나 죽겠습니다! 당신의 아들이 죽을 지경입니다!" 라고 말하는 것이 순서일 것이다. 이 아들의 마음을 아는 아버지가 어찌 아들을 불쌍히 여기지 않으며 용서하시지 않을 수 있겠는가?

진정 우리는 내 속에 있는 원수들과 얼마나 집요한 싸움을 하고 있는가? "원수"는 처음에는(1-5절) '밖에 있는 원수'였다. 그러나 밖에 있는 원수와 싸움이 시작되니까 내 속에 있는 '원수 중에 원수'와 싸우게 되고 다시 '밖에 있는 원수'와의 싸움으로 나가고 있다. 밖에 있는 원수와의 싸움이 어려운가? 세상 속에 있는 세속주의와의 싸움이 어려운가? 아니면 내 속에 있는 원수와의 싸움이 어려운가? 밖에 있는 것들은 문제가 아니다. 교회 안에 들어와 있는 원수, 교회 성도들 속에 들어와 있는 이 원수와의 피 말리는 싸움이 절대적으로 필요하다. 여러분은 정말 이 처절하고 고통스러운 싸움에 예수 믿고 난 후에 들어가 본 적이 있는가? 이 싸움을 해보고 신앙을 말하고 믿음을 말하고 있는가? 이 싸움을 해보기나 하고 교회를 판단하고 목회자를 판단하고 성도를 판단하고 있는가? 진실한 주의 종들은 이 싸움에 들어갔고 그 길을 걸어갔다. 하나님께서는 이런 기도를 하게 하시고 성경의 기록을 통하여 너희 역사도 이렇게 기도하라고 말씀하시고 있다. 이것이 바로 세 번째 단추인 "죄 성과의 싸움"인 것이다. 이 때 능력과 권세 있는 삶이 주어지는 것이다.

"하나님! 내가 얼마나 정직한지 한 번 들어보시렵니까?"

우리가 생각해 보아야 할 중요한 기도 하나가 있다. 이 기도는 어쩌면 교리적인 문제가 될 수도 있다. 바로 시편 17편의 기도이다. 이 기도는 단도직입적인 기도이다. "하나님! 나를 한 번 판단해 보시겠습니까?" 하는 기도이다. 이 시편은 "다윗의 기도"라는 제목으로 시작하고 있다.

비행기 조종사가 폭풍이 몰아치면 비행장으로 착륙을 서두른다고 한다. 하나님의 사람 역시 어려움이 있을 때마다 서둘러 기도에 전념해야 한다. 일반적으로 기도란 개인적인 탄원의 형태로 된 것을 말한다. 그러나 더 정확하게 말하면 그것은 보호를 요청하는 무죄한 사람의 기도라고 말할 수 있다. 지금 이 시는 극심한 억압을 받고 있는 무죄한 사람의 상황을 반영하고 있다. 아마 이 시는 아침 기도로 볼 수 있다. 밤의 시험과 아침에 깨어남이 언급되어 있는 것으로 보면 알 수 있다.

이 시에서 시편기자는 거두절미하고 바로 기도로 들어가고 있다. "하나님! 내가 얼마나 정직한지 한 번 들어보시렵니까?"(1절) 하면서 곧 바로 기도로 들어가고 있다. 사실 이런 기도는 쉽게 할 수 있는 기도가 결코 아니다. 하나님 앞에 내가 정직하고 무죄하니 내 말 좀 들어 보세요! 라고 말할 수 있는 자가 과연 얼마나 될까? 이런 기도는 자신의 의가 이미 붕괴되어 버린 자만이 할 수 있는 기도이다. 오직 그리스도의 의를 힘입고 살아가는 삶 속에서만이 표현할 수 있는 기도의 모습이다.

이 기도는 자신의 무죄를 무조건 주장하고자 하는 독선적인 주장도 아니다. 그렇다고 낙심하고 절망하고 있는 가운데 하는 기도도 아니다. 오직 진실하고 "거짓되지 않은 입술"로 하는 기도이다. 못된 짓을 하는 자가 원래 말이 많고 더 시끄러운 법이라고 했다. 그러므로 지금 자신에게 비난과 공격을 쏟아 붓고 있는 많은 사람들에게는 그가 하는 소리가 시끄러운 소리라고 무시해 버릴 것 같아서 1절에서만도 세 번씩이나 나의 소리를 들어달라고 간구하고 있다. '여호와여 정직함을 들으소서! 나의 부르짖음에 주의 하소서! 거짓되지 않은 입술에서 나오는 내 기도에 귀를 기울이소서!' 라고 간구하고 있다. 지금 마음이 상하고 고통 가운데 있는 자가 위대한 심판주께서 귀를 여시고 그의 목소리를 들어 주실 것을 간절히 바라고 있다. 왜냐하면 그 분이 들으시면 무엇이 바르고 무엇이 잘못된 것 인지를 바로잡아 주실 것을 확신하기 때문이다. 만일 하나님께서 우리의 소리를 들으실 수 없거나 들으려 하시지 않으신다면 우리는 정말 비참한 상태에 빠져 버릴 것이다. 그러나 하나님께서 우리의 간구를 듣지 않는 것이 아니라 우리가 하나님의 말씀을 듣지 않는 것이다. 또한 진실함이 없는 기도는 하나님께서 듣지 않으신다. 거짓된 입술은 사람에게도 가증스러운데 하물며 하나님께는 말할 필요가 없다. 위선으로 경건을 가장하는 것, 하나님을 속이려고 아첨하는 것, 모든 것을 바라보시고 아시는 그 분을 속이기 위해 불경건한 입술을 놀리는 것은, 그물을 가지고 달을 잡으려고 하는 것과 같고 덫으로 해를 잡으려고 하는 것과도 같을 것이다. 하나님을 속이려는 자는 이미 자신을 엄청나게 속이고 있고 이미 속인 것이다. 하나님께서는 정직하고 열심을 내어 기도하는 자에게 귀를 여시고 귀 기울이시는 것이다. 따라서 우리가 하는 기도에는 정직하고 거짓된 것이 없어야 한다.

다른 사람들이 우리를 심하게 해를 끼칠 때면 우리 안에 분노하는 마음이 자리를 잡게 되고 우리는 강포한 자처럼 되고자 하는 유혹을 받을 때가 너무나 많다..

'하나님! 나를 한 번 판단해 보시겠습니까?'(2절)라고 말하고 있다. 시편 기자는 자신에 "심판" 즉 자신의 무죄함에 대한 선언이 "그래! 내가 판단해 보니 너는 잘못된 것이 없도다!" 라고 하는 심판의 결과가 하나님에게서 나오기를 구하고 있다. 왜냐하면 지금 그가 당하고 있는 위기는 이웃들로부터 받은 부당한 심판과 박해였기 때문이다. 주변의 적들로부터 그에 대해서 거짓되고 잘못된 주장들을 하고 있는 것에 대해 시편 기자는 하나님의 "눈이 공평함을 살피기를" 즉 '참과 거짓을 구분해 주시기를 간구'하고 있다.

　이 간구의 내용을 일부 신학자들은 "인간에게는 있을 수 없고 오직 그리스도에게서 만이 있을 수 있다"고 말하는 자들이 있다. 감히 인간이 어떻게 하나님께 "내가 죄가 있는지 한 번 판단해 보십시오!" 라고 말할 수 있는 자들은 있을 수 없다는 말이다. 그러나 이것은 아빠가 어린 아들의 눈높이로 내려와 함께 놀고 함께 대화하는 모습을 연상하면 쉽게 이해 할 수 있다. 아빠가 교회에서는 근엄하시고 권위가 있으신 목사님이지만 집에 가면 모든 권위나 위엄 이런 것들을 다 내려놓고 오직 아들의 눈높이로 내려와 함께 놀아준다. 어린 아들과 목마타기를 하고 이불 위에서 레슬링을 하고 말놀이를 하면서 아들과 놀아 줄 수 있다. 아들은 아빠에게 말놀이를 하면서 아빠 등위에서 구르고 때리고 하며 재미있어 한다. 그러면서 그 아들이 '아빠에게 말한다! 아빠 내가 잘못한 것이 있는지 한 번 판단해봐!' 하고 웃으며 말한다. 이렇게 얼마든지 말할 수 있다. 사실은 지금 이것이 우리에게 필요한 것이다.

　"하나님! 나의 죄를 찾지 못하셨죠? 이것은 내가 범죄 하지 않기로 맹세했기 때문입니다!"(3절)라고 말하고 있다. 하나님께서는 이미 그를 시험하셨다. 그리고 그에게서 적들이 비난하고 있는 것처럼 죄를 범하지 않았다는 것도 이미 알고 계셨다. 주님은 언제든지 나의 집에 들어오신다. 아무도 내 곁에 있지 않고 홀로 있을 때에도 주님은 나를 보신다. 주께서 불시에 나를 찾아오시고 나의 꾸밈이 없는 행동을 보신다. 주께서는 다른 사람들이 나를 비난하고 모함하는 것에 대해서도 정말 내가 범죄 했는지 아닌지를 이미 다 아신다. 모든 것을 다 아시고 어느 곳에나 계시는 그분을 생각하면서 위안을 받을 수 있는 사람 그 사람이 바로 복이 있는 사람이다.

　3절 끝 부분에서 시편 기자는 이렇게 고백하고 있다. "내가 결심하고 입으로 범죄치 아니하리이다." 라고 말하고 있다. 우리가 입으로 범죄치 않기 위해서는 결심하고 또 결심해야 한다. 혀를 통한 질병은 그 수가 너무나 많아서 육체의 모든 질병을 합해 놓은 것보다 많다. 또한 혀의 질병은 만성적인 질병으로 그 뿌리가 깊다. 손과 발은 묶을 수 있지만 혀는 결코 묶을 수가 없다. 쇠사슬로 미친 사람을 묶는다고 할 수 있지만 어떤 사슬로 혀를 묶을 수 있는가? 이 혀는 영특하게도 다른 사람에게 해를 끼친다. 사람들이 품는 악의는 가장 순수한 것도 더럽힐 수 있다. 따라서 단순한 결심으로 혀를 제어할 수 없다. 다른 사람에게서 상처를 받은 사람은 더욱 자신을 제어하는데 마음을 두어야 한다. 어쩌면 이런 이유에서 시편 기자는 이처럼 거룩한 결심을 하는지도 모른다.

성령의 말씀인가 아니면 악한 영의 유혹인가 우리는 선택해야 한다...

이제 3절의 무죄 선언이 말과 관련된 것이라면 4절에서는 행위와 관련된 무죄의 선언이 나타나고 있다. 시편 기자는 인간에게 전형적으로 나타나는 악행들을 피했다. 그는 말씀 속에 있는 바른 길을 따랐고 악의 길을 택하지 않았다. 하나님의 은혜가 그분의 말씀으로 우리를 지키고 악에서 보존하지 않으셨더라면 우리는 곧 세상에서 가장 악한 사람을 본받으며 살고 있었을 것이다. 강포한 자의 길은 때때로 우리를 유혹한다. 다른 사람들이 우리를 불리하게 하거나 심하게 해를 끼칠 때면 또한 우리 안에 분노하는 마음이 자리를 잡게 된다. 그럴 때 우리는 강포한 자처럼 되고자 하는 유혹을 받을 때가 너무나 많다. 그러나 우리는 꼭 주님의 본을 기억해야 한다. 주님은 그를 대적하는 원수들에 대해서 하늘에서 불을 내리기를 기도하지 않으셨다. 다만 "아버지여! 저들을 용서하여 주옵소서!"라고 온유하게 기도하셨을 뿐이다. 우리는 이것을 본받기 위해 몸부림 쳐야 한다. 모든 죄의 길은 사단의 길이다. 자신의 마음을 저 살인자에게 주는 자는 어리석은 자이다.

성령의 말씀인가! 아니면 악한 영의 유혹인가! 우리는 선택해야 한다. 다윗은 그의 신실성을 증거 하기 위해서 자신은 불경건한 자들이 걷는 파멸의 길과 아무런 상관이 없다는 것을 강조하고 있다. 우리의 위대하신 왕의 원수들인 악한 마귀들의 궤계에서 손을 깨끗이 씻지 않는다면 어떻게 그 하나님께 우리 사정을 아뢰고 그 분께 기도할 수 있겠는가? 결코 기도할 수 없다. 우리는 내속에 있는 또 다른 나와 끝임 없이 싸우는 것이 필요하다.

우리가 이 땅에 살면서 시련을 당할 때 올바로 행동을 한다는 것은 쉽지 않다(5절). 불을 끄려고 주변에서 불어대는 바람소리 가운데서 촛불을 계속 켜 놓는 다는 것은 쉬운 일이 결코 아니다. 우리가 악에서 보존받기를 원한다면 우리는 다윗처럼 우리를 보존하시는 자에게 부르짖어야 하고 하나님의 도우심을 받아야 만이 가능하다. 말을 조심스럽게 타는 자들은 언덕을 내려 갈 때에는 말의 고삐를 붙든다고 한다. 말에서 떨어지지 않기 위해서이다. 우리는 때로 빨리 달리기도 하고 때로는 느리게 걷기도 한다. 길의 형태도 항상 같은 것만도 아니다. 그러나 하나님께서 우리 가는 길을 지키신다면 우리의 걸음이 어떠하든지 길의 상태가 어떠하든지 결코 우리를 넘어지게 하지 않으신다. 만약 넘어지거나 또는 무릎이 깨어지도록 다친 사람이 있다면 열심을 두 배로 내어서 이 기도를 드려야 한다.

다윗은 사탄의 길을 버리면서 그는 하나님의 길에 머무르도록 지켜주실 것을 기도했다. 우리가 선한 것을 지키지 않는다면 악한 길에서 떠날 수가 없다. 이와 같이 시편 기자는 시편 1편에서 사용된 두 개의 길을 사용하고 있다. 악인의 길을 피하면서 하나님의 길을 굳게 지켰기 때문에 자신이 의인의 특권을 누릴 수 있다고 보고 무죄를 선언해 달라고 기도할 수 있었던 것이었다.

"기이한 인자(사랑)" 란 택한 자에게만 주시는 배타적인 구원의 신비...

지금까지의 기도(1-5절) 뒤에는 왜 그의 기도가 응답되어야 하는가에 대한 이유를 말하고 있다면 이제 시편기자는 하나님께 자신의 기도를 들으실 것과 구원을 통해 계시해 주실 것과 자신을 보호해 주실 것 세 가지를 요구하고 있다(6-8절). 그는 기도를 통해서 하나님을 불렀다(6절). 왜냐하면 하나님은 기도를 들으시고 응답해 주시는 것이 하나님의 속성임을 알기 때문이다. 기도가 계속되면서 그가 요구하는 것은 그 동안 하나님의 "인자하심"(헤세드)을 통해서 분명하게 구원의 행적들이 입증되었던 것처럼 하나님의 언약을 계시해 줄 것을 기도하고 있다. 시편 기자는 하나님의 언약을 믿었다. 하나님의 인자하심의 최고의 그리고 가장 위대한 증거는 바로 이스라엘의 출애굽 사건이었다(7-8). 내가 절망 가운데 있고 사방에 우겨 쌈을 당하고 있는 가운데서 하나님을 부를 수 있다는 것이 얼마나 귀하고 큰 축복인지 모른다.

하나님은 가장 선한 방법으로 가장 영광스럽게 당신의 오른 손으로 하나님을 신뢰하는 자들을 구원하신다. 그러나 결코 사람을 외모로 판단하시지 않는다. 하나님의 전능하신 보호를 받는 믿음은 아무에게나 주어지는 것이 결코 아니다. 하나님의 은혜가 아니면 살 수 없다고 고백하는 인생들에게 주어지는 능력이다. 이런 인생들에게 은혜를 베푸시는 하나님은 찬양받으시기에 합당하신 분인 것이다. 주의 인자하심은 기이하다. 하나님의 인자(사랑/ 자비)는 성실하게 베푸시기 때문에 기이하다. 변치 않기에 기이하고 무엇보다도 사람들에게 놀라운 일들을 베푸시는 것이 기이하다. 시편기자는 하나님께서 이러한 은혜를 베푸셔서 구원해 주실 것을 간구하고 있다.

이 은혜는 때로는 숨겨진 채 우리의 눈에 보이지 않는 듯 할 때도 있다. 그래서 시편기자는 "나타내소서!" "주여! 나타내주옵소서" 라고 기도

하고 있다. 우리는 이 기도를 주의 깊게 보아야 하고 배울 수 있어야 한다. "오 하나님이시여! 주의 기이한 인자를 보여주시옵소서! 나의 지성에 인자를 보이사 무지함을 없게 하시어 지혜롭게 하시옵소서! 내 마음에도 인자를 보이사 내 안에 감사하는 마음을 새롭게 하소서! 내 믿음에도 인자를 보이사 나의 확신을 새롭게 하시옵소서! 내 체험에도 인자를 보이사 나의 모든 두려움에서 나를 구원하여 주시옵소서!" 이 말은 당신의 특별한 자비를 내가 당하는 이 극심한 고난의 시기에 내게 부어 주시옵소서! 라고 간구하고 있는 것이다. "기인한 인자(사랑)"란 택한 자에게만 주시는 배타적인 구원의 신비 〔참고 엡1:4-5〕 를 의미한다.

또한 시편기자는 그의 백성들이 과거에 광야에서 애굽의 시련들 속에서 경험한 것과 같은 하나님의 보호를 구하고 있다(8절). 특히 모세의 노래는 신 32:10-12절과 언어의 병행을 이루고 있다. 시편 기자는 구원받은 공동체 속에 있었다. 따라서 그는 위기에 처했을 때 무엇보다도 먼저 위기에서 구원해 주시는 하나님을 부를 수 있었다. 이것이 바로 우리에게 주어진 특권이다. 이 시는 개인적인 언어로 쓰여 졌지만 그 속에는 위기를 극복한 의롭고 담대한 승리자의 말만 포함된 것이 아니라 하나님을 구원자로 알고 있던 한 공동체의 과거와 현재의 경험을 다 말하고 있다. 따라서 시편 기자는 역사뿐만 아니라 공동체의 힘에 의지하여 구원의 확신을 갖게 되었음을 말해주고 있다. 이스라엘 백성이 광야에서 애굽에서 하나님의 보호를 받고 구원을 받았던 것처럼 오늘 우리 구원받은 공동체에 속해 있는 우리 역시도 보호 받고 구원받는 다는 것은 더욱 확실하다는 것을 강조하고 있다.

이어서 악인들의 묘사가 나오고 있다(9-12절). 악인들과 극한 원수들은 하나님의 공급으로 살찌고 번영했지만 공급자인 하나님을 망각해버렸다. 뿐만 아니라 주님의 충성된 종들을 공격했다. 그들의 교만 속에는 겸손이 상실되어 있다. 또한 그들의 공격은 말로만 끝나지 않았다. 하나님의 길을 굳게 지키고 있던 무죄한 시편기자를 넘어뜨리기 위해 마치 군사적인 행동 같은(에워싸고 주목하며) 위엄을 통해서 압제하고 있다. 이것은 마치 황소가 상대를 공격하기 직전에 취하는 모습과도 같았다. 황소는 머리는 땅으로 향하고 눈은 땅을 주목하고 온 힘을 다해서 상대를 향해 돌진한다. 지금 그들은 땅을 주목하고 있다. 그들은 자신들이 짓밟는 땅을 잘 알고 있는 것처럼 그리고 성도들의 과거에 있었던 잘못된 행적들에 대한 조사를 이미 마친 것처럼 그리고 그들이 걸려 넘어지도록 거치는 돌을 앞에 두고 잡으려는 것처럼 땅을 주목하고 있다. 그것은 마치 사자가 달려들어 먹이를 갈갈이 찢으려고 하는 것과 같았고 먹이를 노리는 젊은 사자가 엎드리어 호시탐탐 노리는 것과 같은 것이었다고 본문 12절에서 말씀하고 있다.

이제는 원수보다 먼저 행하시고 그들의 지혜를 허사가 되도록 만드시고 그들이 계획한 것을 이루지 못하게 하시고 그들이 실망을 당하게 해 달라고 기도...

지금까지 시편기자는 자신의 무죄를 말하고 그리고 적들이 어떤 자들인가를 말하고 이제는 그 적들을 멸망시켜 달라고 기도하면서 무죄한 자에 대한 구원이 성취될 것이라고 확신을 말하고 있다(13-15절). 시편기자는 하나님께서 옳은 것을 보시도록 기도하면서 이제는 자신이 하나님의 얼굴을 볼 것이라는 확신으로 마무리를 짓고 있다.

시편기자는 적들을 멸망시켜 달라는 기도가 강력하고 군사적인 표현들을 서슴지 않고 사용하면서 기도하고 있다. 하나님께서는 이제 그만 참으시고 능력을 보여야 할 때라고 말한다. 이제는 원수보다 먼저 행하시고 그들의 지혜를 허사가 되도록 만드시고 그들이 계획한 것을 이루지 못하게 하시고 그들이 실망을 당하게 해 달라고 기도하고 있다. 그들을 아주 무너뜨려서 땅에 엎드리게 해달라고 기도하고 있다. 시편 기자는 세상에서 가장 악하고 포악한 자들이라도 결국에는 왕 중에 왕이신 하나님의 주권 아래 있다는 것을 알고 있었다. 마치 하나님께서 사단에게 욥에 대한 시험을 허락하셔서 사단이 욥을 시험한 것처럼 하나님께서 허락지 않으시면 어떤 악인도 우리를 괴롭게 할 수 없다는 것이라고 알고 있었다. 13절에서는 "주의 칼로 악인에게서 나의 영혼을 구원하소서"라고 번역하고 있지만 영어성경 KJV에는 "내 영혼을 주의 칼인 악인에게서 구원하소서!"라고 번역하는 것이 훨씬 내용을 잘 이해 할 수 있는 번역이다. 칼이 혼자서 무엇을 하는 것이 아니다. 손이 칼을 움직이는 것처럼 손이 칼을 마음대로 주관하는 것이다.

시편기자의 눈에 확실하게 보이는 것은 더 이상 적들이 아니라 하나님의 얼굴이다.

하나님의 보호하심을 받는 자들은 평안하고 안전하다. 하나님께서 우리와 함께 하시면 우리를 괴롭힐 자가 없다. 누가 하나님의 칼을 대적할 수 있겠는가? 결코 있을 수 없을 것이다. 세상 사람들은 이 짧은 인생을 살아가면서 좋은 것들을 분깃으로 다 누리려고 한다. 또한 다 누렸다. 그러나 그들은 영원이라는 시간이 있다는 것을 잊고 있다. 이 세상에서는 그들이 조금 지혜로웠을 지도 모른다. 그러나 그들은 오직 현재만을 생각하고 영원에 대한 대비를 못했기 때문에 지극히 어리석은 자들일 뿐이다. 그들은 오직 껍데기만을 위해 싸우다가 속을 상실해 버린 자들이다. 처음 보기에는 이런 모습들이 아름답고 부러워 보이고 우리를 유혹할 수 있다. 그러나 오는 세상의 영광과 비교해보면 이런 것은 하찮은 기쁨에 지나지 않을 수 없다. 마치 두더지가 땅을 파는 기쁨과 다를 것이 없을 것이다. 이와 같은 모든 것들은 가장 비속한 이기심에서 시작되고 이기심으로 끝이 나는 것이다. 그러나 주님 안에서 시작하고 주님 안에서 끝나는 자들은 얼마나 부유한 자들인가? 그들은 이 부유를 보지 못하는 불행한 자들일 뿐이다. 나는 이런 세상 사람들의 행복을 부러워하거나 탐하지 않는다고 고백한다(15절). 나는 오직 좋은 것만을 바라볼 뿐이다. 하나님의 얼굴을 바라보고 그 형상을 따라 변화되어 그 분의 의로움에 참여하는 것, 이것이 나의 유일한 소망일뿐이다. 이것을 바라보면서 나는 이 세상에서 잠시 누리는 즐거움을 기꺼이 포기하는 것이다. 이제 시편기자의 눈에 확실하게 보이는 것은 더 이상 적들이 아니라 하나님의 얼굴이다. 불안한 잠에서 깨어났을 때 밤의 환상이나 고통스러운 꿈이 아니라 하나님의 형상 즉 그분의 실제적인 임재가 현실로 나타날 것임을 확신하고 있다.

극한 원수를 만나 본적이 있는가? 수단과 방법을 가리지 않고 나를 먹으려고 하는 원수를 만나 보았는가? 이런 원수 앞에 나의 기도를 듣게 하는 것이 시편 17편의 내용이다. 시편 기자는 이런 원수 앞에 나가면서 나의 성결함 나의 깨끗함 나의 완전함을 같고 나가고 있다. 물론 예수님에 비하면 나는 아무것도 아니지만, 초등학생으로서 중학생으로서의 영적인 100점 맞은 것을 가지고 그런 삶의 자취를 가지고 나가서 하나님! 나 살려 주세요! 하나님! 나 그냥 둘 것입니까? 이렇게 해야 극한 원수가 꺾어질 수 있을 것이다.

이 악독한 원수 우리가 도저히 설명할 수 없는 인간적 악독 앞에서도 이원수를 돌파하고 주의 자비와 주의 기이한 인자를 받아내는 우리의 기도는 내 행위의 완전함과 내 속에 있는 죄 성이 뿌리 채 뽑혀 나감으로서 내가 어느 곳으로든지 휘둘리지 않는 상태가 될 때에 이런 기도를 하나님께 올릴 수 있고 이런 기도를 통해 승리할 수 있다. 이런 모습이 시편 17편의 내용인 것이다. 우리는 이 시편 17편처럼 살아 보기로 작정해야 한다. 이런 기도를 할 수 있어야 한다.

인간의 전적 타락과 인간의 전적 부패 정말 맞는 말이다. 그러나 우리가 하나님의 자녀가 되고 난 다음에 날마다 새로운 은혜 가운데 들어가야 한다. 날마다 더 깊은 은혜 가운데 들어가서 지금까지 보지 못했던 이전의 먼지들을 보게 되고 또 이것들을 하나님의 은혜로 다 제거 하도록 하나님 앞에 완전하게 서야한다. 그때 또 다른 먼지를 보게 하시고 또 그 먼지들과 싸움으로서 더 성결하게 되고 더 하나님 앞에 가까이 가도록 우리를 초대하시고 있는 것이다. 언제까지 그래야 하는가? 하나님 앞에 설 때까지 이다. 이런 초대 가운데 하나님은 우리에게 외적 원수를 주시기도하고 때로는 극한 원수를 만나게도 하신다. 그러나 그것들을 돌파하는 능력인 하나님의 기이한 인자를 부활하기 위해서 우리의 마음은 어떤 자세를 가지고 있어야 하는가? 그래서 "완전성결"이라는 개념이 우리 가운데서 정말 중요한 것이다. 여기서 "완전"의 의미는 '완벽'(perfect)의 의미가 아니다. 중학생은 중학생으로서 100점을 맞고 대학생은 대학생으로 100점을 맞는 것을 의미한다. 우리가 그것을 위해서 노력하고 또한 그 모든 노력들이 우리가 하나님의 자녀가 되는 은혜이기 때문이다. 그 은혜위에 또 은혜가 부어지는 것이다.

세 번째 단추에서 내 속에 있는 죄 성들과의 싸움을 강조했다. 이에 반해 시17편은 내 속에 있는 죄성들과의 싸움을 통해 하나님 앞에 정결하게 나가고자 하는 기자에게 "하나님은 기인한 인자를 통해 승리하게 하시는 모습을 보여주었다. 우리는 이것을 훈련해야 하고 여기에 도전해야한다.

왜 이 3가지와의 근본적인 싸움에 대해서는 말하고 있지 않은가?

예수님은 3가지 시험(마4장1-11절)을 받으셨다. 세례 받으시고 [죄 씻음이 아니고 메시야 임직식] 사역에 바로 들어가는 것이 아니고 시험을 받으신 후에 사역이 시작되고 있다. 그런데 왜 오늘날 하나님의 사람들은 이 3가지 시험을 통과하지 않는가! 확인이 필요한 것이다. 얼마나 많은 하나님의 사람들이 이 3가지를 극복하지 못하고 실패의 나락 속으로 떨어졌는가? 우리 가운데 무엇이 정말 중요한가? 하나님나라가 된다면 당연하게 거룩과 성결하기 위해 싸우게 된다. 그뿐만 아니라 이제 세상을 정복하기 위해 가기 전에 하나님의 은혜를 받고 성령을 받고 하나님 앞에서 이 3가지를 극복한 증거를 갖고 세상 속에 들어갈 때 세상은 두려워하고 무서워할 것이다. 그런데 왜 이 3가지와의 근본적인 싸움에 대해서는 말하고 있지 않은가? 이것이 어쩌면 오늘 우리 교회의 수많은 문제들과 개신교의 한계를 결정짓는 문제가 아닌가 생각해 볼 수 있다. 정치가들은 사람의 외적인 행동들을 규율한다. 그러나 종교 지도자들은 사람의 내면의 행동들을 규율하는 것이다. 정치가들은 인간을 움직이는 쾌감이 너무 크기 때문에 정치에서 손을 떼지 못한다. 그런데 종교 지도자들도 여기에 편승하고 있다는 생각이 든다. 따라서 우리는 날마다 이 세 마리의 회충과의 싸움에서 승리해야 만이 그 다음단계로 넘어 갈 수 있다. 이것은 사역의 문제가 아니라 아버지를 기쁘게 하는 일이 무엇일까 하고 생각한다면 당연히 이 길을 가게 되는 것이다.

죄가 우리를 주관하지 못한다고 선언해 주시고 있다...

믿는 자에게 주시는 성령 하나님의 동행하심이 있다. 아주 예민하게 그리고 아주 자세하게 인도하시는 성령님을 따라서 살 때에는 육체의 욕심을 이루지 아니하리라!(갈5:16절) 라고 말씀한다. 이것은 놀라운 하나님의 은혜다. 예수님과 우리가 다른 점이 이것이 아닌가 생각한다. 예수님은 성령님이 광야로 인도하신 후에 내버려 두셨을지도 모른다. 그러나 우리는 이 광야 속에 있으면서 그 속에 육체의 노예가 되지 않게 하기 위해서 성령님을 보증으로 주셨다. 아주 예민하게 따라가게 될 때에 그것을 극복할 수 있는 길을 열어 주시는 것이다. 로마서 8장에서도 하나님은 우리에게 "생명을 주시는 성령이라는 법" 주셨다고 말씀한다. 이로 말미암아 몸의 행실을 죽이도록 우리를 초대하시고 있다. 우리가 그 초대에 응해서 성령의 움직임에 우리가 예민하게 따라가게 될 때에 그 속에 하나님께서 원하시는 역사가 주어지게 된다. 이렇게 되기 위해서는 로마서 6:14절에 놀라운 선언을 하고 계시는 것을 볼 수 있다. "죄가 너희를 주관치 못하리니" 라고 말씀하신다. 즉 죄가 우리를 주관하지 못한다고 선언해 주고 있다. 이것은 우리가 은혜 안에 있기 때문임을 "원리적으로 선포"를 해 주시고 있다. 원리적으로는 죄가 결코 우리를 주관하지 못하고 있는 것이다. 그런데 죄 성에 오래도록 인박혀 사는 사람들은 아무리 기도원에 가서 집회에 참석해봐야 소용이 없다. 그러나 믿음은 잃지 않아야 한다. 왜냐하면 "죄가 너희를 주관치 못하리니" 절대 주관치 못하도록 하나님이 조처를 취해 놓았기 때문이다. 이 말씀을 믿어야 한다.

 그 첫 번째 조처가 로마서 6장의 조처이고 두 번째 조처가 성령을 쫓아 죽이도록 하는 조처를 해 놓으신 것이다. 그렇다면 로마서 6장의 조처가 무엇인가를 사도바울은 로마서 6:1-11절까지에서 설명하고 있다. 즉 세례가 무엇이냐 하는 것이다. "세례 받는다"는 단어가 "밥티조"인데 이것을 "씻는 예식"이라고 번역을 했다. 물론 이 의미에는 물로 씻는 의미가 있다. 에베소서 5:26에서 보면 "이는 곧 물로 씻어 말씀으로 깨끗하게 하사 거룩하게 하시고" 라고 말씀하신다. 바울은 오히려 더 폭 넓은 관점에서 세례의 의미를 설명하고 있다. 그래서 세례라는 말을 헬라어인 "밥티조"라고 하는 것이 더 타당하다. "물에 풍덩 잠긴다." 그러나 예식에 대해 너무 예민할 필요는 없다. 세례나 침례에 대해 여러 가지 의미를 부여하고 있지만 문제는 삼위 하나님의 이름으로 받았다는 것이 중요한 것이지, 방법이 중요한 것이 아니다. 바울은 이 "밥티조"라는 말을 설명하게 될 때 "예수와 연합하여 밥티조" 했다고 로마서 6장에서 설명하고 있다(6:3,4절). 예수와 연합을 강조하고 있는 것이다. 즉 같이 죽고 같이 살고 같이 부활했음을 말하고 있다. "연합한 자가 되리라"(가정적 미래)는 것은 우리 주님과 함께 이미 우리가 부활한 생명으로 살아가고 있다는 것을 말하고 있다.

 여러분은 세례를 받았는가? 여기에는 두 가지 의미가 있다. 예수님과 함께 죽었고, 예수님과 함께 살았다는 의미이다. 이미 새 생명이 주어졌고 역사하기 시작했다. 물론 주님이 재림하실 때 우리가 부활의 몸으로 완전하게 되고 주님과 기쁨을 누리게 될 것이다. 따라서 지금도 부활한 생명이 내 속에 이미 주어졌다는 것이다. 그리고 역사하기 시작했다는 말이다. 이전에 나를 지배하던 옛 구습은 죽어버렸고 그리스도와 함께 다시 살아났다는 말이다. 살아난 새로운 자아가 우리 속에 있고 이것에 의해서 우리가 산다는 것이다. 그렇다면 우리가 세례 받을 때 실제적으로 죽었는가? 또 실제적으로 살아났는지 경험적으로는 알 수 있는가? 알 수 없다. 그러나 로마서 6:11절에서 "이와 같이 너희도 너희 자신을 죄에 대하여는 죽은 자요 그리스도 예수 안에서 하나님께 대하여는 살아 있는 자로 여길지어다" 여기서 "여긴다"는 말은 하나님께서 그렇게 간주하신다는 말씀이다. 예수님이 죽을 때 나도 함께 죽었고 예수님이 살아날 때 나도 그 때 함께 살아났다고 하나님이 그렇게 간주하시기 때문에 나도 그렇게 여기라는 것이다. 우리가 하나님의 자녀가 되었으면 그 때 받은 세례의 의미는 무엇이냐? '예수가 죽을 때 나의 옛 사람이 죽었고 예수가 살아날 때 나도 새사람으로 살아났다.' 이것을 믿으라! 이것을 믿고 살아갈 때 "죄가 너희를 주관치 못하리라"(롬6:14)고 말씀하시고 있다. 왜냐하면 죄는 옛사람을 지배하고 통치하는 것이기 때문에 비록 우리가 잠정적으로 죄 성에 노예가 될 수도 있다. 그러나 진정으로 우리가 하나님의 자녀가 되었다면 그리고 세례의 의미를 정말 마음으로 받아들였다면 옛 사람은 죽었고 새사람으로 살아났다면, 새사람은 절대 이 죄에 매이지 않기 때문에 궁극적으로는 승리한다는 원리를 바울이 설명하고 있는 것이다. 그래서 먼저 로마서 6장 14절을 읽고(죄가 너희를 주관하지 못하리라) 그 다음 12절의 내용을 읽어야 의미가 통하는 것이다. 이를 순서대로 정리한다면 6장1-11절 그리고 14절을 읽고 난 후에 12,13절의 순서대로 읽어야 의미를 이해할 수 있다. 이렇게 우리를 의의 병기로 드릴 때 승리로 나타나게 되고 세상을 정복하는 것이 실제 가능하게 되는 것이다. 구약 시대의 싸움보다 신약시대는 훨씬 더 나은 싸움을 할 수 있도록 하나님께서 허용해 주신 것이다.

  어린 아이는 태어나면서 자신이 태어났는지 자각하지 못한다. 그 아이가 6-7살이 되어야 내가 나라는 것을 자각하는 것처럼 하나님의 자녀 역시도 자신을 자각을 하는 데는 시간이 걸릴 수 있다. 그리고 어떻게 죽고 어떻게 살아났는지에 대해서도 잘 모르지만 하나님이 그렇게 인정하는 것을 우리가 그렇게 받아들이고 믿고 사는 것이 얼마나 근본적으로 중요한 것인가를 말하고 있다. 이것을 지식인들은 받아들이지 못하고 갈등하는 것이다. 우리 주변에는 죄 성에 노예가 된 사람들이 많이 있다. 죄 성에 사로잡혀서 이제 나는 안 된다 하고 포기한 사람들도 있다. 그런 사람들은 로마서 6:14절을 가지고 싸워야 한다.(죄가 너희를 주관치 못하리라!) 그리고 피 흘리기까지 싸워야 하는 것이다.(히12:4) 그렇게 할 때 죄와 죄 성이 떨어져 나가는 것이다. 그래서 하나님은 우리를 새로운 자아의 탄생으로 인도하시고 새로운 탄생이 우리 속에 있는 영이고 영이 성령과 함께 우리 속에 아직도 남아 있는 죄의 찌꺼기들과 싸우게 될 때 놀라운 역사가 나타나는 것이다.

  우리는 끊임없이 그 죄와 죄 성들과 싸워야 하는 것이다. 이것이 세 번째 단추를 바로 꿰는 것이다.

제 5장   꿰어야 할 네 번째 단추

1. 내 속에 새로운 자아가 형성되어 있는가?
   - (시42, 시43편)

   [낙심하고 절망하고 있는 내 영혼을 향해 네가 어찌하여 낙망하는가 하나님을 바라라 하고 명령하는 새롭게 형성된 자아가 있는가...]

2. 소아적 관점인 '나 중심에서 벗어나 공동체 중심으로의 복귀'가 이루어졌는가?
   - (시편 133편, 120-122편, 90편, 79편, 90편)

   [이제는 삼위하나님으로서의 공동체와 인간 공동체 교회론, 이 두 체제가 조화를 이루며 공동체를 만들어 나갈 때 수소폭탄 같은 능력이 공동체(교회) 속에 주어지는 것을 아는가...]

1. 내 속에 형성된 새로운 자아

　기도를 잘하는 것은 쉽지 않다. 그 속에는 우리의 욕심이 담겨있어 하나님의 뜻대로 하는 기도가 아닐 수 있기 때문이다. 지금까지 뿌리를 새로 내리고 기초를 다시 세우고 어두운 것들을 드러내는 작업을 했다. 이것을 가장 잘 요약해 놓은 것이 예수님의 씨 뿌리는 비유였다. 하나님께서는 그리스도를 통해서 새 생명을 주셨을 뿐만 아니라 하나님의 자녀의 신분으로 세상을 정복하도록 초대하셨다. 이 초대를 받고 계속해서 열매를 맺어야 하는데 그렇게 하지 못하고 있다. 따라서 열매 맺지 못하는 것들과 계속적인 투쟁이 있어야 한다.
　먼저 우리 자신 속에 그 말씀 때문에 어려움이 있을 수 있고 고통이 있을 수 있다. 돌작 밭에 뿌려진 씨처럼 고난이 생겼을 때 열매 맺지 못하는 경우가 많이 있다. 청년들이 열심으로 찬양하는 모습은 아름답고 귀하고 좋다. 문제는 그들이 직장에서 또는 결혼한 후 인생의 허리 시대에서도 그렇게 할 수 있느냐 하는 것이다. 이제 청년기가 지나 중년기가 되면 입으로 찬양하는 것을 지나 삶으로 찬양하는 것을 배워야 하고 입으로 기도하는 것도 중요하지만 행위로 기도하는 그것이 무엇인가를 배우는 것이 정말 필요하다. 그러나 삶의 행위와 태도를 통해서 찬양하고 기도하는 것은 쉽지 않다. 왜냐하면 우리가 살아가는 삶 속에 어려움들을 사단이 의도적으로 주기 때문이다.
　또 우리가 삶 속에서 열매 맺지 못하는 이유는 가시떨기 속에 떨어진 씨처럼 세상의 염려와 재리의 유혹 때문이다. 이 땅의 많은 그리스도인들이 세상 사람들에게 들어내지는 않지만 그 가치관이 세상 사람들과 똑같다는 것을 하나씩 하나씩 나타내고 있다. 아니 어쩌면 더 하는지도 모른다. 향락과 사치를 좋아하고 부와 탐닉을 찾아다니는 것이 어디 하루 이틀이 아닌 것을 우리 모두는 공감하고 있다.

필요에서 편리로 넘어서는 순간 죄

　프랑스의 사회학자 장 보드리야르 는 사람이 물건을 소비하는 데는 3가지 패턴이 있다고 한다. 어떤 것을 필요 때문에 소비하는 경우와 조금 더 나가서는 편리 때문에 소비하는 경우 그리고 조금 더 나가서는 과시 때문에 소비하게 된다고 지적한다. 그런데 이 필요를 넘어서는 순간 죄악이라고 말한다. 즉 우리가 하는 소비 중 지위와 체면과 위신 등에 의해 좌우되는 소비는 죄악이라는 것이다. 우리가 소비를 하는데 있어서 필요에서 편리로, 편리에서 과시로 넘어가는 과정에서 필요에서 더 이상 넘어가지 못하도록 도끼로 자를 수는 없는가? 하나님은 이제 그렇게 하기를 원하시고 우리를 초대하고 있다. 물론 내 돈 가지고 내 마음대로 한다는데 무슨 말이냐고 할 수 있지만 그것이 필요에서 편리로 넘어서는 순간 죄가 더해지기 때문이다. 이것은 하나님이 싫어하시는 것이고 과시로 넘어갈 때는 더 싫어하신다. 이제는 우리의 행동을 그렇게 해서는 안 된다. 우리가 먼저 작정하고 솔선해야 한다.
　우리가 시편을 통해서 기도를 배우는 것은 능력 있는 그리스도인 세상을 정복하는 그리스도인이 되기 위해서이다. 그런데 왜 정복이 안 되는 것일까? 그것은 내 자신 속에서부터 무너져 있기 때문이다. 우리가 하나님의 자녀 된 신분으로 깨끗한 그릇이 되어져 있을 때 하나님은 우리에게 놀라운 것들을 주신다.

'네 하나님이 살아있다면 교회를 통해 한 번 보여 봐라!' 하고 조롱하는데 우리는 아무런 대답도 할 수도 없다.

　영국의 마틴 로이드존스 목사가 로마서 강해를 하다가 로마서 6장을 이해하지 못하여 강해를 중단하고 고민하다가 시편42-43편을 보고 깨달

왔다고 한다. 그리고 시편42-43편을 강해하고 쓴 책이 "영적 침체의 원인과 치료" 라는 책이었다. "사슴이 시냇물 찾기에 갈급함같이"라는 제목으로 출간되기도 했다.

이 시편 42-43편은 하나의 시편으로 우리 가운데 주어진 세상이 감당하지 못할 원자탄과 같은 엄청난 무기가 무엇인가를 말해 주고 있다. 오랜 가뭄 끝에 기진맥진한 암사슴이 시냇물을 갈망하는 것처럼, 쫓기는 수사슴이 피 흐르는 옆구리를 씻기 위해 물을 찾는 것처럼, 사냥개들을 피하기 위해 본능적으로 자신의 냄새를 없애기 위해 강을 찾는 사슴처럼, 핍박받아 지친 내 영혼이 여호와 하나님을 갈망하는 것처럼, 삶의 무게에 지쳐 낙망하고 있는 내 영혼이 여호와 하나님을 앙망하는 것처럼, 그의 생명은 깊은 하나님의 임재를 자각하기를 열망하고 있다. 자기 자신이 만났던 하나님이 전혀 보이지 않고 그 하나님을 만나기 위해 몸부림치고 있는데 그 길이 전혀 보이지 않는 안타까운 상황들이다.

그 동안 수많은 하나님의 임재 도대체 그것은 지금 어디에 갔단 말인가? 마치 창세기16:16에서 17:1절 한 절 사이에 13년이라는 긴 시간 동안의 하나님의 침묵이 있었다. 아무리 하나님을 찾아도 하나님의 대답은 없었다. 아브라함에게 있었던 창세기 12장의 하나님의 임재와 13장과 15장에서의 하나님의 임재의 경험들은 어디로 갔단 말인가? 아마 보이지는 않았지만 아브라함의 고통을 가히 짐작할 수 있을 것이다. 왜 하나님이 지금은 우리 가운데 역사하시지 않는단 말인가? 잠을 설치며 하나님을 찬양하고 그 은혜가 넘쳐 밤을 맞으며 춤을 추며 하나님께 영광을 돌렸던 순간들! 밥을 먹지 않아도 살 것 같았던 그 하나님의 은혜는 지금 어디로 갔단 말인가? 그런데 지금은 사람들이 '네 하나님이 어디 있느냐' 고 조롱하고 있다. '네 하나님이 살아있다면 교회를 통해 한 번 보여 봐라!' 하고 조롱하는데도 우리는 아무런 대답도 할 수 없다. 과거의 하나님이 함께 하셨던 영광들을 생각하면서 절망하고 있다. 고난당하는 하나님의 자녀의 모습이다.

이런 나에게 어떤 실체가 명령을 하고 있다. "내 영혼아! 네가 어찌하여 낙망하며 어찌하여 내 속에서 불안해하느냐! 너는 하나님을 바라라!"
(시42:5절, 11절, 43:5) '너는 네 하나님을 바라라!' 하고 명령하는 어떤 실체가 내 속에 있다. 현재의 육신적인 모든 상황은 억눌려 있는 상황이고 묶여 있는 상황이다. 감정적 상황은 묶여 있는데 내 속에 어떤 주체가 명령을 하고 있다.

어쩌면 이것이 우리가 세상 사람과 다른 점이다. 진정한 그리스도인이라면 내가 진정 하나님 자녀의 신분이 내 것이라고 믿는 사람에게만 형성된 새로운 자아이다. 우리가 세상과 싸우는 원자탄과 같은 무기가 바로 이 "새로운 자아"이다. 이 새로운 자아는 감정의 영향을 받지 않는다. 지성이나 우리의 의지 우리의 육체적 상태에 영향을 받지 않는다. 오직 낙심과 절망가운데 있는 나에게 "일어나! 일어나!" 하고 나를 향해서 내 감정을 향해서 명령을 내리는 새로운 주체가 내 속에 생기게 되어 있다.

새로운 자아는 감정의 영향을 받지 않는다.

우리는 기억하고 있다. IMF 때 수요예배가 넘쳐났다. 사업이 망하고 직장에서 밀려나고 '아이고! 기도해야겠다!' 하고 출석을 했다. 현실적으로 망하게 되고 눈앞에 닥치니까 현상 그것을 붙들고 기도했다. 눈에 보이는 것을 붙들고 울었다.

그러나 눈에 보이는 것들을 붙들고 기도하는 것이 아니라 하나님은 늘 살아계시고 하나님은 늘 우리와 함께 하시기 때문에 외부적인 환경이(상황이) 문제가 아니라 그것이 어떠하든 간에 '산이 흔들려서 바다 가운데 빠져버리든지 군대가 나를 향해 총칼을 들고 진 친다고 할지라도 내가 오히려 태연하리로다!'(시27:3) 이 자아가 우리 가운데 형성되어 있느냐 하는 것이다. 너무 많은 사람들이 이 자아의 문제를 해결하지 못하고 있으니까 산으로 들로 뛰며 혼란스러워 하고 있는 것이다.

시편 42-43편이 주는 비밀이 바로 "내 영혼아!" 하고 나 자신을 향해서 명령하는, 진정으로 하나님의 자녀가 되기로 작정한 사람에게는 이런 새로운 자아가 생기게 되는 것을 말한다. 지금 우리에게 이 자아가 형성되어 있느냐 하는 것이다. 우리는 하나님의 자녀로서 증거를 받고 살아야 하는데 아직도 먹고 입고 마시는 것을 위해서 벌벌 떨고 있는가? 그렇다면 다시 시작해야 한다. 그 증거를 실제로 우리가 누리고 살아야 한다. 아직도 내 속에 낙심하고 절망하는 나를 향해 소리치는 또 다른 주체가 없다면 그 사람은 아직도 교회에서 지성파 감정파 의리파 육체파의 무리 속에 있는 자들일 것이다.

세상에는 이런 것이 없다. 세상은 이것이 죽었다. 세상은 육체파 밖에는 없다. 교회는 하나님께서 옛 사람이 죽고 새사람을 허용해 주셨다. 새사람의 자아가 눈뜨고 성장하고 정복하도록 하는 것이다. 그러나 지금 교회에서 이것을 눈뜨지 못하고 교회에서도 지성파 의리파 감성파들이 나타나고 있다. 이렇게 되면 하나님의 교회가 무능하게 되고 성장하지 못하게 되고 정체되고 퇴보하게 되어 있다. '세상 사람들에게 너희 하나님이 어디 계시느냐!' 하고 조롱받게 되어 있다. 어쩌면 지금 우리의 모습일 수도 있다. 한국 기독교 역사에 지금처럼 조롱받고 핍박받아 본 일이 있는가? 심히 우려되는 상황이 매일처럼 일어나고 있다.

그와 함께 영광을 받기 위하여 고난도 함께 받아야…

"성령이 친히 우리 영으로 더불어 우리가 하나님의 자녀인 것을 증거하시나니 자녀이면 또한 상속자 곧 하나님의 상속자요 그리스도와 함께 한 상속자니 우리가 그와 함께 영광을 받기 위하여 고난도 함께 받아야 할 것이니라"(롬 8장 16-17절)라고 말씀한다. 그리고 고난의 구체적인 내용들을 소개하고 있다. "환난이나 곤고나 박해나 기근이나 적신이나 위험이나 칼이랴 기록된바 우리가 종일 주를 위하여 죽임을 당하게 되며

도살할 양 같이 여김을 받았나이다 함과 같으니라"(로마서 8:35-36).

한국 기독교는 미국 기독교의 영향을 가장 많이 받은 나라이다. 그러나 미국교회는 핍박이 무엇인지를 잘 모르는 사람들이다. 물론 초기 청교도들이 잠깐 고통을 받았지만 그 뒤 이들은 다른 나라 기독교인들이 핍박받고 고통 받는 것이 무엇인지 모르고 오히려 그들은 지배자가 된 사람들이였다. 그들은 그런 교회로 지금까지 왔다. 그래서 그들의 설교에서는 이런 부분에 대해서 잘 모르고 언급하지 못하고 있다. 그러나 우리는 핍박이 무엇이고 고통이 무엇인지 알고 있는 민족이다. 따라서 로마서 8:18-39절을 통해서 하나님의 자녀로서 가는 길을 소개해 주고 있다. 우리가 하나님 앞에서 거듭난 영으로서 살아가게 되고 새사람으로 살아가게 되는 이런 증거가 우리 가운데 있는지 매일매일 확인하고 또 그것에 대해 애통하게 될 때 부흥은 시작된다. 우리는 이런 기초 위에서 시작될 때만이 진실 된 부흥은 일어날 것이다. 이런 기초가 아니면 사상누각이 될 수밖에 없다. 우리의 속사람이 어떻게 하나님의 뜻을 따라 사는지를 하나님은 보시고 있다. 그런데 근본적으로 이것이 안 되는 것은 우리의 속을 진솔하게 하나님 앞에 깨놓고 "이것이 나의 실체입니다!"라고 고백하지 않기 때문이다. 사탄이 하지 못하게 하는 것이다. '너는 목사다!, 너는 장로다! 너는 세상의 지위가 있는 사람이다! 창피하게 그러면 어떻하니!' 하고 덮어 놓게 하고 그러면서 내숭떨고 교회에 다니게 하는 사탄의 전략에 우리가 속고 있는 것이다. 우리는 하나님의 사람으로 살 수 있는 실제 증거를 갖는 것이 중요하다. 그래서 그런 우리를 볼 때 세상 사람들이 두려워 떨 수 있어야 한다.

이것이 바로 하나님이 우리에게 주시는 "원자폭탄 즉 내 자신을 향해 명령하고 있는 새로운 자아" 인 것이다. 이 관계가 성립이 되지 않으면 우울증으로 대인기피증으로 발전하고 결국에 가서는 자살로 이어지는 경우가 많은 것을 볼 수 있다. 오늘날 하나님을 믿는 성도라고 하는 사람들이 자살하는 경우가 부쩍 늘어나고 있는 것도 바로 이런 현상 때문이다. 관계가 정확하게 형성되어 있지 않기 때문에 오는 현상이다.

하나님 앞에 신실하게 살 때만이 세상과의 전쟁에서 승리하게 되는 것...

따라서 하나님께서 우리에게 원자폭탄과 같은 무기를 주신 것은 우리가 영적 존재라는 점과 영적인 삶 즉 영으로서 살게 하기 위해서이다. 밖에 있는 원수에게 진다고 하는 것은 내 안의 싸움에서 지기 때문이다. 문제는 원수와의 싸움에서 졌다는 것 자체도 알지 못하고 직분을 감당하고 가르치고 설교하다 보니 거짓과 위선으로 포장되는 서기관과 바리새인 같은 모습이 되어버렸다. 뿐만 아니라 양심에 화인 맞아 세상 사람들보다 더 강퍅해져 있고 이제는 그 어떤 거짓과 위선에도 조금도 부끄러움도 가책도 느끼지 않는다. 존재의 가벼움으로 세상에서 조롱거리가 되어버렸다.

다윗이 블레셋과의 싸움에서 백전백승한 것도 자신과의 싸움에서 승리했기 때문에 밖의 원수와의 싸움은 싸우는 족족 승리할 수 있었다. 하나님 앞에 신실하게 살 때만이 세상과의 전쟁에서 승리하게 되어 있다. "영으로서 몸의 행실을 죽이면 살고 성령을 쫓아 행하라 그리하면 육체의 욕심을 이루지 아니하리라"(롬8:13, 갈5:16)고 말씀하셨다. 하나님께서 우리에게 세상과의 싸움에서 승리하게 하기 위해서 그리스도인이 되고 난 다음에 바로 "나 자유 얻었네! 너 자유 얻었네!" 하고 바로 행복하게 살게 하시지 않았다. 이스라엘 백성들이 출애굽하고 홍해 바다를 건넌 후 바로 행복하게 살게 하신 것이 아니었다. 바로 내 속에 남아 있는 죄성과의 끝임 없는 투쟁을 하도록 하셨다. 그래서 사도바울이 탄식하며 절규했던 것같이 "오호라! 곤고하도다 누가 사망에 몸에서 나를 건져내리!"라는 탄식을 경험하게 하셨다. 말씀처럼 살기 원하는데도 내 속에 있는 또 다른 내가 나를 악으로 끌고 가는 것을 견디지 못하고 울어야 하고 탄식해야만 하는 나를 발견하는 것이다. 이런 몸부림을 경험하게 하시고 주의 일을 감당케 하셨다.

무당을 전도했다. 그래서 그 무당은 자신의 모든 신당을 불살라 없애 버렸다. 그러나 그렇게 했다고 끝이 나는 것이 아니다. 셀 그룹 훈련을 하고 제자도 훈련하는 것도 좋다. 그러나 그런 코스를 통과했다고 끝이 나는 것이 아니라는 말이다. 그 영혼 속에 일어나는 변화가 무엇인가를 집요하게 생각하고 관리하고 노력하는 그것도 피 흘리기까지 투쟁하는 과정이 없이 신학교 졸업했다고 사역하고 주의 일을 한다면 그 속에서는 참다운 변화는 기대할 수 없다는 말이다. 대부분 이렇게 시작을 함으로서 발생하는 문제들이 오늘날 너무나 크고 많다. 우리는 그 동안 세상을 떠들썩하게 했던 범법자가 갱생의 길을 걸어가면서 뉘우치고 예수를 믿어 하나님의 사람이 되었다는 기분 좋은 소식들을 접할 때가 많이 있다. 그래서 그 분들을 교회에 모셔서 많은 성도들 앞에서 간증하게 하기 위하여 줄을 섰던 기억들이 있다. 예수를 영접하기 이전에 세상에서 악명 높고 유명했던 사람이면 더욱 인기도 좋았다. 교회에 간증할 시간이 향후 일 년 이후까지 예약이 되어 있어 일반 교회는 그마저 그런 기회조차도 갖지 못하고 발만 동동 구를 때도 있었다. 그러나 그런 사람들의 끝은 어떠했는가? 물론 다 그런 것은 아니지만 그들의 끝은 우리 모두에게 너무나 큰 실망들을 안겨주기도 했다. 왜 그런 현상들이 나타났다고 생각하는가? 내가 예수 믿고 천국 가는 것이 말로만 되는 것이 아니라 행실을 통하여 삶을 통해서 나타나는 것이 있어야만 했다. 순간 그치는 것이 아니라 끝임 없는 자신과의 투쟁과 노력을 통해서 나타나는 행위와 삶의 변화가 있어야만 했다. 그러나 그들 속에서는 이런 변화는 찾아볼 수가 없었던 것이다.

　그런 것들은 아무리 떠들어도 진리가 아닐 수도 있다. 순간 감정적인 것에 불과할 수 있다는 말이다. 진정으로 주님을 만나고 영접했다면 그 다음은 삶을 통해 자신과의 끝임 없는 싸움이 나타나야만 한다. 그렇지 않으면 결국 그것들은 돌아와서 나를 치는 것이 되고 만다. 그것이 내 자녀일 수 있고, 내 사업일 수도 있고, 내 직장일 수도 있다. 지금 우리는 오직 성경과 성령 하나님의 말씀을 제외한 전통이나 관습 그리고 통념 이 모든 것은 다 뒤로 물리고 오직 하나님의 말씀의 원리를 가지고 듣고 말하고 판단하는 것이어야 한다. 시간이 갈수록 하나님의 말씀을 바르게 알고 바르게 행하는 것의 중요함은 더욱 강조되어지고 있다. 속사람은 기록된 말씀과 성령 하나님만 의지하는 것이어야 한다. "주의 계명이 항상 나와 함께하므로 그것이 나로 원수보다 지혜롭게 하나이다"(시편119:98-원수보다). "내가 주의 증거를 묵상하므로 나의 명철함이 나의 모든 스승보다 승하며"(시119편:99 스승보다) "주의 법도를 지키므로 나의 명철함이 노인보다 승하니이다"(시119편100 -선배, 전통, 관습보다)라고 말씀하고 있다.

영적 존재라 함은 민감해야 한다. 예민해야만 한다. 순간 스쳐지나가는 하나님의 생각을, 하나님의 말씀을 붙잡을 수 있는 예민함이다. 그러나 이런 예민함은 훈련 받지 않으면 불가능하다. 긴 시간 동안 말씀을 통한 묵상과 기도의 시간이 필요하다. 그래야만 이 심령을 울리며 말씀하시는 하나님의 소리를 들을 수 있는 귀가 열리기 시작하는 것이다. 이때 내 속에 있는 죄들이 보이기 시작하고 나약하고 나태에 빠져 낙심하며 절망 속에서 신음하고 있는 나 자신이 보이기 시작한다. 그런 내 심령을 향해 '네가 어찌하여 낙망하느냐 하나님을 바라라!' 하면서 명령하는 새로운 자아가 자리 잡을 수 있는 것이다. 지금 새롭게 형성된 자아를 경험하고 있는가?

두려워하지 말라 시온아 네 손을 늘어뜨리지 말라...

내년에는 좀 나아지겠지 하며 기대하며 살지만 일어나 보면 여전이 짙은 어둠이 드리워진 날들이다. 주님 안에서 우리는 할 수 있다고 선언하며 살아가지만 정작 현실로 돌아가면 못하는 것들, 내 뜻대로 안 되는 것들이 너무 많이 있다. 그러나 언제나 하나님 바라보는 삶이어야 한다.

그것이 두 신분을 가지고 이 땅에서 살아가는 하나님의 백성들의 삶이기 때문이다. 지금 우리가 사는 이 세상은 기죽기 쉬운 광야 인생이다. 세상과 사람과 비교하지 않으려고 해도 비교하게 되고 마음에 낙심과 좌절이 짓누를 때가 너무 많이 있다. 그런 오늘 우리 시대에 하나님의 마음은 어떠실까? 아마 하나님은 '기 좀 펴고 살아라!' 하고 말씀하시는 것 같다. 이 하나님의 마음이 우리 모두에게 전달이 되기를 바라실 것이다.

왜 우리가 우리의 잘못이 없어도 기도해야 하는 것인가? 고난의 때는 의인들이 겪는 고통들이 더 크기 때문이다...

"두려워하지 말라 시온아 네 손을 늘어뜨리지 말라"(습3:16) '기운을 내라' 즉 기죽지 말라는 말씀이시다. 지금 상황은 서서히 유다의 멸망을 향한 그림자가 다가오는 상황이었다. 선지자들은 모두가 경솔하고 간사했다. 뿐만 아니라 제사장들 역시 성소를 더럽히고 율법을 범했다. 모두 하나님을 떠나 사는 백성들이 많았던 시기였다. 모두가 타락과 탐심으로 우상을 숭배하고 불의가 만연했던 시기였다. 어쩌면 오늘 우리가 사는 시대와 너무나도 비슷하다. 총체적인 타락과 불신의 시대였다. 시대가 어려면 정치가들과 가진 자들이 어려운 것이 아니라 서민들이 어렵다. 하나님께서도 그 시대를 징벌하시면서도 정작 고통당하는 사람들은 당신의 백성이라는 사실을 아셨다. 악한 사람들이 오히려 더 잘나가는 세상적인 모순이 우리 앞에 있는 것을 경험하게 된다. 시편 기자의 원망과 불평처럼 그런 자들이 세상에서는 성공과 권력 모든 것들을 다 소유하고 무소불위의 삶을 살고 있다. 진정으로 양심적인 삶을 사는 사람들은 그들 틈새에 끼여 숨조차 제대로 쉴 수가 없을 정도이다.

왜 우리가 우리의 잘못이 없어도 기도해야 하는 것인가? 그 이유는 고난의 때는 의인들이 겪는 고통들이 더 크기 때문에 그렇다. 악한 사람들만 골라서 징벌하신다면 우리가 무릎으로 하나님께 나가겠는가? 어찌 보면 그 속에 담겨져 있는 은혜가 있는 것이다.

환경이, 그 시대가 악하고 어두워도 그것 때문에 낙심하지 말라... 기죽지 말고 참고 인내 해 내라...

영적 암흑기에 등장하는 선지자 스바냐는 이 어두운 세상에 경고하고 있다. 이러한 영적, 국가적 위기 속에서 더 절망하고 좌절하고 기죽어 있는 사람들은 악인이 아닌 믿음으로 살려고 몸부림치는 하나님의 사람들이었다. 그 믿음의 사람들에게 하나님은 위로와 소망을 주시고 있다. 즉 세대가 악하고 하나님을 떠나 있는 자들을 징벌할 수밖에 없는 그 상황 속에서 믿음을 지키며 살려고 몸부림치는 하나님의 사람들에게 주시는 소망의 말씀이 "두려워하지 말라 시온아 네 손을 늘어뜨리지 말라" 이다. 환경이, 그 시대가 악하고 어두워도 그것 때문에 낙심하지 말라는 말씀이다. 그 이유는 내가 너희와 함께 하시겠다고 선언하시고 있다. 이것이 하나님의 선언이다.

스바냐 선지자는 처음에는 그들에게 징벌을 경고했고 또 하나님의 심판을 경고했지만 그 다음에는 하나님의 사랑의 마음과 위로의 말씀을 전하고 있다. 경고하고 돌이키게 한 후 위로하고 어루만지는 것이다. 남은 자에게 주시는 하나님의 약속이 있었다. "언젠가는 내가 회복해 줄 것이다! 내가 견고히 세울 것이다! 그러니 기죽지 말아라!" 라는 약속이었다. 삶이 힘들고 아파도, 고통스러워도, 기죽지 말고 참고 인내해 내라는 말씀이다.

우리가 함께 울어야 그 시대가 산다. 의로운 사람의 그 눈물 때문에 하나님께서는 그 시대를 살리신다. 우리가 눈물을 흘릴 때 하나님의 가슴이 녹아내리는 것이다. 그러므로 우리의 믿음의 사람들은 절망의 순간에도 기도할 수 있어야 하고 기죽지 말아야 하는 이유가 여기에 있다. 그 시대가, 그 환경이 아무리 절망적이라고 할지라도 기도해야 한다. 왜냐하면 하나님은 그 기도를 들으시고 그 눈물을 보시고 그 시대를 그 환경을 돌이키시고 살리시기 때문이다.

오늘 우리 기독교와 교회의 가장 시급한 문제가 있다면 무엇인가 바로 눈물의 회복이 시급하다. 언제부터인가 예배에 기도에 눈물이 없어졌다. 새벽기도회에도 철야 기도회에도 눈물이 없어졌다. 그리고 알 수 없는 웃음으로만 가득하다. 또 그렇게 웃는 것을 즐거워하고 원하고 있다.

하나님이 지켜주시고 보호해 주시니 고통스러워도 기뻐하고 즐거워하라고 명령하신다...

오늘 기죽어 숨조차 쉴 수 없어 고통스러워하는 하나님의 자녀들에게 주시는 명령이 있다. "시온의 딸아 노래할지어다 이스라엘아 기쁘게 부를지어다 예루살렘 딸아 전심으로 기뻐하며 즐거워할지어다"(습3:14) 라는 말씀이다. 기뻐하고 즐거워하라는 명령의 말씀인데 중요한 것은 기뻐할 수 있는 근거까지 주시겠다고 말씀하신다. 그 근거는 하나님이 지켜주신다는 것이다. 하나님이 보호해 주신다는 것이다. 하나님께서 친히 함께 하신다고 말씀하신다. "너의 하나님 여호와가 너의 가운데 계시니"(습3:17) 즉 임마누엘의 하나님을 약속하시는 것이다.

마가복음6장에 보면 제자들이 배를 타고 바다를 건너 벳새다로 가는데 풍랑을 만났다. 그러던 중 바다 위를 걸어오시는 주님을 보고 유령으로 착각하여 제자들은 소리 지르며 두려워했다. 그런 제자들을 향해 주님은 말씀하신다. "안심하라 내니 두려워하지 말라"(막6:50) 즉 "나다! 그러니 두려워 말라"고 말씀하시는 것이다. 이 말씀은 신적 자아계시이다.

그 주님을 믿으라는 말씀이다. 우리의 믿음의 출발은 창조주, 전능하신 하나님을 믿는 것이 출발이다. 지금도 주님은 우리 삶속에 두려워 떨고 있는 우리에게 '나다! 두려워하지 말라!'고 말씀하시고 있다. 그 주님의 신적 권위를 인정하고 신뢰한다면 이 보다 더 큰 위로의 말씀이 또 어디 있겠는가!

또 하나 기뻐해야 할 이유는 "여호와가 너의 형벌을 제하였고 너의 원수를 쫓아내었으며 이스라엘 왕 여호와가 너의 중에 있으니 네가 다시는 화를 당할까 두려워하지 아니할 것이라"(습3:15) 라고 말씀하신다. 즉 하나님께서 죄를 사하신다는 말씀이다. 또한 적을 쫓아내시겠다는 말씀이다. 그리고 더 이상 아픔이 없을 것이니 이제는 더 이상 울지 말라는 것이다. 그렇기에 '네 손을 늘어뜨리지 말라고 말씀하시고 위축되지 말고 기죽지 말라고 말씀하시는 것이다. 우리의 죄를 용서하시고 회복시켜 주신다는 말씀이다.' 따라서 고난 앞에서 넋두리 하지 말아야 한다. 오히려 자유 하라고 말씀하신다. 용서해 주셨으니 이제는 더 이상 억눌려 있지 말고 담대하게 하나님을 의지하고 문제의 담을 뛰어넘어 가라고 말씀하신다.

우리가 사는 삶의 무게가 버거워 힘들다가도 아빠하고 달려드는 자녀를 보면 힘든 것이 다 사라지고 힘이 날 때가 있는 것을 경험할 수 있다. 하나님이 우리가 예배드리는 모습을 보시고 마음이 녹으신다. 우리가 드리는 찬양과 기도를 보시고 기쁨을 이기지 못하시는 주님을 기억할 수 있어야 한다. "너의 하나님 여호와가 너의 가운데 계시니 그는 구원을 베푸실 전능자시라 그가 너로 인하여 기쁨을 이기지 못하여 하시며 너를 잠잠히 사랑하시며 너로 인하여 즐거이 부르며 기뻐하시리라 하리라"(습3:17) 우리가 드리는 예배를 통하여 하나님은 일하시기 시작하시고 싸우시기 시작하신다는 것을 잊지 말라. 예배의 중요성이 여기에 있는 것이다. '잠잠히 사랑하시며'라고 말씀하신다. 즉 '말 못할 정도로 가슴 저미게 사랑하신다'는 말이다. 내가 실패했어도 내가 부족하고 모자라도 내가 보잘 것 없어도 가슴 저미게 말을 못할 정도로 사랑하시는 것이다. 기죽지 말아야 할 이유가 여기에 있다. 우리의 탄식과 눈물을 보시고 우리의 환경을 보시고 구원해(신원) 주시겠다는 말씀이다.

믿음이란 우리를 받아들여주신 것을 받아들임이라고 말할 수 있다. 나를 용납해주신 것을 받아들이는 것이고 나를 용서해 주신 것을 받아들이는 것이다. 폴 틸리히 [Paul Tilich. 독일의 신학자이자 루터교 목사] 는 '큰 슬픔과 고통에 직면했을 때일수록 은혜가 더 절실하게 다가온다. 공허하고 의미 없는 삶의 어두운 계곡을 걷고 있을 때 은혜가 더 절실하게 찾아온다'고 말했다.

아무리 기다리고 기다려도 자신이 원하는 완벽한 삶을 살아갈 수 없을 때는 너무 많다. 오랫동안 억눌려있던 못된 충동들이 다시 꿈틀꿈틀 거려 고통스러울 때도 많다. 좌절이 기쁨과 용기를 꺾어 버리고 삶의 희망을 막아버릴 때도 너무 많이 있다. 그러나 이때에 은혜는 더 가슴 속 깊이 절실하게 다가오는 것이다. 지금 당신이 사막(광야)에 혼자 있다고 생각하는가? "광야"의 의미를 생각하라 '광야'는 말씀이 있는 곳이다. 말씀이 들려오기 시작할 것이다. 우리는 하나님의 안아주심을 경험하는 사람들이다. 우리는 영원히 그 팔에 안겨 사는 사람들이다. 기죽거나 절망하지 말아야 한다.

오늘도 하나님은 선언하신다. '내가 너희와 함께 하리라! 네 눈물을 네 탄식을 내가 보았느니라! 언젠가 세상이 너를 통해 나를 알게 될 것이고 네 이름을 높이게 될 것이다. 내가 너를 제사장 백성으로 삼을 것이고 천하 만민 중에 가장 뛰어난 자가 되게 하리라!' 그때가 올 것이다. 오늘 이 약속을 믿고 세상의 악인들의 형통에 분노하고 원망하지 말아야 한다. 삶의 무게에 짓눌려 낙심하고 절망하지 말아야 한다. 왜냐하면 결코 이 모든 것들이 나를 어찌 할 수 없기 때문이다.

고난을 관통하면서 세워진 믿음을 통해서 하나님은 위대한 역사를 이루어 주신다...

때로는 내가 하나님의 자녀가 된 것 때문에 받는 어려움들이 있다. 바울이 겪었던 수많은 고난들 즉 수 없이 많은 매를 맞고 굶주리고 헐벗고 감옥에 들어가고 말할 수 없는 천대와 박해를 당하고 많은 생명의 위협을 당하는 고난들을 경험했다. 그 고난을 관통했기 때문에 그 고난을 관통하면서 세워진 믿음을 통해서 하나님께서는 바울을 통해 위대한 역사를 이루어 주셨다. 마찬가지로 하나님은 다윗으로 하여금 고난을 관통하는 믿음을 세우신 후에 하나님의 위대한 역사를 이루어 주셨던 것이다.

하나님은 주님께서 그러셨던 것처럼 다윗에게 배신을 체험하게 하셨다. 다윗은 잘못한 것도 전혀 없는데도 코너에 몰린 쥐처럼 어려움을 당했다. 당장이라도 "하나님! 나 하나님 믿기 싫어요! 하나님이 정말 살아계시다면 어떻게 이럴 수가 있습니까?" 하고 싶었지만 끝까지 참고 인내한 결과 하나님께서는 빠져 나갈 구멍을 주시고 하나님을 체험할 수 있게 하셨다. 고난을 관통하는 믿음의 단계에 이르기까지는 얼마든지 이런 일이 있을 수 있기 때문에 다윗으로 하여금 체험케 하시고 경험하게 하셨다. 이런 경험을 통하여 하나님은 바른 관계를 다시 한 번 확인하시고자 하는 것이다.

추격해 오는 사울을 피해 다윗이 숨을 죽이고 굴속에 숨어 있는데 사울이 그 굴속으로 들어왔다.(삼상24:1-3). 사울이 굴 끝까지 들어오게 되면 다윗은 사울에게 붙잡힐 수밖에 없는 위기 상황이었다. 하나님은 이런 위기상황 가운데로 즉 다윗과 사울의 관계에 우리를 초대하고 있다. 끝까지 밀고 들어가서 벼랑 끝에 세워 놓고 말로 할 수 없는 위기 상황 가운데서도 너희가 나를 얼마나 믿고 신뢰할 수 있느냐를 하나님은 확인하시고자 하시는 모습이다. 굴 가운데 숨을 죽이고 숨어 있는데 그런 가운데 적이 들어오게 하시는 하나님, 숨조차도 쉴 수 없고 두려움과 무서움 때문에 질식할 것 같은 상황 속에서 오직 언약관계를 통한 믿음과 신뢰 하나 가지고 견디게 하시는 하나님이다. 그런 가운데 정말로 나와 언약관계를 맺으신 그 하나님이 살아 계신가! 살아계시지 않은가를 직접 확인하게 만드시는 하나님이다.

하나님은 다윗에게 또 다른 시련을 주신다(삼상24:4-22). 끝까지 추격해 오는 원수 사울을 죽일 수 있는 기회가 왔다. 여기서 사울을 죽이면 모든 것이 다 끝날 수 있는 절호의 기회가 왔다. 사울을 죽일 수 있는 모든 선택은 다윗에게 있다. 이런 상황 가운데서 다윗은 고민하고 있다. 나에게 주어진 절호의 기회를 내가 행동으로 옮길 것인가 아니면 하나님의 법에 머물 것인가! 하나님의 법은 하나님으로부터 기름 부음 받은 자는 절대로 손대지 않는다는 것이다. 사울을 죽여서는 안 되는 것이다. 이 두 가지 상황 가운데 있게 하시는 하나님의 모습이다. 나에게 주어진 절호의 기회를 내 마음 대로 해 버릴 것인가! 아니면 나에게 주어진 기회라고 할지라도 하나님의 방식대로 행할 것인가를 놓고 고민하게 하는 것이다. 이런 가운데 내 자유대로 하는 것이 아니라 내 자유를 절제하고 하나님의 법대로 하나님의 뜻대로 행하기로 작정하는 다윗의 모습을 보여주고 있다.

그런데 문제는 우리가 고난을 관통하는 믿음을 행해야 하는 그 대상은 이상하게도 정상적인 사람이 아니라는 점이다. 미치광이다. 악한 것에 사로잡힌 자이다. 너무나 완고해서 도무지 말이 통하지 않는 사람들 막무가내들 막가파와 같은 자들일 때가 많다. 그 들 속에서 우리가 살아간다고 할 때 우리는 어떻게 견딜 수 있을 것인가? 그런데 하나님은 이런 사람들을 하루 이틀이 아니고 1년이 아니고 10년 이상 믿음의 연단을 통과하게 하셔서 하나님께서는 가장 기쁨이 되는 것을 이루기를 원하신다. 또 그것을 우리 가운데 세우시기를 원하시는 것이다. 이런 도무지 대화할 수 없는 사람 앞에 서고 이해할 수없는 상황 가운데 서게 됐을 때 이것을 잠재울 수 있는 것은 우리가 당황하지 말고 '내가 신적인 능력을 경험하게 될 기회가 왔다! 내가 하나님의 능력을 행할 기회가 왔다!' 하는 확신 가운데 서서 담대하기를 하나님은 원하신다. 그 가운데서 언약관계를 통해서 오는 확신과 당당함으로 서기를 원하시는 것이다. 하나님은 다윗을 그렇게 세우셨고 또 우리 역시 그렇게 되기를 원하신다.

약해지거나 감정에 흔들려서 목적의식을 잃어버리면 안 된다...

"사무엘이 죽으매 온 이스라엘 무리가 모여 그를 애곡하며 라마 그의 집에서 그를 장사한지라 다윗이 일어나 바란 광야로 내려가니라"(삼상 25:1). 사무엘이 누구인가? 다윗의 정신적 지주였다. 그런데 그 정신적 지주가 죽었다. 마땅히 그 정신적 지주를 위해 애곡하고 장사를 지내는 것이 도리일 텐데 장사를 위해 갈 수가 없는 입장이었다. 갔다가는 잡혀 죽을 수 있기 때문이다. 그러나 성경은 이 모습을 너무나 짧게 기록하고 넘어가고 있다.

이제 다윗은 혼자 서야 되고 의지 할 곳이 없는 가운데 하나님이 다윗을 세우셨다. 다윗의 감정이 얼마나 애절했겠는가? 자기가 늘 의지하고 늘 물어보고 싶었던 그 존재가 없어져 버렸는데 하나님은 그 어떤 감정적 표현도 다윗에게 허용하시지 않고 있다. 그저 다윗은 일어나 바란 광야로 내려가 버리는 모습이다. 이것은 지금까지 내가 의지해 왔던 인간적 선생이 없어져 버리고 혼자 광야 앞에 서야 되는 그런 단계로 하나님이 세우시고 있는 것이다.

누군가가 나를 가르쳐 주는 선생이 있을 때가 좋은 때이다. 그러나 하나님은 때가 되면 선생이 없는 가운데 나를 세우시고 그 가운데 내가 어떻게 하는가를 보시기를 원하신다. 선생이 죽으면 눈물을 흘릴 수 있다. 그러나 하나님은 '선생이 죽어도 눈물을 흘리지 말아!' 하시며 눈물을 흘리는 것조차도 허락하지 않으시고 있다. 약해지지 말고 감정에 흔들려서 목적의식을 잃어버리면 안 된다는 말씀이다. 즉 이럴 때 일수록 분명한 목적의식을 가지라는 말씀이다. 이 모습은 고난을 통과하는 믿음의 단계에서 하나님이 우리에게 요구하시는 모습이다. 혹시 우리가 생각하는 믿음의 현실과 이 다윗의 믿음의 현실은 너무나도 다른 모습은 아닌가? 이런 것들이 우리 가운데는 전혀 이루어지지 않고 있는 것은 아닌가? 하나님은 우리가 이보다 더 큰 믿음의 단계로 발전하기를 원하시고 있다. '하나님! 나에게 상식적으로 허락된 범위 안에서만 내게 허락해 주옵소서!' 가 아니다. 하나님은 그것보다 더 나아가기를 원하시는 것이다. '네가 이 세상에서 얻을 수 있는 행복과 네가 이 세상에서 누릴 수 있는 자유 이 모든 것들을 참고, 이 세상에서 얻는 환난이 얼마나 가볍고 또한 그 환난이 도구가 되어서 영원한 영광을 얻을 수 있음을 너희가 알 수 있느냐!' 하는 것을 하나님은 깨닫기를 원하신다. '아니 하나님! 왜 하나님은 내가 일반적으로 누릴 수 있는 행복 자체를 가져가시는 것입니까?' 하고 질문하기 보다는 그 보다 더 나아가기를 원하시는 것이다. '그래! 일반적인 네 행복은 내가 가져갈께! 그 대신 없어지지 않는 영원한 행복을 너에게 줄께! 너 무엇을 택할래?' 하고 하나님은 우리에게 묻고 계시는 것이다.

편안함 그 속에서 우리는 영광이 달아나는 것을 볼 수 있어야 하고 고난이 수단이 되어서 영광을 이루는 것임을 아는 성숙이 있어야...

환란이 없을 때 우리는 영광을 체험하지 못한다. 환난이 없을 때 영원한 영광의 기쁨이 무엇인지 알지 못한다. 우리는 속지 말아야 한다.

편안한 것이 전부가 아니고 편안함 그 속에서 우리는 영광이 달아나는 것을 볼 수 있어야 한다. 이제는 우리의 고난이 수단이 되어서 영광을 이루는 것임을 알아야 한다. 그래서 그 고난 가운데 눈앞에 있는 현실만 직시하고 낙심해 하는 나에게 명령하는 분명한 자아가 내 안에 존재해 있어야하는 것이다.

미치광이가 정상적인 사람을 쫓아오고 미치광이 속에는 온갖 힘과 권세가 다 있다(삼상 26장). 그런 능력을 가진 추적자는 하루 이틀이 아니고 계속해서 끝임 없이 집요하게 쫓아오며 우리를 괴롭히고 있다. 이것이 오늘 우리의 삶의 현실이다.

그런 가운데 다윗은 항상 몰려다니는 쥐처럼 살고 있다. '하나님! 나 이제 그만 피해 다니겠습니다!' 하고 말할 수 있는 자격조차도 없다. 하나님이 가라고 하는 그 시점까지 갈 수 밖에 없는 상황 가운데 다윗이 점점 담대해 지는 모습을 보여주고 있다. 이제는 다윗이 피해 있는 가운데 사울이 찾아오는 것이 아니라 반대로 다윗이 직접 찾아가는 모습이다. 다윗이 이전보다 훨씬 더 담대해 진 모습이다. "내가 손을 들어 여호와의 기름 부음을 받은 자를 치는 것을 여호와께서 금하시나니 너는 그의 머리 곁에 있는 창과 물병만 가지고 가자하고"(삼상26:11) 다윗은 명확하게 하나님이 주신 한계를 알고 있었다. 넘어가지 못할 선이 무엇인가를 알았던 것이다.

오늘날 교회의 문제 목회자의 문제는 바로 이 넘지 말아야 할 선을 넘어서 생기는 문제들이 아닌가? 내게 자유를 주셨지만, 내가 사울을 죽일 수 있는 자유, 내 마음대로 시간을 쓰고 내 마음대로 돈을 쓰고 내 마음대로 말할 수 있는 자유를 주셨지만 그 자유를 내 마음대로 쓰는 것이 아니라는 것을 알았다. 이 모든 것이(자유) 하나님의 법 안에(뜻 안에) 있어야 만이 진정 가치 있는 것임을 알았던 것이다.

미치광이를 이길 수 있는 방법은 관계의 확신 속에서 믿음으로 행해 버리는 것...

　난관을 돌파하는 믿음이 점점 자라나서 이제는 굴속에 숨는 것이 아니라 사울이 다윗을 찾아오는 것이 아니라 다윗이 사울을 찾아가서 그 속에 '내가 당신을 죽일 수 있음에도 내가 당신을 죽이지 않았습니다.'라고 하는 것을 증표를 통해서 보여주는 무시무시한 길을 택하는 모습이다. 이런 작전을 행하도록 함께 하시는 하나님의 역사하심을 볼 수 있다.
　삼상 26장에서 다윗은 '하나님! 내가 할까요? 말까요?' 한 것이 아니라 그냥 해 버렸다. 이제 더 이상 두려운 것이 없어져 버렸다. 무서워 할 것도 없어져 버렸다. 그런 가운데 행동으로 옮겨버린 것이다. 이런 다윗을 도우시려고 하나님이 나타나셨던 것이다. 미치광이를 이길 수 있는 방법은 관계의 확신 속에서 믿음으로 행해 버리는 것이다. 그런 가운데 하나님이 잠을 주시고 신적 힘과 능력과 담대함을 주시는 것이다. 이 길 밖에는 미치광이를 이길 수 있는 방법은 없다.
　하나님은 우리를 정금처럼 귀한 존재로 만드시기 위해 끝까지 가게 하신다. 때로는 고난의 최고봉까지 막 다른 벼랑 끝까지 가게 하신다. 그 속에서 우리의 진정한 믿음을 세우시기를 원하시는 것이다. 결코 낙심하고 절망하지 않을 수 있는 영적 힘의 근원인 분명한 언약관계로 하나님 앞에 서기를 원하시는 것이다. 그리고 세상을 이기시기를 원하신다. 누가 여러분을 어떻게 보고 어떻게 여겼던지 간에 하나님은 우리를 낳으셨기 때문에 더 존귀한 자가 되게 하기 위해서 이 미치광이와 같은 존재들과 끝까지 가게 하신다. 그리고 그 속에서 하나님의 역사를 나타나게 하시는 것이다.
　우리는 다윗과 같은 이런 작전을 수행할 준비가 되어 있는가? 사울이 있는 곳에 깊숙이 들어가서 "내가 당신을 충분히 죽일 수 있는데도 살려 둔다고 하는 것을 알게 하는" 것이다. 내가 당신보다 힘이 없고 무식해서 지는 것이 아니라, 못나고 모자라서가 아니라, 하나님을 믿기에 참고 인내한다고 하는 것을 알게 하는 것이다. 그것을 통해 내가 얼마나 정상적이고 내 싸움이 얼마나 옳고 정당한 것인가를 증명할 수 있는 용기가 준비되어 있는가? 이런 믿음은 하나님과 분명한 언약관계 속에서만 나올 수 있다. 이런 믿음은 선물이 아니라 내가 행하는 믿음이다. 이미 주신 믿음을 가지고 발전해 나갈 책임은 우리 모두 각자에게 있다. 각자가 믿음을 가지고 하나님 앞에 서는 것이다. 많은 사람들이 이런 믿음을 가지고 설 수 있는 데도 불구하고 이 믿음을 사용하지 않고 있다. 행하지 않고 나는 이 정도 밖에 안 된다. 나는 부족하다! 라고 자신의 한계를 먼저 선을 그어버린다. 그렇다면 분명 그런 사람은 아직도 하나님과의 분명한 관계 속에 들어가 있지 못하고 있다. 그러나 다윗은 그 한계를 넘어가버리고 있다. 내가 가진 한계를 넘어가기로 작정하고 그렇게 행하게 될 때 하나님이 나를 도우시러 나타나는 위대한 경험을 다윗은 하고 있다. 이 경험이 우리의 경험은 될 수는 없는 것인가? 눈앞에 있는 고난 때문에 원망하고 불평만 하고 있는 나를 향하여 '네가 어찌하여 낙망하고 있느냐 하나님을 바라라!' 하며 소리치는 내 속에 있는 또 다른 자아를 통하여 일어나 담을 뛰어넘는 용기는 없는가?

사무엘상 24장에서 다윗의 위기는 자기에게 만들어진 위기였다. 그러나 사무엘상 26장에서의 위기는 자기 스스로 만든 위기였다. 사무엘상 24장에서는 다윗이 숨어 있는 가운데 사울이 들어올 때 무서워서 벌벌 떠는 것이 아니라 담대하게 지켜보게 하시는 하나님이었다. 그러나 26장에서는 스스로 위기 가운데 들어가 스스로 하나님의 능력을 체험해 버리는 그 단계에 들어가도록 하나님은 우리를 초대하시고 있다. 우리 앞에 있는 고난을 돌파해 버리는 모습이다.

하나님께서는 내게 주시는 말씀의 원리를 따라 행하는 자가 되는 것을 원하신다. 그것이 고난을 통과하는 믿음의 초석이 될 수 있다. 하나님은 우리를 황태자로서 대하시기를 원하고 성숙한 하나님나라의 너무나도 존귀한 자로 대하기를 원하신다. 성숙한 고난을 통과하는 믿음의 자리에서 하나님의 역사를 체험하기를 바라시고 계시는 것이다. 그 자리에서 하나님은 우리와 관계를 확인하시고 만나시기를 원하시고 계신다. 또한 그 자리에 우리 모두가 올 것을 초대하시고 있다.

신앙생활을 하다가 믿음이 떨어지면 나타나는 현상 가운데 하나가 세속의 영에 붙잡히는 것이다.

세상의 것들이 좋아 보이고 세상 하는 것을 다 하고 싶어질 때가 있다. 이럴 때마다 우리는 싸워야 한다. 그런 마음을 갖도록 역사하는 어둠의 실체를 인식하고 내가 누군인가를 정확히 인식한 가운데 싸워야 하고 쫓아 내야한다.

우리는 구약시대와는 달리 사람의 관계 속에서 뿐만 아니라 심리적 영향과 우리 인격 내외면 속에 역사하는 영적 존재들에게 명령하고 쫓아낼 수 있는 영적 권세를 가진 자들임을 알아야 한다. 따라서 내 자신을 정확히 직시하고 결코 자신을 포장하지 말고 솔직하게 인식하고 그것들과 싸워야 한다. 피하거나 도망하면 계속 끌려 다닐 수밖에 없고 노예가 될 수밖에 없다. 예수님이 사단을 정의 할 때 거짓의 아비라고 정의하셨다.

우리가 하나님나라를 향해 가는데 얼마나 많은 속임수와 하나님을(진리를) 보지 못하게 하는 다양한 거짓과 위선들이 있는지 모른다. 대화는 이루어지고 모임도 있고 먹는 것도 있고 잔치도 있는데 그 속에 사람이 세워짐이 없고 생명의 변화가 없는 기이한 현상들이 오늘날 얼마나 많은지 모른다. 찬양도 있고 설교도 있는데도 심령의 변화가 없는 것이다. 지금 우리는 하나님께서 우리에게 무엇을 원하고 있는가를 알고 애통해야 할 때라고 생각한다.

고난을 관통해서 무엇을 하겠다는 것이냐가 중요...

　고난을 관통하는 것이 최종의 목표는 아니다. 고난을 관통해서 무엇을 하겠다는 것이냐? 이것이 대단히 중요하다. 고난을 통과한 후 사후처리가 중요하다는 말이다. 사무엘하 1장은 전쟁 후의 처리를 어떻게 하는가에 대해 보여주고 있다. 사무엘상 마지막에는(31장) 극적으로 사울이 죽었고 다윗이 구출 되었던 내용을 다루고 있다. 다윗의 진정한 대적은 블레셋이 아니라 하나님나라 속에 있는 사울이었다.

　지금 우리가 살고 있는 신약시대에는 더욱 그렇다. 우리 밖에 있는 세상이 우리의 주적이 아니라 교회 속에 들어와 있는 근본적인 것들이 우리의 주적이다. 이단들, 세속주의, 진리의 혼돈, 물질만능주의 등 많은 것들이 이미 교회에 들어와 있다. 어느 기독교 신자인 검사의 고백이다. '나는 기독교인이지만 기독교인이 싫다. 기독교인들은 늘 입으로는 사랑을 말하지만 사실은 사랑이 없다. 오히려 세상 사람들보다 더 못하다. 세상 사람들은 화해하고 화합하려고 한다. 그러나 기독교인들은 화해하지 못하고 화합하지 못한다. 그러면서 어떻게 예수 믿으라고 전도하겠는가!' 어쩌면 오늘 우리의 가슴 아픈 실상일 수도 있다. 그러나 우리가 확신하고 소망가운데 있는 것은 언젠가는 그것들을 이길 수 있도록 하나님께서 우리를 세워주신다는 것이다.

　문제는 그 다음이 문제이다. 다윗은 승리 처리를 어떻게 했는지를 삼하 1장을 통해서 보여주고 있다. 다윗은 죽은 원수 사울에 대해서 죽은 요나단에 대해서 다윗이 노래를 지었다(삼하1:17-27). "활의 노래"라는 제목으로 노래를 지었다. 자신의 대적 사울을 위해서 자기를 대적하는 사울 밑에 있을 수밖에 없었던 자신의 친구 요나단을 위해서 조사(弔辭)를 쓰고 있다. 다윗은 지금 이들의 죽음에 대해 애통하고 있다.

조사(弔辭)의 내용의 핵심은 하나님 나라에 있는 나의 대적에 대해서 어떻게 해야 할 것인가를 2가지 단계로 교훈하고 있다. 첫째로는 "말을 아끼라"는 것이다. 내가 하는 말이 어떤 말이냐 하는 것이 중요하다. 다윗은 사울이 죽은 후 '그 사람 잘 죽었다! 속이 시원하다!' 라고 말하지 않았다. 그 동안 사울이 행한 모든 것을 생각하면 말로 할 수 없지만 중요한 것은 전투의 마지막 처리이다. 항상 마지막과 끝마무리가 중요하다. 다윗은 자신의 대적이 죽어 없어진 것에 대해 기쁘다고 한숨을 짓는 것이 아니라 속이 시원하다고 하나님께 감사의 노래를 한 것이 아니다. 그 대적의 죽음을 애통하고 슬퍼했다. 그 슬픔을 자기 속에 가지고 그 슬픔을 모두가 나누기를 원했던 위대한 승리자 다윗의 모습이다. 이것은 우리가 고난의 마지막 점을 어떻게 마무리 하느냐가 대단히 중요한 것임을 보여주고 있는 것이다.

사탄의 공격과 유혹을 막기 위해서는 우리가 "즉각 순종" 하는 것 밖에는 없다...

우리가 하나님을 제대로 믿고 섬기게 될 때 실제적인 핍박은 밖에 있는 것이 아니라 기독교 안에 교회 안에 가정과 믿는 자 안에서 나타나게 되는 것을 발견한다. 그렇게 될 때 그 핍박은 잔혹하고 집요하고 말할 수 없는 아픔과 상처를 주고 낙심을 가져다준다. 이것은 사탄의 유혹이고 집요한 공격이기 때문에 그렇다. 이렇게 되는 이유는 우리가 말씀대로 행하고 살 때 나타나는 영적 권세 때문이다. 세상에 있는 그 어떤 권세보다도 영적 권세가 더 무섭기 때문이고 그 권세를 시기하기 때문에 그렇다. 따라서 사탄의 공격과 유혹을 막기 위해서는 우리가 "즉각 순종" 하는 것 밖에는 없다. 미루는 즉시 마귀는 틈타 버린다. 날마다 새롭게 나아가는 것이 필요하다.

우리 주변에는 우리를 핍박하는 자들이 많이 있다. 그러나 이들에게서 우리는 반드시 승리할 것인데 이 때 우리의 승리에 대해 어떻게 할 것인가? 속으로 쾌재를 부르고 속이 시원하다고 하기 보다는 그들을 위해 우리는 조사를 부를 수 있어야 한다. 그들의 영혼을 위해 기도하고 그들이 왜 그렇게 밖에 될 수 없었는지를 놓고 애통하는 마음이 있어야 한다.

한 번 생각해 보라! 하나님의 사람으로 시작해서 하나님의 은혜도 받았다. 그런데도 그렇게 비참하게 생을 마감할 수밖에 없었던 그 영혼을 위해 다윗처럼 진실로 애통하는 노래를 부를 수 있을 때 고난을 통과하는 믿음의 열쇠를 채울 수 있다. 이것은 하나님께서 우리가 성숙한 믿음의 사람이 되기를 원하시는 것이다. 그러나 우리가 이렇게 하지 못하고 오히려 말을 전하고 전해서 그들 위에 서 있기를 원하고 슬슬 평가하고 비평하려고 한다면 결코 하나님은 기뻐하시지 않는다.

고난을 통과한 믿음의 종착역은 하나님을 대적하는 자들에게는 슬픈 종착역이기도..

'활의 노래'는 승리의 노래 같지만 내용은 슬픈 노래이다. 사울이 왜 이렇게 사로잡힌 이유는 무엇인가? 사울 자신이 하나님의 영을 맛보지 못해서 였는가? 그렇지 않다. 사울은 하나님의 영을 맛보았던 자였다. 고난을 통과하는 믿음의 종착역은 하나님나라 안에 있지만, 그 종착역은 변화되지 않는 영혼들이 하나님 나라에 해를 가하고 나에게 해를 가하는 그 결과 그 영혼들이 당하는 슬픈 종착역이기도 하다. 다시는 돌이킬 수 없는 그 종착역을 가지고 내가 슬퍼하고 내가 조사를 짓듯이 애통하는 가운데 있느냐 하는 것이다. 정말로 그들의 영혼이 불쌍하고 안타까워서 애통할 수 있느냐 하는 것이다. 이것이 마지막 승리를 이끌게 하는 노래라고 말할 수 있다.

그 속에 운명공동체로 엮여있는 "내 형 요나단"이 있다. 어쩔 수 없이 인간 운명공동체로 함께할 수밖에 없었던 아버지와 아들이라는 운명공동체였다. 하나님이 끊기 전에는 도저히 끊을 수 없는 관계이다. 그 속에 빨려 들어갈 수밖에 없었던 운명공동체이기에 그 속에 우리의 슬픔이 있고 애통이 있다. 당연히 그 속에서 끊고 나와야 하는데도 나오지 못하고 그 속에 들어가서 같이 고통하리라고 작정한 요나단의 숭고한 희생이다. 다윗은 이렇게 슬픔의 노래를 짓고 있다.

우리는 이제 더 나아가서 다윗보다 더 나은 노래를 부를 수 있어야 한다. 더 나은 기도로 나아갈 수 있어야 한다. 다윗은 하지 못했지만 그 어두운 영이 지배하고 다스렸던 영적 세계들에 대해 명령하고 통치하고 주관해야 한다. 우리는 장차 타락한 천사들을 심판할 권세를 우리가 실제 활용하게 되는 것을 경험하게 될 것이다. 지금은 우리가 활용하지 못하지만 지금 우리 속에서 수많은 하나님의 사람들을 잡고 있는 어둠의 권세들에 대해서 우리가 쫓아 내며 그 영력을 우리가 다스리며 사단이 지배하지 못하도록 싸워야 한다. 하나님은 지금 우리 가운데 그 권세를 주셨다. 영적 대적이 우리 가운데 있고 그것들과 싸우기 위해 노력하는 모습들을 하나님 앞에서 행하기를 바라고 원하시고 있다.

당신의 헤브론은 어디라고 생각하는가...
고난은 우리에게 주신 비전을 이루는 과정에 불과...

고난을 통과하는 것 그 자체가 우리의 최종 목표는 아니다. 하나님은 우리가 고난을 관통하는 가운데 이루기 원하시는 것이 있다. 삼하 2장의 내용에서 보면 하나님은 다윗에게 유다 한 성읍으로 올라가라고 말씀하신다(삼하2:1). 그렇다면 하나님은 왜 다윗에게 한 성읍으로 올라가라고 하는 것일까? 그것은 고난이 종착역이 아니라 고난을 통과한 후에 하나님이 다윗에게 준 비전 때문이었다. 하나님께서 다윗에게 준 비전은 다윗으로 하여금 이 나라의 왕으로 세운다는 것이었다.

당신에게 하나님께서 주신 비전은 무엇인가? 하나님께서 왜 당신에게 고난을 관통하게 하는 것인가? 그것은 하나님이 당신에게 주신 왕, 제사장, 선지자의 직분을 수행하게 하기 위해서 고난을 관통하게 하는 것이다. 왕이라 함은 일반적인 왕을 의미하는 것이 아니라 섬기는 왕으로서의 모습을 의미한다. 또한 제사장적 직분이라 함은 하나님 앞에 민족의 죄를 짊어지고 나가는 것이다. 그것을 가지고 하나님 앞에 애통하는 것(제사를 드리는 것)을 의미한다. 뿐만 아니라 하나님의 말씀을 가르치는 것이다. 또한 예언자적(선지자적) 직분이라 함은 진리를 밝혀 주는 것을 의미한다. 하나님께서는 우리를 이런 자리로 초대하시고 있다. 이것들 때문에 우리는 고난을 참고 살았고 기가 막힌 고난의 웅덩이에서 우리를 구원하실 하나님을 믿고 기대하면서 살았던 것이다.

다윗은 "올라가리이까!"라고 말하고 있다. 당신은 목표의식이 분명한가? 하나님께서는 다윗을 어디로 가라고 부르고 있는가? 어디로 가서 왕이요, 제사장이요, 선지자 직분을 감당하라고 부르고 있는가? 다윗에게는 "헤브론으로 가라!"고 말씀하시고 있다. 당신은 하나님 나라 전체로 나아가기 전에 당신의 헤브론은 어디라고 생각하는가? 당신은 고난을 관통했는가? 고난을 이겼는가? 아니면 끝나가고 있는가? 고난을 이기게 될 때 결코 잊지 말아야 할 것은 나의 비전, 하나님께서 나를 그렇게 세우셨다는 그 비전, 그 비전을 가지고 앞으로 한 발짝 나아가는 그것을 주님은 원하시고 있다. "헤브론으로 올라가라!" 하나님은 그렇게 갈 수 있는 다윗의 길을 기뻐하시는 것이다.

고난을 관통하게 될 때 그 다음 단계를 바라보지 못하면 하나님이 주시는 비전을 잊어버리게 된다. 초대교회가 그랬다. 네로 황제로부터 250년 핍박당하다가 핍박이 풀렸다. 그러나 교회는 그 다음 어떻게 해야 할 것인가를 준비하지 못했다. 그 결과 313년 기독교가 공인되고 325년 기독교가 국교화 된 이후에 기독교는 엄청난 혼란을 겪어야만 했다.

고난은 우리에게 주신 비전을 이루는 과정에 불과하다. 우리는 초대교회의 교훈을 배울 수 있기 때문이다. 그런 가운데 초대교회는 무너졌다. 중세가 찾아왔고 이슬람과의 전투에서 패배하고 말았다. 우리 가운데 고난을 통과하고 난 다음에 마지막 비전은 왕, 제사장, 선지자로 삼는 것이다. 이 비전 때문에 오늘 우리 교회에 주어지는 문제들을, 우리 신앙에 주어지는 문제들을 우리는 참고 견디며 인내하는 것이다. 이런 어려움을 통해서 영적 실체를 보는 훈련을 배워야 한다. 역사는 너무나 중요하다. 그 동안 비전을 찾지 못한 교회가 본질이 무엇인지를 발견하지 못한 교회가 무너져 버리는 모습이었다. 이것이 초대교회가 우리에게 주는 교훈이다. 고난을 통과하는 것이 최종 목표가 되면 그 순간 무너져 버리게 되어있다. 다 끝났다고 이제는 통과했다고 하는 순간 찾아오는 것은 사단의 궤계일 뿐이다.

다윗은 이것을 빠져나갈 수 있도록 사무엘하 1장의 역사를 만들었다. 하나님의 사람이 비참한 종말을 맞이하게 된 것에 대해 진실로 그들의 영혼을 위해 애통하고 슬퍼했다. 그리고 철저하게 말을 아꼈다. 왜냐하면 자신 역시 언제든지 그렇게 될 수 있음을 깊이 자각했고 격동했기 때문이었다. 그리고 다윗은 사무엘하 2장의 역사를 만들었다. 비전을 끝까지 붙잡는 것이었다. 고난이 최종 목표가 아니라 고난은 하나님께서 주신 비전을 이루고 세우기 위한 과정일 뿐이라는 것을 철저하게 붙잡았다.

사무엘하 1장은 최후 대적에게 승리는 하게 되었지만 진정 그들을 위한 조사 즉 그들의 영혼을 위한 애통이었다. 그렇다면 이제 사무엘하 2

장은 준비되었는가? 즉 고난을 통과한 후에 비전이다. 아니면 늘 눈앞에 있는 현실적 상황 그 자체만 생각하고 그것이 지나가면 땡하고 끝나버리는 것은 아닌가?

우리는 위대한 승리 사무엘상 31장을 잘 알고 있다. 다윗의 원수들이 다 죽었다. 모든 원수의 문제들은 끝이 났다. 어려운 문제들이 다 끝이 났다. 그러나 문제는 사무엘하 1장이 기다리고 있다. 그 동안 너무나 많은 사람들이 사무엘상으로 즉 자신을 괴롭혔던 원수의 죽음으로, 승리로, 해방으로 끝을 내고 말아버린다. 그러나 다윗은 사무엘하 1장과 2장을 통해서 자신의 나가야할 길을 발견하고 있다. 그 모습이 이제 우리의 모습으로 삼기를 하나님은 원하시고 있다.

하나님께서 우리를 고난 가운데 통과하게 하신 것은 물론 고난을 통해서 내 인격과 신앙과 성품을 단련하시고자 하는 의도도 있다. 또한 하나님과의 분명한 관계를 확증하시고자 하는 의도도 있다. 뿐만 아니라 그 핵심은 "우리를 빛에 들어가게 하신 자의 아름다운 덕을 선전하게 하기 위함"(벧전 2:9)이라고 말씀하시고 있다.

다윗은 계속해서 하나님나라의 비전을 위해서 열심히 했다. 예루살렘 성이 준비되는 것으로만 끝나는 것이 아니었다. 다윗의 생각에는 통일은 하나의 껍데기에 불과하다고 생각했다. 문제는 그 이후에 무엇으로 살아야 하는 것이냐가 가장 중요한 것이었다(삼하 6장). 그 중심에 하나님의 언약궤가 오는 것이 중요했기 때문에 3만이나 넘는 군사를 동원해서 언약궤를 옮겨오는 다윗의 모습을 볼 수 있었다. 뿐만 아니라 하나님의 성전을 지어 드리고 싶은 다윗의 마음을 말하고 있다(삼하7장). 이런 비전 때문에 다윗은 참고 또 참아왔던 것이었다.

이제는 우리 차례…

사무엘하 1장-7장까지 오는 가운데 포기할 수 있는 길목 절망할 수 있는 길목 도망쳐 버리고 싶은 길목이 너무나 많이 있었다. 그러나 이제는 비전을 갖고 목표의식을 갖고 고난을 통과한 후에 주어지는 비전을 위해 믿음으로 인내하고 헌신하고 사단의 유혹과 싸워나가야 한다. 그리고 준비해야 한다. 하나님께서 기뻐하시고 바라시고 원하시고 있는 우리의 또 다른 헤브론으로 올라갈 수 있도록 준비해야한다. 가서 왕, 제사장, 선지자의 직분을 감당할 비전을 가져야 한다.

지금 우리에게 필요한 것은 믿음과 그 믿음에 대해 행동으로 반응하는 것…

우리가 신앙생활하면서 매일 하나님과 동행하는 가운데 살고 내가 사랑하는 사람이 하나님 앞에 나아가는 것을 보고 기뻐하고 하나님 앞에 나가면서 그 사람의 성품이 달라지고 인격이 달라지는 것을 보고 기뻐하는 삶을 살고 있는가? 우리는 살아가면서 무엇을 하든지 관심을 가지는 것이 있다. 일을 하면서 또는 공부를 하면서 무엇인가 관심을 가지는 것이 있다. 그렇다면 지금 당신의 실제적인 관심사는 무엇인가? 물론 이 순간도 하나님은 우리를 향한 관심사가 있다.

당신은 어떤 관심을 가지고 살아가고 있는가? 무엇이 나를 움직이게 하고 무엇이 나로 하여금 걱정하게 하는가? 무엇이 나로 하여금 하나님 앞에 나아가게 하는가? 물질인가? 아니면 영혼구원을 위한 것인가? 아니면 그 밖의 인생의 문제들인가?

우리를 향한 하나님의 관심에 나도 하나님을 향한 관심으로 반응을 해야 하는데 당신은 어떤 일로 하나님 앞에 관심을 나타내고 반응하고 있는가? 하나님의 마음 있는 곳에 내 마음도 있어야 하고 하나님의 눈물과 탄식 있는 곳에 나의 눈물과 탄식이 있어야 하는데 말이다. 우리가 신앙생활을 하면서 하나님의 말씀을 접할 때마다 '그래! 믿음의 원리는 그렇지만 믿음으로 되는 것도 있고 믿음으로 안 되는 것도 있지! 목사님이니까 그렇게 되고 믿음 좋은 집사님이니까 그렇게 되는 것이지 아무나 그렇게 되는 것은 아니지! 정말 그럴 수 있을까? 그렇게 될 수 있을까?' 하는 마음을 갖게 되는 경우가 많이 있다. 말씀을 들으면 당장이라도 그렇게 될 것 같은데 그렇게 해야 된다고 생각은 드는데 과연 그렇게 될 수 있을까? 불안해하고 확신 속에 거하지 못하는 것이 우리들의 실상이다. 이것은 현실이 우리를 장악하고 있음을 말해 주고 있다. 즉 불신에 정복된 상태라고 할 수 있다. 믿음의 원리와 현실을 따로따로 구분해서 듣고 판단하고 있는 것이다. 따라서 수 없이 많은 하나님의 말씀을 듣고 은혜를 받으면서도 말씀을 통해 역사하시는 하나님의 인도하심에 행동으로 삶으로 전혀 반응을 하지 못하는 것이다. 그런 사람에게는 삶의 변화나 인격의 변화 그리고 하나님 자녀로서의 거룩한 변화는 기대할 수 없다. 바로 이런 모습이 오늘 우리 신앙인의 모습일 수 있다. 이것이 우리 모두에게 가장 큰 신앙의 위기로 나타나고 있다.

오늘 우리 한국의 기독교의 문제는 이것이 필요하다. 그러나 우리 대부분은 믿음을 어느 한 순간만을 바라보고 판단하려고 하는 경향이 있다. 그러나 우리의 믿음은 그저 한 순간 가졌다가 사라져 버리는 그런 것이 아니다. 긴 인생의 전체를 보고 판단해야 한다. 어떻게 하면 지속적인 믿음을 가지고 때마다 시마다 우리에게 찾아와 고난 가운데 있게 하고 두려움과 낙심 가운데 있게 하는 삶이 주는 무게들 속에서 또한 신앙이 가져다주는 핍박과 환란 속에서 나를 지키고 내 믿음을 지키고 내 신앙을 지킬 수 있을 것인가? 어떻게 하면 식지 않고 흔들리지 않는 믿음을 가지고 그 난관을 돌파해 내는 믿음을 이루어 낼 것인가? 이것이 너무나도 중요하고 소중한 것이다. 이것이 우리의 신앙생활의 승패를 결정지을 수 있기 때문에 그렇다.

그러나 우리는 지금까지 그렇게 배워오지 못했다. 오직 우리는 부패했고 타락했고 전적인 하나님의 은혜로 구원받아야 한다는 것 이외에는 배우지 못했다. 그렇다 보니까 내가 행하는 행동은 전혀 없다. 오직 하나님께서 해 주시기만을 바라고 기다리는 것이다.

어떻게 하면 내가 하나님께 드릴 수 있을까? 어떻게 하면 하나님을 기쁘시게 할 수 있을까? 어떻게 하면 하나님이 기뻐하시는 일을 하고 어떻게 하면 하나님이 축복하시고 기뻐하시는 사업을 할 수 있을까는 가르치지 않았다. 오직 하나님께 받는 것만 가르쳤고 받을 것만 생각하게 했다. 그래서 우리의 믿음이 능동적이지 못하고 적극적이지 못하고 항상 수동적일 수밖에 없었다. 그래서 항상 기다릴 수밖에 없었다.

그러나 우리는 더 나아가서 어떻게 하나님 나라를 이룰 것인가에 대해서 생각해야 한다. 역사하는 믿음을 이루는데 어느 한 때만 이루는 것이 아니라 끝까지 이루어 나가야 하는 것이다. 그래서 하나님 나라는 침노하는 자에게 허락된다고 말씀(마11:12)하고 있는 것이다.

" 일어나라 "는 관계를 회복하고 믿음을 회복하고 신앙을 회복하라는 것...

이사야서 60장에 보면 바벨론 포로 생활 가운데 절망과 좌절 속에 있는 이스라엘 백성들에게 주시는 하나님의 소망의 메시지가 있다. 당시 이스라엘 백성들의 삶은 말할 수 없을 정도로 고통스럽고 어려운 환경이었다. 소망의 빛이 사라진 어두운 환경이었고 자기들 힘으로는 그 환경을 어찌할 수 없는 그래서 체념과 실의에 빠져있는 이스라엘 백성들에게 하나님은 희망의 말씀을 주시고 있다. 즉 "네가 어찌하여 낙망하느냐 하나님을 바라라"라는 말씀이다. 이제 시온의 밝은 빛이 비추이기 시작했음을 알리고 있다. 하나님의 긍휼이 임하기 시작했음을 알리고 있는 것이다. "시온"이란 쓸모없는 땅 또는 황무지로 황폐된 곳이나 사막을 의미하기도 한다. 이제 이런 곳에 쓸 것이라고는 어떤 것 하나도 찾아볼 수 없는 곳에 하나님의 임재와 하나님의 영광의 빛이 함께 하실 것임을 천명하고 있다. 즉 이 말은 사망 가운데서 생명이 임하고 있음을 말씀하고 있다.

여기서 중요한 것은 하나님은 지금 이스라엘 백성들의 현실적 문제 즉 눈앞에 직면하고 있는 문제들을 즉각 해결해 주시는 것이 아니라 그들로 하여금 그 문제들을 이길 수 있는 힘을 먼저 주시고 그 문제를 해결하는 방법을 주시고 있다. 이것이 하나님의 방법이다. 많은 사람들은 오해한다. 마치 하나님을 요술방망이처럼 금 나와라 뚝딱 하면 뭔가 주시는 분으로 오해한다. 그러나 그렇지 않다. 하나님은 우리를 축복하시기 전에 축복 받는 방법을 가르쳐 주신다. 그리고 그 방법대로 행하는 자들을 통하여 복을 주시기도 하고 당신의 영광을 들어내신다. 물론 때로는 고통 가운데 있는 당신의 자녀들의 문제를 즉각 해결해 주시기도 하신다. 그러나 일반적인 하나님의 방법은 즉각즉각 나타나셔서 문제들만을 해결하시는 해결사와 같은 그런 하나님은 결코 아니다.

"일어나라"는 하나님의 말씀은 두려워하거나 낙심하지 말고 나를 신뢰하고 의지하라는 당신의 자녀를 향하신 축복의 명령이다.

모든 낙심과 절망 가운데 있는 이스라엘 백성들에게 첫 번째로 하나님은 무엇이라고 말씀하시고 있는가? "일어나라"(60:1)고 말씀하신다. 이것은 권유가 아니라 명령이다. 일어나라는 말처럼 희망적이고 힘 있는 말은 없다. "일어나라!" 라고 명령하신다. 그 자리가 어떤 자리이든 먼저 일어나라! 고 명령하시고 있다. 왜냐하면 병든 자가 일어나면 그것으로 병이 나았다는 증거이기 때문이다. 실패한 자가 일어나면 무엇인가 다시 일을 다시 시작했다는 재기의 발판을 마련했다는 뜻이기 때문이다. 뿐만 아니라 죽은 자가 일어났다는 것은 나사로처럼 다시 살아났다는 뜻이다. 또한 시험에든 자가 일어나는 것은 시험에서 승리했기 때문이다. 게으로고 나태한 자가 떨치고 일어난다는 것은 옛 것을 청산하고 새롭게 시작했기 때문임을 의미한다. 그래서 "일어나라"는 하나님의 말씀은 두려워하거나 낙심하지 말고 나를 신뢰하고 의지하라는 당신의 자녀를 향하신 축복의 명령이다.

그렇다면 누가 일어나야 하는가? 죽은 자가 일어나야 한다. 죽은 교회가 일어나야 한다. 예수님도 공생애 기간 동안 많은 자들을 일어나게 하셨다. 죽었던 회당장 야히로의 딸과 나인성 과부의 아들 그리고 사랑하는 나사로를 무덤에서 일으키셨다. 성도는 마땅히 일어나야한다. 육신이 죽은 자만 일어나는 것이 아니라 영혼이 죽은 자도 일어나야 한다. 영혼이 죽은 자가 일어나서 새롭게 되는 것이 바로 복을 받을 수 있는 길이고 하나님께서 복을 주시는 방법이다. 믿음이 죽은 자가 일어나야한다. 하나님은 우리를 축복하실 때 우리 속에 있는 믿음을 보시고 축복하시기 때문이다. "믿음이 없이는 하나님을 기쁘시게 하지 못하나니"라고 말씀하셨다.(히11:6) 그렇다면 영혼이 죽었다는 것은 무엇을 의미하는 것인가? 죽은 시체는 아무리 외부에서 충격을 가해도 움직이지 않는다. 감각이 없고 무게를 느끼지도 감동을 느끼지도 자극을 느끼지도 않는다. 마찬가지로 영혼이 죽은 자는 아무리 도전을 주고 아무리 하나님의 말씀이라는 예리하고도 날카로운 검으로 찔러도 감각이 없다. 반응이 없고 느낌이 없다. 이런 자는 영혼이 죽은 자이다. 이 죽은 것으로부터 이제는 살아나야 한다. 일어나야 한다.

병든 자도 일어나야 한다. 예수님은 가시는 곳곳마다에서 많은 병든 자를 일으켜 세우셨다. 육신이 병이 들면 아무것도 하기 싫고 꼼짝도 하기 싫어진다. 만사가 귀찮아진다. 마찬가지로 영혼이 병이 들어도 똑같다. 영혼이 병들면 예배가 귀찮아지고 예배의 감격이 사라진다. 예배를 소홀히 하게 되고 결국은 장기간 시험에 들게 되어 있다. 그리고 직분도 귀찮게 여겨지고 일을 하려고 하면 짜증이 나게 된다. 당연히 기도하지 않고 전도도 하지 않을 뿐만 아니라 한다고 해도 열매도 없다. 영혼이 병든 자가 일어나지 않으면 결코 승리의 삶은 있을 수 없다.

영혼이 잠자는 자도 일어나야한다. 잠자는 자의 특징은 주위에서 무슨 일이 일어나는지 모르는 무의식 상태이다. 영적으로 잠자는 자는 옆에서 천둥번개가 쳐도 무감각하다. 하나님께서는 영적으로 깨어 일어나라고 여러 가지로 신호를 보내고 있음에도 알지 못하고 깨닫지 못한다. 따라서 영적으로 잠자면 반드시 실패하게 되어있다. 그러나 영적인 잠에서 깨어 일어나는 순간 승리는 보장되어 있다. 즉 "일어나라" 는 뜻은 '관계를 회복하라'는 말이다. 그리고 '믿음을 회복하라'는 말이다. 믿음이 없으면 내가 이 땅에서 하나님의 자녀로 살아도
힘없고 능력 없이 보잘 것 없이 살 수 밖에 없다. 당당하고 내가 하나님의 언약 백성으로서 영원한 보배라는 엄청난 사실을 누리지 못하고 살 수 밖에 없다. 그래서 항상 두려움과 쫓기는 마음으로 살 수밖에 없고 먹어도 입어도 마셔도 그 공허함을 채울 수 없어 방황하고 몸부림 칠 수밖에 없다. 당신은 하나님의 보배임을 알고 있고 믿고 있는가? 여기서부터 성도의 삶의 차이는 분명하게 달라지게 되어있기 때문이다.

"일어나라!"는 뜻은 '신앙을 회복하라'는 뜻이다. 죄의 자리에서 악의 자리에서 벌떡 일어나라는 말이다. 나태함과 게으름에서 벌떡 일어나라는 말이고 모든 실망과 낙심에서 벌떡 일어나라는 말이다. 그리고 너 자신의 정체성을 분명히 하라는 뜻이다.

일어나 빛을 발하라...

두 번째로 하나님은 절망과 낙심과 고통 속에 있는 이스라엘 백성들에게 "빛을 발하라" (사60:1)고 명령하신다. 왜 일어나야 하는가? 일어나 빛을 발하기 위해서이다. 이제 하나님의 은혜의 빛 생명의 빛이 임하기

때문에 그렇다. 시온은 오직 하나님의 구원의 빛이 임할 때만이 생명이 있을 뿐이다. 이제 하나님의 구원의 빛 생명의 빛이 임하기 시작을 했다. 이제 일어나서 빛을 발해야 할 때가 되었다고 말씀하신다. 일어나야 한다. 언제까지 조롱과 비판과 지탄의 대상 속에 죽은 자처럼 있을 것인가 이제 일어나 빛을 발해야 한다. 당당함으로 일어나야 한다. 하나님의 영원한 언약의 당사자로서 보배로서 삶을 살아내야 한다.

"빛을 발하라" 라는 것은 구체적으로 두 가지의 뜻이 있을 수 있다. 첫째는 참 빛 되신 예수그리스도를 증거 하는 삶이 되라는 의미이다. 하나님의 자녀는 세상의 빛이라고 말씀하신다(마 5:14). 빛의 특징은 밝음이다. 아무리 깜깜한 어둠이 짙게 깔려도 빛이 나타나면 어두움은 물러간다. 성도가 서 있는 자리는 어두움이 물러가야 한다. 지금 당신의 자리는 어떤가? 당신 때문에 죄가 물러가고 당신 때문에 어두움의 권세가 물러가고 깨어지고 있는가? 당신 때문에 불평과 원망이 물러가고 믿음과 평안이 오고 있는가? 당신 때문에 시기와 질투가 물러가고 사랑이 오고 있는가? 아니면 그 어두움에 당신도 함께 파묻혀 떠내려가고 있는가!

둘째로 "빛을 발하라"는 것은 '성도다운 삶을 살라는 것'을 의미한다. "너희가 전에는 어두움이더니 이제는 주 안에서 빛이라 빛의 자녀들처럼 행하라. 빛의 열매는 모든 착함과 의로움과 진실함에 있으니라"(엡 5:8-9)고 말씀하시고 있다. 성경은 우리에게 하나님의 자녀라면 하나님의 자녀다운 삶 즉 성도다운 삶을 요구하고 계신다. 하나님의 자녀인 우리가 믿음을 회복하고 신앙을 회복해서 성도다운 삶을 살 때마이 열방이 회개하는 역사가 있고 열 왕이 주님 앞에 나오는 역사가 있다고 말씀하고 있다. 따라서 우리가 사는 지금 이 세상에서는 이제 전도는 우리가 가가호호 방문해서 하는 것도 중요하지만 먼저 하나님을 믿는 우리가 삶의 내용을 통해서 보여주어야만 한다. 하나님께서도 이제 우리의 삶 속에서 행함을 강조하시고 있다. 빛의 자녀처럼 살라는 것이다. 말로만 하는 것이 아니라 행동으로 삶으로 하라는 것이다. 구원을 입으로만 말하는 것이 아니라 구원 받은 하나님의 자녀의 삶의 모습을 보이라는 말씀이다. 왜냐하면 마지막 때에는 행함이 없어지고 말들만 있기 때문이다. 판단과 정죄만 있기 때문이다. 아예 처음부터 믿지 않고 듣지 않기로 작정하고 귀를 닫고 마음을 닫아 버렸기 때문이다. 따라서 이제는 보여주는 것 말고는 방법이 없는 듯하다. 이것이 오늘 우리의 슬픈 현실이다. 따라서 하나님께서는 너희가 하나님의 자녀라면 피로 언약을 맺은 언약백성이라면 그래서 하나님과 공적인 인격당사자가 되었다면 하나님의 인격 당사자답게 세상에 믿지 않는 자들에게 보배다운 삶을 보여주며 살라는 것이다.

빛을 발하면 하나님이 함께 하신다고 약속하신다…

우리가 일어나 빛을 발하면 나타나는 것이 있다고 말씀하신다. 그것은 하나님의 동행하심과 신원하심이다. 좌절과 낙심과 고통에서 일어나 빛을 발하고 예수 그리스도의 증인의 삶을 살아내면 성도다운 헌신과 모범적인 삶을 살아내면 하나님의 영광이 우리 위에 임하신다고 약속의 말씀을 하신다(사 60:1-2). 뿐만 아니라 그 하나님의 영광이 우리를 통해 나타나리라고 말씀하시고 있다. 이것보다 더 큰 영광이 또 어디에 있겠는가?

이스라엘 백성들이 광야에서 가나안 땅을 향해 갈 때 증거막 위에 하나님의 영광이 나타났다. 하나님의 영광이 증거막 위에 나타날 때 마다 하나님이 이스라엘백성들 가운데 임재 하셨다. 그리고 이스라엘 백성들을 인도해 주셨다. 그래서 하나님의 영광이 우리 위에 임했다는 뜻은 하나님의 임재하심 즉 하나님이 함께 하신다는 뜻을 의미한다. 하나님이 함께 하시면 끝나는 것 아닌가? 더 이상 더 바랄 것이 있겠는가? 그 하나님이 나와 함께 하시고 나와 더불어 동행하시고 나와 함께 계시겠다고 하시는데 뭐가 더 문제이고 더 필요 하겠는가! 돌작 밭 같은 내 영혼에 황무지 같은 내 심령에 사막과 같이 매 마른 내 영혼에 하나님의 임재가 있고 하나님의 함께 하심이 있어서 빛이 있고 영광이 있게 된다면 이것이 바로 시온의 영광이고 축복이다. 시온이 아름답고 땅이 훌륭해서가 아니라 시온이 축복받을 만해서가 아니라 버림받은 땅이었지만 하나님의 임재가 계셨기 때문에 그 땅이 영광으로 빛이 있었고 아름다운다웠던 것이다.

 우리 하나님의 자녀가 아름답고 귀하고 훌륭한 것은 우리 자신 자체가 대단해서가 결코 아니다. 우리는 마땅히 버림받아 마땅하고 영원토록 저주받아 마땅하지만 그 속에 하나님의 임재와 긍휼과 사랑과 자비가 있기 때문에 아름답고 사랑스러운 것이다. 하나님께서 언약 백성으로서의 언약적인 책임과 보호와 인도가 있기 때문에 존귀하고 귀한 것이다.
 사람은 자기 힘만으로는 살 수가 없다. 하나님이 함께 하셔서 도우셔야 만이 사람은 사람답게 살 수 있고 복을 받아 누리며 살아갈 수가 있다. 그 비결은 다름이 아닌 하나님과의 관계를 회복하는 것이고 믿음과 신앙을 회복하는 것이다. 또한 모든 죽은 것과 침체에서 일어나 빛을 발하는 것이고 자신의 정체성을 분명히 하는 것이다. 주변의 그 어떤 환경과 어떤 영향 속에서 결코 굴하지 않고 하나님께서 주신 사명을 성취하고 이루어 가는 것이다.

빛을 발하면 하나님이 만남의 축복을 주신다고 약속하신다…

 사람이 살아가면서 좋은 사람을 만나는 것도 엄청난 축복이다. 우리가 일어나 빛을 발하면 만남의 축복을 주시고 물질의 풍요를 주신다고 말씀하신다. 성도가 하나님과의 관계를 회복하고 믿음을 회복하고 신앙을 회복해서 예수 그리스도를 증거하며 성도다운 삶을 살게 될 때는 사방에서 무리들이 풍부한 재물을 가지고 물려들 뿐만 아니라 열방의 재물이 바다와 육지를 통해 몰려온다고 우리에게 소망을 주시고 있다(사 60:4-9). 이는 곧 하나님께서 우리를 영화롭게 하셨기 때문이라고 말씀하고 있다. 이 축복의 주인공은 하나님과의 분명한 관계 속에서 주시는 은혜에 믿음으로 반응하는 자의 몫이다.

2. 소아적 관점인 '나 중심에서 벗어나 공동체 중심으로의 복귀'가 이루어졌는가?

중국에 가면 각 가정마다 황제가 하나씩 앉아 있다. 각 가정에 아이 하나 이상을 낳지 못하게 하니까 그 아이들이 가정에서 금같이 귀하게 키우니까 그들이 황제가 되어 있는 것이다. 하나님나라도 그렇게 될 수가 있다. 한 가정에서 한 아이가 태어났다. 이 아이가 자라나면서 할아버지 상투도 흔들고 수염도 잡아당기고 자라난다. 그러나 어느 한 순간이 되면서 이제 그런 습성이 없어져야 하는 것이다. 이전까지는 이 아이는 자신이 집안의 중심인줄로 착각하던 것을 깨닫는 것이 필요하다. 저 자신이 가정의 중심이 아니라 자신은 가정의 한 구성원임을 알아야 한다. 물론 이러한 시각전환과 관점의 전환이 쉽지 않을 수 있다. 그래서 어릴 때 많이 매 맞는 경우가 다 이 때문이다. 그런데 하나님나라에서도 그런 아이들이 있을 수 있다. 자신이 하나님을 만나고 은사를 받고 그러면 자신이 하나님 나라의 중심인줄로 착각하는 경우이다. 아무리 하나님 앞에 그런 신령한 체험을 했다고 해도 나는 하나님나라의 한 점에 불과한 것이다. 이런 관점의 변화가 쉽지 않기 때문에 매 맞는 것이다. 내 마음대로 하고 내 중심대로 해야 직성이 풀리는 자들, 물론 어린아이 때에는 사랑받는 존재라는 의식이 필요한 것은 있다. 그러나 어느 기점을 통해서 가정의 한 구성원으로서의 필요한 인식이 있어야 하는 것이다.

공동체 하나님과 공동체로서의 인간...

창 1장 26절을 보면 하나님은 "우리"라고 표현하고 있다. 하나님도 공동체의 모습을 가지고 있고 하나님 스스로가 "우리가" 라고 말씀하시고 있다. 공동체 하나님과 공동체 인간이 서로 대응 한다는 것을 말하고 있다. 가장 중요한 것은 인간이 "나"로 존재하는 것이 아니라 인간이 "우리로" 존재한다는 사실이다. 이것은 혁명적인 전환이라고 말할 수 있다.

프랑스 철학자 데카르트는 "나는 생각한다 고로 나는 존재한다" 라고 말했다. 내가 존재하기 때문에 하나님이 존재한다는 잘못된 철학이다. 자신의 존재의 시작으로부터 하나님의 존재로 나가는 어리석음을 말하고 있다. 이것이 바로 이기주의적인 "나"를 만들고 있다. 우리 개신교 신학에서도 "나 구원론" 중심으로 된 것들이 너무 많이 있다. 그러다보니 "내가 구원받고 내가 천국 간다고 하는 너부터 구원 받으라!"는 사상이 팽배해 있다. 전부가 다 황제들만 있게 하고 있다. 그래서 뭐든지 "나부터" 라고 말하고 있다. 자신이 전부이고 자신만이 전부이어야 한다고 생각한다.

"무엇을 하든 먹든지 마시든지 하나님의 영광을 위하여 하라 하나님의 교회에 거치는 자가 되지 말라 많은 사람의 유익을 구하여 그들로 구원을 받게하라"(고전 10:23-24/ 31-33) 그러나 어린아이 같아서는 교회에 걸림돌이 되고 공동체에 걸림돌이 되고 다른 사람을 구원 받게 할 수 없다. 예수 믿고 구원받고 천국 가는 것이 진리이지만 히브리서 6장에서는 이것을 "그리스도의 도의 초보이다" 라고 말씀하고 있다. 한 아이가 집안에서 태어나서 경사가 났다고 즐거워 할 일만 있는 것이 아니라 그 아이를 잘 키워서 사회에 용사가 되게 하는 것이 필요한 것이다. 그 과정이 많은 그리스도인들 속의 생각에서 제외가 되어 있는 것이 문제이다. 내가 구원받고 천국에 가기위해서 예수님이 오셔야 되고 그리고 죽어야 되고 성령이 오셔야 된다고 하는 유치한 생각 속에 있는 것이다. 내가 구원받는 다는 것도 놀라운 진리이지만 그것은 히브리서의 말처럼 그리스도의 도의 초보에서 벗어나라는 말씀인 것이다. 왜냐하면 그것은 어린아이 7~8살까지의 진리로 충분하고 이제 어른이 되면 내가 중심이 아니라 공동체가 중심이 되고 나를 태어나게 한 이 공동체를 위하여 내가 어떻게 기여할 것인가를 놓고 생각하고 고민해야 한다는 말이다. 하나님께서 나를 그렇게 세워 주시고 부족한 내가 다른 사람의 영향을 받고 자라고, 내가 또 다른 사람에게 사랑을 주고 자라게 하고 그 속에서 하나의 공동체를 이루며, 이 공동체가 하나님의 공동체와 짝을 이룰 때 그것이 바로 언약이고 언약공동체인 것이다. 이 모든 문제를 근본적으로 말씀하시는 것이 시편 133편이다.

시온은 제사장에 의해 전달되는 축복의 원천이고 풍성한 삶의 원천...

시편 133편은 이상적인 공동체의 모습을 그려주고 있다. 이 시온의 노래 첫 구절은(1절) 본래 결혼한 형제들에게 계속해서 그들의 부모 집에서 함께 살도록 권고하는 지혜의 어록이다. 이 지혜의 어록은 고대 이스라엘 속에 진정한 이스라엘 공동체가 형성이 되어서 하나님 앞에 나아가게 되고, 하나님나라 공동체 전체가 하나가 되어서 하나님 앞에 서게 되는 그 모습을 바라보면서 축하하기 위해 사용하고 있다. 거룩한 성 예루살렘에 모인 무리들은 인종적으로 뿐만 아니라 하나님과의 언약적인 관계로 결합되어 있었기 때문에 이스라엘의 미래를 위해 아름다운 전망을 제공해 주는 것이었다.

시편기자는 이러한 믿음의 교제를 보고 느낀 그의 소감을 전달하기 위해 두 가지 비유를 들고 있다. 그런데 하나님나라의 공동체가 하나가 되는 출발점을 아론이 대제사장으로 임직 받는 가운데 하나님과 교제를 하는 장면을 말하고 있다(시133:2절). 즉 예수 믿는 사람들끼리 모여서 사는 것이 좋다. 그런 정도로만 말하는 것이 아니라 하나님나라 공동체 전부가 하나가 되어서 아론이 대제사장이 되어 하나님과 언약을 맺는 것을 설명하고 있는 것이다. 아론이 대제사장으로 임직하게 될 때 다섯 가지의 기름으로 혼합된 것을 그의 머리 위에서 부었다. 이 부어진 기름은 그의 수염을 타고 흘러내려 옷깃까지 흘러갔다. 내려가면서 향기가 퍼져가고 이 때 부터 대제사장으로서의 역사가 시작되는 것을 말하고 있다. 시편 기자는 그러한 광경을 연상하면서 하나님나라의 모든 공동체의 구성원들이 향기로운 은혜가 흘러내리는 예배 장소에 모여 있는 것을 아론이 대제사장으로 임직하는 광경에 비유하고 있는 것이다.

또한 두 번째 비유는 이슬에 대한 것이다(시133:3절). 이슬은 하나님이 새로운 원기를 북돋아 주기위해서 내려 주시는 은혜의 방문을 상징하는 것으로 긍정적인 의미가 있다. 또한 "헐몬의 이슬"이라고 말하고 있다. 여기서 '헐몬'이라는 의미는 확실하지 않지만 이슬이 거룩한 산을 적실만큼 충분히 내렸음을 의미한다. 헐몬산〔영웅의 딸이라는 뜻의 헤르몬 산〕은 이스라엘 북쪽의 높은 산으로 해발 2,814미터나 된다. 팔레스틴 전토를 내려다 볼 수 있는 산으로 사철 적설이 녹지 않는 산으로도 유명하다. 대기 중에 수분을 급격히 냉각하여 야간에는 비와 같은 다량의 이슬이 내렸다. 이것을 그들은 하나님이 내려주시는 은혜라고 찬양 했다. 특히 물이 귀한 이스라엘 땅에 물이 풍부한 이곳에서 흐르는 물이 강을 이루고 이스라엘 땅을 적시는 것이다. '헐몬'에서 형성된 물줄기가 모든 이스라엘의 산에 흐르면서 아름다운 열매를 맺게 했다. 시온산이 아름다운 꽃을 피우는 것은 시온에서 맺힌 이슬 때문이 아니라 헐몬의 이슬 때문이었다. 우리를 아름답고 복되게 하는 것은 우리의 노력이나 수고가 아니라 위에 계신 하나님 안에 있는 약속과 은혜이다. 시온은 하나님의 거처였다. 즉 시온은 헐몬에 풍부하게 내린 이슬을 물려받았다. 시온은 형제의 연합의 달콤하고 아름답고 선함을 나타내 주고 있다. 뿐만 아니라 시온은 여호와께서 지정하신 장소였다. 그의 백성들은 은혜를 찾기 위해 모두가 다 그 곳으로 모였다. 시온은 제사장에 의해 전달되는 축복의 원천이고 풍성한 삶의 원천이었다.

영생은 하나님과 연합된 공동체 속에 있다…

　영생은 예수 그리스도 안에 있다. 영생의 또 다른 차원은 하나님과 연합된 공동체 속에 영생이 있다. 공동체 가운데와 교회 가운데 영생이 있음을 말하고 있다. 아론의 기름 부음을 통해서 그 향기를 날리며 하나님은 우리에게 수소폭탄 같은 능력을 주셨다. 그것은 아론을 통해 이 기름부음 속에(주의 종/ 교회의 기름부음) 모든 것을 해결할 수 있는 능력을 주신 것이다. 그럼에도 불구하고 지금의 모든 그리스도인들은 그리스도의 도의 초보에서 벗어나지 못하고 능력을 발휘하지 못하고 사는 사람들이 대부분이다. 아직도 개인 중심에서 벗어나지 못하고 있기 때문이다. 따라서 이제 우리는 돈쓰는 것 달라야 하고 시간 쓰는 것 달라야 하고 일하는 것 달라야 한다.

수소폭탄과 같은 강력한 능력인 죄사함의 권세를 교회 공동체에 주신 주님, 이제 교회 공동체 속에 이런 권세가 나타나야…

　마 3장13-17절을 보면 예수님께서 세례를 받는 장면이 나오고 있다. "예수께서 세례를 받으시고 곧 물에서 올라오실새 하늘이 열리고 하나님의 성령이 비둘기 같이 내려 자기 위에 임하심을 보시더니 하늘로서 소리가 있어 말씀하시되 이는 내 사랑하는 아들이요 내 기뻐하는 자라 하시니라"(마3:16-17). 여기서 "아들"이라고 말하고 있다. 여기서 아들이라고 하는 것은 일반적인 생물학적 의미를 말하는 것이 아니라 진짜 아들(天子)을 낳았다고 선포하고 있는 것이다. 따라서 실제로 예수님은 천자(天子)로서의 권위, 성령의 권능, 죄사함의 권세 이 세 가지를 가지고 세상을 지배하시고 통치하셨다. 원래는 이스라엘이 이렇게 살아야 하는데 구약시대는 못했다. 그래서 신약시대 예수께서 오셔서 이렇게 하시는 것이다. 이것을 가지고 다스리다가 예수님께서 제자들에게 이 권세와 권위와 권능을 넘겨주신다.

요한복음에 보면 예수께서 부활하신 후 공적 사역을 하시는 모습을 볼 수 있다(요20장19-23). "아버지가 나를 보내신 것같이 나도 너희를 보내노라"(요20:21) 라고 말씀하고 있다. 사실 이 말씀은 무서운 말씀이다. '내 사역이 종료되었으니 이제 너희가 천자(天子)로서의 권위를 가지고, 성령의 권능을 가지고, 죄사함의 권세를 가지고, 내 사역을 이어 받아 하라' 는 것을 의미하고 있다. 또한 '보낸다' 라고 말하고 있다. '보낸다' 는 의미가 중요한 것이 아니라 '무엇으로 보내느냐'가 중요한 것이다. 하나님은 예수님을 천자(天子)로 보내셨다. 즉 세상을 통치하는 신자(神子)이다. 이제 예수님이 "내가 너희를 세상의 천자(神子)로 보내노라" 하는 무서운 말씀을 하시고 있는 것이다. 뿐만 아니라 "성령을 받으라"(요20:22)라고 말씀하신다. 이것은 권위를 행사할 수 있는 능력을 받아야 함을 의미한다. '너희가 뉘 죄든지 사하면 사하여 질 것이요 그대로 두면 그대로 있으리라'(요20:23)라고 말씀하신다. 즉 죄사함의 권세를 교회 공동체에 주셨음을 말하고 있다. 이것이 수소폭탄과 같은 강력한 능력인 것이다. 이제 교회 공동체 속에 이런 권세가 나타나야 하는 것을 말하고 있다. 이것이 우리에게 준 수소폭탄과 같은 강력한 권세와 권위와 권능인 것이다.

그리스도 안에는 지혜와 지식의 모든 보화가 감추어져 있다고 성경은 말씀(골2:3)한다. 문제는 '그리스도의 공동체가 만물위에 서 있다는 것을 확신하고 있느냐' 하는 것이다. 확신 가운데서 바라볼 때만이 확신과 담대함으로 나갈 수 있는 것이다.

세상의 법과 하나님의 법은 근본 기초부터가 다르다. 세상의 법은 정의와 공의 그리고 평등이 제일 중요한 법이다. 그러나 성경에서 말하는 하나님의 법은 자비(chesed)가 먼저인 것을 기억해야 한다. 성경의 법은 자비위에 공의가 서 있는 것이다. 왜냐하면 하나님께서 우리 가운데 자비를 베푸셨기 때문이다. 따라서 우리가 먼저 자비를 베풀고 그 위에 공의와 정의가 세워져야 하는 것이다. 근본적으로 완전히 다른 것이다. 우리 교회부터 이렇게 만들어 가야 한다. 하나님의 진실 된 교회, 보이지 않는 무형 교회 속에는 이런 능력과 권위와 권세가 나타나게 되는 것이다. 먼저 우리 속에 문제가 해결되기만 하면 또 이것을 믿고 행하는 자가 되면 가능하다. 우리 모두가 만물위에 설 수 있어야 한다.

조직체가 아닌 공동체가 되어야...

주기도문은 개인적인 기도라기보다는 공동체적 기도로서 기도의 본질을 말하고 있다. 우리는 공동체가 되어야 하는데 조직체가 되어서는 안 된다. 공동체는 한 몸으로서 느끼는 것들을 공유할 수 있어야 한다. 조직은 공동체를 돕기 위해 만들어진 것이다. 그런데 실상은 공동체는 없어지고 조직만 남아 있게 되는 것이 오늘날 대부분의 교회의 모습들이다. 우리가 하나님의 자녀가 되는 것은(초기 은혜) 무조건 값없이 주어지는 선물이라면 그 다음 우리가 어떻게 행동하느냐에 따라서 하나님의 손길이 달라진다. 많은 사람들이 처음 하나님의 자녀가 되는 것도 공짜로 주어졌기 때문에 그 다음 신앙 생활하는 것도 하나님이 알아서 공짜로 주신다고 믿는 자들이 얼마나 많은지 모른다. 잘못 이해 된 칼빈 신학이론을 기초하고 있어서 하나님이 알아서 예정하시고 섭리하시고 작정하시는 것이라고 믿고 있다. 그러나 하나님은 우리가 하는 노력을 통하여 도구로 쓰시기를 원하신다. 따라서 '하나님 아버지! 나를 강하고 담대하게 해 주시옵소서!' 라고 하는 것은 기도가 아니다. 성경은 오직 '강하고 담대하라!'이다. 강하고 담대할 수 있는 힘과 능력을 주옵소서! 이다. '하나님! 이제부터 제가 강하고 담대하게 나가겠습니다!' 라고 기도해야 하는 것을 가르치고 있다.

기도는 두 가지이다. 하나는 '주시옵소서!' 이고 또 하나는 '제가 합니다!'이다. 아버지와 아들과의 대화에서 아들이 아버지에게 '아버지! 내가 공부를 잘 할 수 있게 해주세요!' 한다면 그것은 틀린 것이다. 이 때 아버지가 하시는 말씀이 '공부는 네가 하는 것이다'라고 말씀하셨다면 그것은 당연한 것이다. 그러나 많은 그리스도인들은 '담대함을 주시옵소서! 용기를 주시옵소서!' 하는데 담대함과 용기는 내가 가지고 내가 내는 것이다.

믿음도 마찬가지이다. 믿음 역시 고린도전서 14장의 은사적인 믿음(큰 믿음)을 제외하고는 믿음은 내 몫이다. 믿음은 내가 갖는 것이다. 내가 갖고 내려주시는 은혜에 내가 갖고 있는 믿음으로 반응하는 것이다. 이 때 하나님의 역사는 나타나는 것이다.

이제는 소아적 관점에서 공동체적 관점으로 변화되어야 성숙, 매 맞으면서라도 옮겨가야...

하나님이 우리에게 주신 수소폭탄은 우리가 공동체로 존재한다는 것이다. 하나님은 공동체에 엄청난 능력을 부어 주신다. 개인적 구원의 관점에서 공동체적 구원의 관점으로 변화시킨다고 하는 것은 쉬운 일이 아니다. 굉장히 어렵고 힘이 든다. 그래서 아이는 매 맞으면서 모든 가족이 자신을 위해 존재하는 것이 아니라 자신이 가족의 구성원이 된다는 것을 깨닫게 된다. 이제는 삼위하나님으로서의 공동체와 인간 공동체 교회론, 이 두 체제가 조화를 이루며 공동체를 만들어 나갈 때 수소폭탄 같은 능력이 공동체(교회) 속에 있는 것이다. 그렇게 하기 위해서는 먼저 이론적 체계를 세우는 것이 필요하다. 그 동안 모든 것이 '나 중심'이었는가? 이것은 소아적 관점이다. 이것에서 벗어나서 '공동체로 복귀'해야 된다. 이 과정에서 매 맞으면서 옮겨가는 내용이 시편 120편이다.

너나 잘해라…

시편 120편에서 시편기자가 처한 상황을 고백하고 있다. 지금 시편 기자는 환난 가운데서 하나님께 부르짖었다고 고백하고 있다. 시편기자는 비방과 험담으로 고통 가운데 처해 있다고 말한다. 비방은 지극히 쓰라린 환란을 일으킨다. 잔인한 혀끝의 권세를 맛본 사람들은 그것이 칼보다 더 날카로운 흉기임을 분명히 안다. 또한 험담은 우리의 가장 약한 데를 건드리고 속살을 드러나게 자르고는 빼내기 어려운 독을 남기는 것과 같다. 언제든지 '죄의 가장 더러운 자식이라고 할 수 있는 비방'의 세력 아래 들어가는 것은 쓰라린 환난이고 고통이다. 이런 환란에서 우리는 주저하지 않고 주께 부르짖어야 한다. 사람에게는 침묵하고 하나님께 기도하는 것이 비방의 악을 막는 최고의 처방이다. 그 하나님께 부르짖었더니 내게 응답하셨다고 고백하고 있다(시120:1).

시편기자는 힘든 상황을 말하고 있다. 주변 모두가 거짓과 궤사 속에 둘러싸여 누구를 믿어야 할까 하는 고립된 상황 속에 있다. '하나님! 죽겠습니다. 주변 모두가 다 거짓과 위선으로 휩싸여 있습니다. 진실이라고는 찾아 볼 수가 없습니다!'(시120:2). 그런데 그에 대한 하나님의 대답은 "너나 잘해라!"는 대답이었다. 그렇게 말하는 네가 지금 그렇게 되었다고 말씀하신다. '지금 네가 거짓된 입술과 궤사가 혀에 가득하다고 말씀'(시120:3-4)하시고 있는 것이다. "문제의 원인은 저 사람들에게 있었던 것이 아니라 바로 내게 있었구나! 저 사람들은 저렇게 밖에 살 수 없는데 내가 저 사람들 속에 너무 오래 머물러 있었던 것이 문제구나!" 하고 깨닫고 있다.

문제는 이 사람이 하나님의 공동체에서 떠나 벗어나 있다. 돈을 벌어보겠다고 좌충우돌하고 주일날 교회에 나와 예배시작 5분도 안 되어서 졸기 시작하면서 어떻게 돈을 벌까 하는 생각으로 집중하고 있는 모습이다. 이제는 하나님 나라의 공동체로 복귀해야 한다. 이제는 사업과 직장에 충성하는 것도 중요하지만 그보다 먼저 하나님 나라에 충성하는 것이어야 한다. 우리 모두가 이런 과정으로 돌아가야 한다. 그렇다고 사업과 직장을 포기하라는 것이 아니다. 삶의 우선순위를 바르게 하라는 말이다.

오래 거하였도다...

창세기 32장에서 야곱은 축복의 근원이 오직 사람에게서 오는 것으로 생각했다. 그래서 그는 많은 사람들을 속여서라도 성취하려고 했다. 뿐만 아니라 당장 자신 앞에 있는 위기와 두려움이 형 에서 라고만 생각을 했다. 따라서 하나님의 은혜로 형 에서의 문제가 해결되자 그는 하나님과 처음 약속했던 벧엘로 가지 아니하고 다시 인간적인 생각으로 세겜으로 가버렸다. 그는 공동체에서 떨어져 하나님의 존재를 잊어버리고 있었던 것이었다.

"오래 거하였도다!" 인생의 남은 것이 아무것도 없는 후회와 탄식밖에 없는 모습을 보여 주고 있다(시120:6). 화평케 하는 자는 복이지만 화평을 방해하는 자는 심판이 있을 뿐이다. 욕심에 노예가 된 사람들에게는 아무리 내가 점잖게 말하고 화평을 말해도 그들은 순수하게 받아들이지 않고 싸우려고 하는 사람들이었다(시120:7). 다시 "내게 응답하셨도다!"(시120:1) 라고 했는데 어떻게 응답하셨는지 7절까지의 말씀 중에는 응답된 내용이 기록되어 있지는 않다.

이 시편은 시편 121편과 122편이 함께 연결되어 있는 시편이다. 시편 134편까지 15개의 시편이 하나의 뭉치로 구성되어 있다. 이 15개의 시편의 특징은 짧다는 것이다. 그런데 이 시편들은 실제로 축제 가운데 불리어졌을 가능성이 높다. 그래서 시편 120편에서 시작되었지만 마무리는 아직 되지 않은 것이다. 그러니까 지금 이 사람이 메섹과 게달에 앉아 있는 것이다. 세상 속에 있는 모습이다. 예를 들면 이렇게 말할 수 있을 것이다. 그 동안 돈도 좀 벌고 직장에서 직위도 올라갔는데 시간이 갈수록 모든 것이 좋아야 할 텐데 좋지 못하고 허탈한 마음만 느끼고 있는 것이다. 주일날 교회에 가도 5분도 안되어서 졸던 사람이었다. 그런 이 사람에게 그때 전화 한 통이 왔다. '내일 어떤 목사님이 오셔서 집회를 하신다고 하는데 같이 가십시다!' 하는 전화였다. 그 순간 옛날 자신이 열심히 하던 일들이 생각나기 시작하는 것이다. 열심히 하던 기도생활, 열심히 하던 예배생활, 정말 열심히 하던 봉사생활들이 떠오르기 시작을 했다. 그래서 이 사람은 스스로 묻고 스스로 대답하고 있다. "내가 산을 향하여 눈을 들리라 나의 도움이 어디서 올꼬" 하다가 갑자기 생각들이 떠오르기 시작하는 것이다. 그 내용이 121편의 내용이다. '그래! 나의 도움은 천지를 지으신 여호와에게서 오는 것이야! 하나님은 나를 실족치 않게 하시고 나를 지키시는 하나님은 졸지도 않으시는 하나님이야! 낮의 해가 나를 상치 아니하고 밤의 달도 나를 해치 않는 것이야! 하나님께서 나를 지켜 모든 환란을 면케 하시고 내 영혼을 지키시는 거야! 하나님께서 나의 출입을 지금부터 영원까지 지키시는거야!' 하고 생각나기 시작을 하는 것이다. 이제 이 사람에게서 본인뿐만이 아니라 이스라엘이라는 공동체의 자각이 나타나기 시작하고 있다. "그래! 이스라엘을 지키시는 자는 졸지도 않고 지켜주신다고 했어! 맞다! 나도 이스라엘의 한 멤버였지! 그러니까 나도 지켜주시는 거야!" 하면서 자각하기 시작을 하고 있다. 이 때 어떤 사람이 교회에 목사님이 오셨는데 집회가 있다고 말하자 '그래! 가자!' 하고 결심하는 순간 뛸 듯이 기뻐하는 모습을 말하고 있는 내용이 시 122편의 내용이다.

거룩한 사람들의 즐거움은 사랑의 연합과 생명의 연합에 의해서 생긴다...

"예루살렘아 우리 발이 네 성문 안에 섰도다!"라고 말하고 있다. 이 사람이 하나님의 공동체를 떠나 메섹과 게달(세상 속)에 있었는데 어느새 예루살렘으로 달려와 성문 안에 서있다(시122:1-2). 1절과 2절 사이에 시간이 많이 흘렀겠지만 이 사람 마음이 급하다. "야! 내가 없는 동안 이렇게 많이 변했구나!" 하면서 그 동안 내가 헛살았구나! 하며 탄식하고 있다(시122:3). 교회에서 가장 즐거운 상황 가운데 하나는 탄탄한 일치이다. 모두가 다 하나가 되는 것이다. 에베소서 4:5절에 보면 "주도 하나요 믿음도 하나요 세례도 하나요"라고 말씀하신다. 우리의 예루살렘은 조밀해야지 나뉠 필요가 없다. 내부가 불화로 인하여 찢어진 교회가 될 때는 기쁨이 없다. 거룩한 사람들의 즐거움은 사랑의 연합과 생명의 연합에 의해서 생긴다. 모든 사람이 감사하려고 "그리로 올라가는도다" 어디로 가는가 하고 따라가 봤더니! 사람들이 둘러 앉아 하나님 앞에 영광을 돌리며 공동체로서 견고하게 서있는 모습이었다(시122:4-5). 그곳은 바로 "다윗 집의 보좌" 판단의 보좌였다. "아! 내가 그동안 이것을 놓치고 있었구나!" 하고 감격해 하고 있다. 교회에 와서 공적 예배를 드리는 우리는 하나님의 보좌인 통치하시는 구주의 보좌에 이른 것을 기쁘게 생각해야 한다. 참 된 성도에게 그 보좌는 그 판단을 사랑하고 의가 보상받고 부정이 처벌될 것을 즐거워한다. 이것은 구약시대이기 때문에 예루살렘이 보이고 지파가 보이고 다윗의 보좌가 보이지만 신약시대에 우리가 살고 있는 이 시대에는 보이지 않는 "하나님의 나라" "실제적인 하나님나라" "영적 교제가 있는 하나님나라"가 있다. 우리는 이 영적 공동체에 온전히 속해 있는가? 그러나 이 사람은 '내가 얼마나 여기서 떠나 있었는가!' 하고 탄식하고 있다. 시편 기자는 '샬롬' 하면서 서로에게 평안을 구하고 있는 모습을 보면서 깜짝 놀라고 있다(시122:6-7). 시편

120:7절에서 이미 말씀을 상고했다. "나는 화평을 원할찌라도 내가 말할 때에 저희는 싸우려 하는도다" 라고 말씀했다. 세상에서는 '샬롬'은 절대 없다. 오히려 그들은 싸우려고만 한다. 그 가운데 있다가 지금 이 모습을 보니까 기가 막히는 것이다. 모두가 서로에게 평안을 구하고 있는 모습 자체가 이 사람에게는 은혜요 감격이었다. 그 가운데서 잊었던 자신을 발견하고 있는 것이다.

평안에 근거하지 않은 형통은 있을 수 없다...

평안은 형통이다. 평안에 근거하지 않은 형통은 있을 수 없다. 형통이 사라지면 평안이 오래 있을 수 없다. 왜냐하면 은혜의 쇠퇴는 곧 사랑의 부패를 낳기 때문에 그렇다. 그래서 성경은 "교회가 평안하여 든든히 서 가고 주를 경외함과 성령의 위로로 진행하여 수가 더 많아지니라"(행 9:31) 교회의 부흥과 가정의 형통은 평안에 있음을 말하고 있다. 그래서 그들의 인사는 샬롬인 것이다. 세상에서 무엇인가를 찾기 위해 야심을 가지고 헤매던 이 사람! 이제는 모든 것을 깨닫고 영적인 공동체에 온전히 복귀하고 있는 모습을 보여주고 있다(122:8-9).

우리는 이렇게 실제적으로 복귀했는가? 눈에 보이는 조직이 아니라 영적 공동체로 복귀해 보았는가? 수많은 사람들이 아직도 영적 공동체가 무엇인지 알지 못하는 가운데 헤매고 있다. 그러나 하나님께서 영적 공동체로 연합하게 하시고 그 공동체에게 능력을 주셔서 역사 하시고 세상을 지배하는 능력을 보이시기를 하나님께서는 원하시고 있다. 조직 속에 있는 것이 아니라 조직 때문에 교회에서 봉사하고 헌신하는 것이 아니라 실제적인 영적인 공동체에 복귀하여 하나님나라의 평안을 구하고 형제의 평안을 구하고 영적인 교제를 통하여 우리의 심령에 평안이 넘쳐나는 진실 된 공동체에 복귀하기를 하나님은 우리에게 바라고 계신다. 그 속에서 하나님을 찬양하고 예배드리는 참된 교제를 하나님은 원하시고 있는 것이다.

이제는 개인적인 싸움이 아니라 무너진 공동체 회복을 위한 공동체의 싸움이다. 시편의 후반부인 74-83편까지는 하나님나라를 향한 열띤 싸움과 하나님나라에 대한 소망이 있는데 이것이 이루어지려면 73편의 기초 즉 개인영성이 있어야만 가능하다. 세상의 악인의 형통함을 보고 감당할 수 없는 상한 마음과 고통 속에서 방황하는 자신이 그들 속에 주어지는 하나님의 뜻이 무엇인지를 하나님의 자비를 통해 깨달아야 만이 가능한 것이다. 그래서 자신 스스로가 하나님은 내 마음의 반석이요 영원한 분깃이라고 고백할 수 있어야 한다. 눈에 보이는 세상의 그 어떤 것이 중요한 것이 아니라 당장은 보이지 않지만 영원한 것이 본질인 것을 깨달을 수 있는 눈과 귀가 필요한 것이다.

개인적인 영성위에 하나님나라를 위한 선한 싸움이 있어야...

우리 속에는 이 두 가지 기초가 있어야만 한다. 하나는 개인적인 영성의 기초로서 시편 73편이 있어야 하고 그 다음에 하나님 나라를 향한 선한 싸움(시74-83편)이 있어야 한다. 이 하나님 나라를 향한 선한 싸움 가운데 시편 79편이 있다. 이 시편 79편을 이해하기 위해서는 시편 73편을 이해하지 않고는 결코 불가능하다. 직분을 감당하고 하나님나라에 헌신하기 위해서는 이 개인의 영성을 극복하고 난 후에야 감당할 수 있는 것이다. 시편 79편이 만들어지기까지는 시편 73편의 극복이 없이는 불가능하다. 시편 73편의 이해 없이는 시편 79편 속에 있는 하나님 나라를 사모하는 마음을 이해 할 수 없기 때문이다. 시편 73편에서처럼 개인영성의 극복이 없이하는 봉사와 주의 일은 진정한 봉사와 헌신이 될 수 없다. 언제 어떻게 변할지 모르기 때문이다. 내 열성으로 하는 것, 잠시잠간 마음이 뜨거워서 하는 것, 남들이 하니까 나도 하는 것 그런 것은 반드시 한계가 있다. 그것은 인간적인 계산과 욕심에 의해 변할 수 있기 때문이다. 그래서 개인 영성의 극복이 중요한 것이다. 누가 바라봐 주지 않아도 누가 알아주지 않아도 누가 뭐라고 해도 오직 주님의 은혜에 감사해서 묵묵히 하는 그런 봉사, 그런 개인의 영성의 극복이 없이는 불가능한 것이다.

시편 79편 역시 시편 73편처럼 중간에 핵(8-9절)이 있다. 그리고 이 핵을 중심으로 양쪽으로 돌고 있다. 시편79편8-9절에서 보면 하나님 나라가 무너져버렸다. 망가져 버렸다. 총체적으로 쑥밭이 되었다. 이런 상황 가운데서 "하나님! 우리가 남입니까?" 하는 믿음의 절규이다. 하나님과의 언약을 배신한 것에 대한 언약적 심판위에 하나님의 자비를 구하는 기도요 절규이다.

하나님나라의 붕괴의 실상(A)이 나타나고 있다(1-7절). 마카비 시대에 셀레우코스의 아들 데메트리우스는 바키데스를 예루살렘에 보냈다. 그는 공의을 요구하는 서기관들을 죽이고 그들과 화평을 누리고자 했던 첫 번째 이스라엘을 사람들을 죽였다. 바키데스는 "하루에 60명을 죽여 그들의 시체를 밖에 던지고 피를 예루살렘 주위에 뿌렸다. 그러나 어느 누구도 그들의 시체를 땅에 묻을 자가 없었다. 예루살렘이 마지막으로 파멸을 당하던 때는 로마의 군대가 이 성을 둘러싸고 있었다. 그리고 하나님을 알지 못하는 이방인들이 하나님의 거룩한 성전에 들어와서 더럽혔다. 그들은 가장 소중한 성전까지도 침입해 들어와, 발로 밟아 더럽게 했다. 그리고 성전에서 오만함을 보였다. 그것도 부족하여 이 성을 온전히 파멸시키고자 했다(1절). 성전에 계신 하나님은 "이제 이곳을 떠나자"라고 말했다고 한다. 그 때에는 돌 위에 돌 하나도 남아 있지 않을 만큼 철저하게 파괴를 당했다. 성전은 불에 타고 시온은 기초까지 다 파헤쳐 버렸다. 예루살렘 성 안에는 죽은 자들의 시체들이 여기저기 나 뒹굴고 썩는 냄새가 진동을 했다. 유다의 아들들은 성벽 주위에 **빼곡히** 십자가에 못 박혀 더 이상 십자가를 세울 수도 없었다. 예루살렘은 살아남아서 매장할 수 있는 자들보다 시체가 더 많은 죽은 자의 도시가 되어 버렸다. 원수들은 죽은 자를 땅에 묻으려고도 하지 않았다. 죽은 자들을 떠나보내는 의식은 공중의 새와 땅의 이리들에게 내 던져졌다. 사람들이 잡아먹을 수 있는 짐승들이 이제는 사람을 먹어 치웠다. 길가에 나뒹구는 뼈들과 시체들은 성소를 의식적으로 불결하게 했고 예배에 적합하지 않게 했다. 이스라엘 자손들은 쫓겨나 온 땅에 방랑하며 욕과 수치와 조롱을 당했다.

하나님과의 언약관계가 철저하게 무너져 버렸다. 예루살렘이 이토록 철저하게 파괴되고 사람들이 고난을 당한 것은 그들이 오래 동안 지은 죄에 대한 심판이었다. 하나님은 반복해서 경고하셨지만 백성들은 그 경고를 듣지 않았고 마침내 이렇게 재앙을 당한 것이었다. 비참한 하나님나라의 영적 피폐의 현상을 우리는 보고 있는 것이다.

채찍은 우리의 육신을 아프게 하지만 비웃고 조롱하는 것은 우리의 영혼을 상하게 하기 때문...

어거스틴은 이렇게 말했다. "죽은 자의 장례식을 치르고 그 시체를 매장하는 것은 죽은 자를 위하는 것이 아니라 산 자를 위한 것이다." 라고 했다. 실재로 죽은 자를 매장하는 것은 죽은 자에게는 아무런 유익도 없다. 그 시체가 그런 것을 느끼지도 못하고 그 영혼은 이것을 상관하지도 않는다. 그리스도를 믿다가 순교를 당한 많은 사람들이 실제로 매장을 당하지 못했다. 그렇다고 죽은 자들의 시체를 함부로 해도 된다는 말은 아니다. 죽은 시체도 어떤 권리를 가지고 있다.

이스라엘의 왕 예후는 악하고 사득한 여인이었던 이세벨을 장사지내도록 명령했다. 다윗도 야베스 길르앗 사람들이 사울을 장사지낸 것을 감사했다. 베드로 역시 사도행전 5장에서 아나니아와 삽비라가 죽은 다음에 그들을 장사지내라고 했다. 죽은 자를 장사지낸다는 것은 우리와 같은 육체를 가지고 있는 사람들을 사랑한다는 것을 보여주는 것이다. 이것은 또한 부활에 대한 우리의 믿음과 소망을 보여주는 것이다. 그런데 육체를 공중의 새에게 던지고 들의 짐승에게 던진다는 것은 하나님께서 죄에 대해 진노하셨다는 것을 보여주는 것이다. 이 모습을 보고서 시편 기자는 마음이 찢어지듯 아픔을 느꼈다.

　이제 전쟁은 끝났다. 그러나 이스라엘의 고난은 지속되고 있다. 백성들은 자신들의 육체적인 고통들과 함께 이웃들의 경멸을 감수해야만 했다. 특히 이 재난을 피한 자들은 우리를 조롱한다. 그들은 우리가 당한 이 재난(이 아픔)을 바라보면서 "너희 하나님이 어디 있느냐? 잘한다! 예수 믿는 것들 내 그럴 줄 알았다!"고 비웃었다. 그리고 우리가 당한 이 재난은 너희가 죄가 크기 때문이고 너희가 죄를 많이 지었기 때문이라고 조롱하고 비웃었다. 〔마치 욥의 친구들처럼〕 이것은 채찍에 맞고 상처를 입는 것보다 더 속상하고 슬픈 일이었다. 채찍은 우리의 육신을 아프게 하지만 비웃고 조롱하는 것은 우리의 영혼을 상하게 하기 때문이다. 그들은 우리의 비극 속에서 즐거움을 찾고 우리의 아픔을 당하는 것을 바라보며 마귀들처럼 기뻐하고 있었다. 아버지가 말을 듣지 않는 아들을 교육시키기 위해서 집의 종을 시켜서 아들을 때리게 한다면 이것은 아들에게 가할 수 있는 가장 심한 욕을 보이는 것과 같을 것이다. 하나님께서 이방인을 들어서 우리를 다스리게 하고 부끄러움과 잔혹함을 경험하게 하신다면 이 심판은 다른 어떤 심판보다도 혹독하고 아픈 것이다.

　이런 비극의 실상을 바라보면서 아삽은 하나님께 그대로 전하면서 하나님의 자비를 구하고 있다. 물론 지금 이런 비극의 원인은 "백성들이 하나님과 맺은 언약에 충실하지 않고 우상을 섬기고, 하나님을 경배하지 않았기 때문이었다." 그러나 시편 기자는 백성들을 더 이상 심판하지 마시라고 그들이 당하는 고난을 가볍게 해 주시라고 간절히 간구하고 있다. 오히려 당신의 백성들을 치시려거든 그 보다 먼저 당신의 원수들을 치시고 당신을 전혀 인정하지 않는 나라들을 먼저 심판하시라고! 간구한다. 물론 이스라엘이 죄를 범했다. 그래도 당신의 백성을 용서해달라고 간절히 간구하고 있다.

압제자들은 어떻게 해서든지 성도들을 삼키려고 하고 있다. 원수들은 그 목장을 황폐하게 만들어 버렸고 직장을 황폐하게 만들어 버렸다. 또한 사업장을 엉망으로 만들어 버렸다. 교회에 다니면서도 자살하고픈 유혹 속에서 살아가고 있다. 직장에서도 하나님나라의 의를 들어내지 못하고 불의와 타협하고 세상 사람들 속에 묻혀서 살아가고 있다. 악한 자들은 자비를 보인다고 말하지만 그 자비라고 하는 것들이 잔혹한 것들이었다. 가슴 아프고 비참하게 하는 것들이었다. 비웃음거리였고 조롱거리였다. 우리는 하나님 나라의 황폐가 날로 심해져 가고 있는 것에 대해 안타가운 마음을 가질 수 있어야 한다. 탄식하고 통분해 할 수 있어야 한다.

주여! 우리가 남입니까?

이 시편 79편의 핵심적인 내용은 8-9절이다.
8-9절을 보면 8절의 핵심은 "열조의 죄악"(조상들의 죄악)과 9절의 핵심은 "우리의 죄"를 말하고 있다. 우리가 당하는 이 모든 고통은 우리를 괴롭히는 주변의 열방이 문제가 아니라 침입자들이 문제가 아니라 환경이 문제가 아니라 우리의 열조의 죄악과 우리의 죄 때문이라고 시인하고 나가고 있다. 이것이 아삽 가문 속에 있는 공동체의 영성이었다. 문제의 원인을 밖에서 찾는 것이 아니라 안에서 찾고 있다. 그들의 열조와 자신들의 죄악 속에서 찾았다. 그런 기초 위에 새로운 소망이 세워지고 있는 것을 보여주고 있다.

유다 요시아의 시대에는 당시의 모든 백성들이 진정으로 하나님 앞에 회개했다. 그러나 그들의 조상들의 우상숭배의 죄가 너무나 심했기 때문에 유다의 파멸이 확정되어 버려서 하나님의 진노를 돌이키지 못했었던 일이 있었다. 그러나 지금 이들은 자신들이 지은 모든 죄를 하나님께서 사하시고 잊어 주실 것을 간구하고 있다(8절). 또한 아주 중요한 기도를 하고 있다. 그것은 우리 열조의 죄악에 대한 기도이다. "하나님 아버지! 우리의 죄악이 쌓여서 하나님나라를 대적하고 위태하게 했습니다. 우리 열조의 죄악이 쌓여서 마침내 그 후손이 하나님의 심판을 당하게 되었습니다. 그러나 하나님 아버지! 나라가 파멸을 향해 곤두박질하고 있습니다. 하나님께서 속히 우리를 구원해 주시옵소서! 백성들의 수가 점점 줄어들고 있습니다. 우리가 비천한 자리에 처하게 되었습니다. 주여! 우리가 남입니까?" 라고 간구하고 있다. 물론 그는 열조들이 큰 죄를 범하고 이로 인해 하나님의 진노를 격동하였을 때 그들과 함께 죄를 범한 것은 아니었다. 그러나 그들은 자신을 이 열조들에게서 제외시키지 않았다. 오히려 자신들을 동일시하고 열조의 죄와 자신들의 죄를 인하여 울며 회개하고 기도하며 하나님의 자비를 간절히 구하고 있다. 지금 시편기자는 진심으로 슬퍼하며 회개하고 있다. 그리고는 궁휼히 여기시는 하나님의 성품에 호소하며 기도하고 있다.

내가 당하는 고난이 중요한 것이 아니라 하나님의 이름이 수치를 당하는 것을 더 괴로워하고 고통스러워할 때 하나님의 긍휼이 임한다...

모든 재앙의 뿌리는 죄이다. 시편 기자는 이 죄를 고백했다. 그리고는 하나님의 징계의 손길을 거두어 주실 것을 간구했고 또한 죄를 사해 주실 것을 간구하고 있다(9절). 이 시편기자는 이 두 가지를 기도하면서 이것을 당연히 받아야 할 것으로 구하는 것이 아니라 하나님의 은혜로우신 선물로 주실 것을 간구한다. 그리고는 하나님의 이름을 위하여 구원해 주실 것을 간구하고 있다. 이 간구는 힘이 있는 간구였다. 하나님의 백성이 패배를 당하고 하나님의 성전이 더럽힘을 당하는 것은 이방인의 눈앞에서 하나님의 영광에 먹칠을 하는 것이나 마찬가지였다. 이것은 곧 하나님의 패배를 의미하는 것이나 마찬가지였기 때문이다. 이 광경을 목격했던 하나님의 종은 너무나도 슬픈 나머지 하나님께 도우심을 간구하고 있는 것이다. "거룩하신 아버지 하나님! 하나님의 위대하신 이름이 하나님을 훼방하는 원수들의 조롱거리가 되지 않게 해 주시옵소서! 하나님의 거룩하신 이름이 저 원수들 앞에서 땅에 떨어지지 않게 해주시옵소서!" 하고 기도하고 있다. 무엇보다도 하나님의 이름이 원수들 앞에서 조롱거리가 되고 비웃음거리가 되는 것이 가장 고통스럽고 견디기 힘든 것이었다. 지금 내가 고난 가운데 있는 모습과 고통 가운데 있는 모습이 저 믿지 않는 자들에게 하나님의 명예와 영광에 이름에 거치는 것이 되지 않게 해달라고 기도하고 있는 것이다. 이것이 바로 우리 성도들이 배워야 하는 기도이다. 이것이 바로 하나님을 움직이는 기도이고 이런 기도가 가장 힘이 있는 기도이다. 단지 내 앞에 있는 문제들이 전부가 아니다. 당장 내 눈 앞에 있는 고통들이 급한 것이 아니라 눈앞에 있는 두려움이나 무서움이 문제가 아니다. 나의 못난 죄악들로 인하여 또 나의 못된 성품들과 나의 무지하고 어리석은 행동으로 인해서 하나님의 이름이 수치를 당하고 조롱거리가 되는 것을 가장 못견뎌하고 고통스러워하며 몸부림치고 있는 것이다. 이 간구에 하나님은 어쩔 줄 몰라 하시고 있다. 이것을 믿는가? 이것이 바로 하나님의 진노를 가볍게 하는 것임을 믿기 바란다. 내가 당하는 고난이 중요한 것이 아니라 하나님의 이름이 수치를 당하는 것이 더 괴롭고 고통스러워할 때 하나님의 긍휼이 임하는 것이다.

하나님께서는 당신의 교회에 영적인 복이나 물질적인 복을 내려 주시는 것은 당신의 이름을 위한 것이다. 이스라엘 백성들이 바벨론에서도 보존되고 인도함을 받은 것도 이스라엘을 가나안 땅으로 인도하신 것도 모두가 다 당신의 이름을 위한 것이다. 하나님이 당신의 백성들을 보존하시고 구원하시는 것도 원수들을 위한 것이 아니다. 당신의 백성들의 기도나 눈물이나 믿음이나 순종이나 거룩함 때문에 그들에게 크신 자비를 베푸시고 위대한 일을 행하는 것도 아니다. 오직 당신의 이름을 위한 것이다. 하나님은 당신의 이름에 책임지시는 것이다. 이 원칙을 따라 하는 기도 가운데 새로운 하나님나라가 있게 되고 새로운 교회가 있고 새로운 내가 있을 수 있다. 이것을 깨닫는 자가 복이고 평생에 능력 있는 기도 응답 받는 기도를 할 수 있는 비결인 것이다.

이미 죽음을 당하기로 작정된 자들도 하나님의 뜻만 있으면 구원하실 수 있다는 것을 믿는다면...

시편기자는 하나님나라를 부등켜 앉고 통곡하고 있다(10-11절). 주의 종들을 죽여 온 성을 피로 물들이게 했던 자들, 주의 백성들이 말할 수 없는 아픔 가운데 있을 때 조롱하고 없이 여기고 비웃었던 자들, 먼저 그의 나라와 그의 의를 구하기 위해 삶을 뒤돌아보지 않아 어려움 가운데 있을 때 조롱하고 비웃었던 자들, 죽이면서도 너의 하나님이 어디 있느냐고 조롱하고 비웃었던 자들에게 하나님께서 반드시 원수를 갚아 주실 것을 간구한다.

그 동안 말할 수 없는 핍박과 아픔 가운데 고통을 당하고 있는 자들에게 뿐만 아니라 이제는 죽이기로 작정된 자들, 사망의 문턱에 놓인 자들을 위해 기도하고 있다. 이미 죽음을 당하기로 작정된 자들도 하나님의 뜻만 있으면 구원하실 수 있다는 것을 믿는다면 지금 살아서 고통을 당하는 자들에게는 큰 위로가 될 수 있을 것이다. 사람들과 귀신들이 우리를 멸하기로 작정하고 계획을 세웠다고 할지라도, 병마가 우리를 무덤으로 끌고 가고 있다고 할지라도, 슬픔이 우리를 티끌 가운데 침몰하게 한다고 할지라도, 그 분이 원하시면 우리의 영혼을 지켜주시고 우리를 절망의 늪에서 끌어올릴 수 있음을 믿어야 한다. 새끼 양이 먹이가 되어서 사자 입 안에 있다고 할지라도 하나님이 원하시면 구원받을 수 있는 것이다. 우리가 시체를 두는 납골당 안에 있다고 할지라도 하나님이 원하시면 생명이 사망을 이기고(마른 뼈에 새살이 돋고 새 힘줄이 돋아) 살아날 수 있는 것을 믿어야 한다.

하나님께서는 당신의 백성이 욕을 당하는 것을 마치 당신이 욕을 당하는 것으로 생각하신다…

이제 이 시편에서 가장 탁월하게 발전되고 있는 부분(12-13절)이 있다. 이 내용은 서원제 형태로 "하나님께서 이것 해 주신다면 우리 역시 이것 하겠습니다!" 라고 말하는 아삽 가문의 공동체의 탁월한 면을 보여주고 있다. 12절이(주여 우리 이웃이 주를 비방한 그 비방을 그들의 품에 칠 배나 갚으소서) 조건이라면 13절은(우리는 주의 백성이요 주의 목장의 양이니 우리는 영원히 주께 감사하며 주의 영예를 대대에 전하리이다) 보답을 말하고 있다. 이것은 일종의 하나님과 거래를 하는 것과 같이 보이기도 한다. 맹세는 하지 말아야 한다. 성경은 하늘로도 말고 땅으로도 맹세하지 말라고 말씀하셨다(마5:34-35). 그러나 맹세와 서원은 다르다. '서원'은 미래에 이루어질 것을 미리 나에게 이루어 주시옵소서! 그러면 내 모든 것을 드리겠습니다! 하는 것이다. 하나님께서는 우리를 서원하도록 초대하시고 있다.

시편기자는 하나님나라를 망가뜨린 세력들에 대한 격렬한 기도를 하는 기도꾼의 모습을 보여주고 있다. '하나님! 그들은 당신의 존재를 부정한 자들이었습니다. 당신의 능력을 조롱했습니다. 당신을 예배하는 자들을 모욕하고 죽이고 당신의 집을 파괴했습니다! 이제 하나님께서 일어나셔서 하나님은 결코 조롱을 받으실 분이 아니라는 것을 저들에게

똑똑히 보여 주시옵소서! 저들은 심판받기에 합당한 자들입니다! 저들이 온전히 심판받기까지 보응해주시옵소서! 저희 품에 칠배나 갚아주시옵소서! 그리하시면 하나님의 백성 된 우리는 영원히 주께 감사하며 주의 영예를 대대로 전하겠습니다!' 이렇게 말하고 있다.

"저희 품에 칠배나 갚으소서!"라고 하는 말은 그들이 당해야 할 벌에 일곱 배를 더하라는 뜻이 아니다. 또한 자신들 나름대로의 복수를 꾀하고 있는 것도 아니다. 지금 그들은 하나님의 구원을 요청하고 있는 것이다. 악인이 하나님의 자녀에게 조롱을 퍼붓는다면 이것은 하나님께 조롱을 퍼붓는 것과 마찬가지이기 때문에 악인에게 만 가지 책망을 내리신다고 할지라도 그것은 그 벌을 다 받는 것이 아니라는 뜻이다. 그 죄의 큼을 말하고 있는 것이다. 따라서 아무리 작은 욕을 하나님께 돌린다고 할지라도 그것은 엄청난 잘못이 된다는 것을 의미하고 있다.

하나님께서는 당신의 백성이 욕을 당하는 것을 마치 당신이 욕을 당하는 것으로 생각하신다. 그리하여 원수들에게 '칠배나 저희 품에 갚으시는 것' 이다. 이 시편 79편은 금요일 오후에 예루살렘 성전의 서쪽 벽(통곡의 벽)에서 지금도 계속 낭송되고 있는 시편이다. 이것은 우리 시대에 무엇을 의미하고 있는가? 하나님의 백성들에게 하나님이 멀리 떠나가 계신 것 같은 상황 속에서 재앙을 어떻게 극복할 수 있을 것인가? 하는 것을 말해주고 있다. 그것은 하나님에 대한 희망에 전적으로 의존하는 것을 말하고 있다. "하나님! 우리를 어렵게 하고 있는 저 원수들의 세력들! 사람들을 붙잡고 있는 어둠의 세력들, 어둠의 주관자 영적 존재들, 저들을 쫓아내 주시고 저들에게 7배나 갚아 주옵소서!" 하면서 이 어둠의 세력들에 대해 분노함으로 하는 이 기도, 그런 가운데 서원하면서 나아가는 것을 말하고 있다. 이것이 아삽 가문 공동체의 싸우는 영성의 최고봉이었다. 이 시간도 "하나님 아버지! 내가 남입니까? 우리의 열조의 죄와 나의 죄를 용서 하시옵고 더 이상 하나님의 이름이 수치를 당하거나 부끄러움 당하지 않도록 우리를 용서하시고 구원해 주시옵소서! 우리에게 하나님의 자비를 베풀어 주시옵소서!" 이런 능력의 기도 힘이 있는 기도를 통해서 하나님나라를 위해 애통하며 서언하고 나갈 때 모든 것이 해결되는 놀라운 하나님의 은총을 경험하는 것이다. 즉 하나님 앞에 선한 서원, 선한 작성을 하고 나갈 때 하나님은 역사하시는 것이다.

돌아가라! 여호와여 돌아오소서.

분명한 언약적 관계에서 회복을 구하는 하나님의 사람, 기도 전문가의 모습을 보자! 즉 시편 90편의 위대한 시편이다. 시편 90편 1절에서는 하나님에 대한 표현이 나타나고 있다. 다른 곳에서는 하나님의 표현이 일반적으로 복수(엘로힘)로 사용되고 있는데 이것은 삼위 하나님이라서 복수를 쓰는 것이 아니라 강세복수 장엄 복수(하나님의 장엄하심을 나타내기 위해서)를 사용하는데 여기서는 엘로힘이 아니고 "엘"이라는 단수 명사로 사용하고 있다. 즉 "神"이라고 표현 하고 있는 것이다. 이런 표현으로 봐서는 여기에서 무엇인가 하나님과 서먹서먹한 관계임을 볼 수 있다. 그러나 3-6절부터는 '아버지 마음속에 쏙 드는 기도, 아버지의 간을 훔쳐내는 기도'를 하고 있는 모습이다.

3절에서 "돌아가라"(창 3장을 인용)라고 말씀한다. 즉 '꺼져! 없어지라'는 표현으로 하나님의 저주에 해당하는 표현이다. 하나님이 인생을 저주해 버리는 이 "돌아가라"(슈바)라는 말을 아들이 받아가지고는 "아버지! 저 이렇게 못가겠는데요!" 하면서 하는 이야기가 13절의 말씀 "돌아오소서"(슈바) 이다. 그런데 13절에서 사용된 "돌아오소서!" 역시 '슈바'라는 말을 사용하고 있다. '슈바'하면 '돈다'는 뜻의 의미가 포함되어 있다. 3절은 하나님이 인생에게 하는 말이고 13절은 이스라엘이 하나님께 (남편에게) 자비를 베푸소서! 하는 말이다. 즉 하나님이 퍼부으시는 저주를 받아서 하나님의 자비로 바꾸어 달라고 기도하고 있는 것이다. 참으로 대범하고 용기 있는 기도가 아닐 수 없다. 이는 간이 큰 기도 꾼의 기도이다. 이렇게 기도하라는 것이다. 부모님이 말을 듣지 않는 자식을 교육하는 과정에서 맨 마지막에 가서는 "너는! 이제 내 아들이 아니다! 너 호적에서 당장 파 내버리겠다!"라고 말씀하시는 것이다. 지금 3절의 말이 "너! 돌아가라!" 한다고 해서 "너! 꺼져버려!"라고 한다고 해서 정말로 호적을 파가버리는 아들이 있는가? 호적을 파가라는 그 말 속에 들어 있는 아버지의 절규를 알아듣고 "아버지! 잘못했습니다!" 하는 것이 아들이 할 도리가 아닌가? 하나님은 사랑하기 때문에 때리고 사랑하기 때문에 고난을 주시는 것이 아닌가? 이제는 개인 구원문제에만 극한 하는데서 눈을 좀 뜨라고 말씀하시는 것이다. 역사를 향해서 눈을 뜨고 공동체를 향해서 눈을 뜨고 세계를 향해서 눈을 떠보라! 얼마나 불쌍한 민족이 많으냐? 다 그들이 네 밥이다. 그들을 사랑으로 섬기라는 것이다. 하나님나라가 어려움 가운데 빠질 수 있다. 어려움 가운데 빠질 때 그냥 죽겠다고 호적을 파가지고 나가면 그것으로 끝이 되고 만다. 아! 저것은 아버지의 사랑의 매구나 하고 하나님 앞에 엎드릴 때 그것이 하나님께서 원하시는 뜻인 것이다.

하나님나라의 중심이, 하나님나라의 소망이 우리 눈에 보이게 하시는 것…

4-6절에서는 아버지의 뜻을 알지 못하고 세상을 헛살았다고 깨닫고 있다. '세상에 썩어질 것들이 그 동안 나에게는 전부였습니다!' 하고 고백하고 있는 것이다. 그러다 인생의 허무를 말하다가 갑자기 7절에서 "우리는"(이스라엘) 이라고 말하고 있다. 노하신 아버지가 나가라고 호통을 치니까 당장은 그 자리에서 나가는 시늉을 하면서 아버지의 마음이 어떻게 변하실까? 하고 생각하는 모습이다. 세상 사람들은 하나님이 마지막에 최종적으로 징계하실 것이다. 그러나 하나님의 사람은 시시때때로 징계하신다. 하나님의 진노와 분내하심을 통해 얻어맞는 것이다. 그렇게 해서 제대로 된 하나님의 자녀를 만들어 가시는 것이다.

하나님은 내가 은밀하게 행한 죄까지도 대문짝만하게 떠들어 버리는 자비의 하나님이시다(8절). 어떻게 보면 이상한 하나님일 수도 있고 잔인한 하나님이라고도 할 수도 있다. 그러나 그만큼 사랑은 잔혹한 것이다. 내가 너를 절대로 못 놓겠다는 것이다. 이렇게 되면 누구의 명예가 실추되는 것인가? 바로 하나님의 명예가 실추되는데도 그렇게 해서라도 그 사람을 당신 품으로 데려 오려고 하는 아버지의 사랑인 것이다.

"우리의 모든 날이 주의 분노 중에 지나가며 우리의 평생이 순식간에 다하였나이다"(9절) 이 기도는 불타는 사랑 가운데 있을 때만이 이런 기도가 가능하지 그렇지 못하면 절대로 할 수 없는 기도이다. 우리가 얼마나 헛되게 살았는가? 지금 이 아들은 인생의 중간 정도까지 가서 인생의 허무를 타령하다가 마지막 직전에서 "아! 내가 얼마나 아버지 뜻을 알지 못하고 마음을 아프게 했는가!" 하며 자신의 신세를 한탄하면서 문 앞까지 살금살금 가면서 아버지 눈치를 살펴보는 모습이다(10절). 그리고서 문을 탁 열고 하는 말이 11절 말씀이다. "누가 우리 아버지의 노의 능력을 알며 누가 아버지의 진노의 두려움을 알리이까"라고 말한다. 이것은 정말 아버지의 진노의 본질을 까달았음을 말하고 있는 것이다. 따라서 이 말은 내가 진심으로 깨닫고 회개했음을 표현하고 있는 내용이다. 그러면서 밖에서 엉엉 울면서 아버지 마음을 살피는 아들의 모습이다. 그러다가 문을 열고서 생글생글 웃으면서 능청스럽게 '아버지! 나 그렇게 죽을 수 없어요!(10-11절은 우리가 잘못을 해서 하나님께 진노를 받을 때 그렇고요!) 하면서 아버지 다시 시작합시다! 우리의 날을 하루하루 계수하사 지혜의 마음을 주소서!' 하고 기도하고 있는 모습이다.

우리는 이런 기도를 해 본적 있는가? 왜 그 동안 이런 기도를 못했는가? 하나님과의 언약 관계의 원리를 이해하지 못했기 때문이었다. 그 동안 내내 하나님이 세상 신과 똑같이 보일 뿐이었다. 그러나 그렇지 않다. 하나님은 우리를 사랑하시는 아버지이시다! 당신의 아들을 죽이기까지 하시며 우리를 구원하신 아버지이시다, 피를 걸고 생명을 걸고 우리를 사랑하시고 살리시기를 원하시는 아버지시다! 온갖 방법을 다 동원해서 때로는 우리를 부끄럽게도 하시고 때리시는 아버지시다! 그래서 돌아오게 하시는 아버지시다. 그리고 팰 때도 직접 패기보다는 앗수르를 들어서 패기도 하시고 때로는 바벨론을 들어서 패기도 하시는데 너무 패니까 얻어맞는 아들이 너무 짠하고 불쌍하고 안쓰러워서 누가 또 그렇게 심하게 패라고 했느냐고 하시면서 앗수르와 바벨론을 불러 꺾어 버리시는 아버지! 얻어맞는 아들이 아파하는 모습을 보고 도저히 더 이상 때릴 수 없어 회초리를 꺾어 버리시는 아버지시다! 이런 열정적인 하나님이 우리 아버지이신 것이다. 그저 단순히 사랑하니까 다 주고 다 주니까 뭐만 먹는가? 달콤한 사탕만 먹는다. 그러다보니까 이빨이 다 망가져 버렸다. 그래서 우리 가운데 그렇게 사탕만 주시지 않는 것이다. 늘 좋은 것, 물질 축복, 축복 축복... 하나님은 우리를 그렇게 먹이지 않으신다. 어떻게 해서든지 하나님나라의 중심이, 하나님나라의 소망이 우리 눈에 보이게 하시는 것이다.

무너져 버려서 비방과 조롱거리가 되어버릴 때마다 한탄하거나 낙심하지 말고 '살려 주십시오! 하면서 기도해야 한다...

드디어 본성를 나타내 보이고 있다. "여호와여 돌아오소서"(슈바) 즉 하나님의 저주를 축복으로 바꿀 수 있는 담대한 기도 꾼의 모습을 보여주고 있다. 1절에서는 "신"(神)이라고 불렀지만 드디어 여기서 하나님의 이름(여호와여)이 나왔고 우리의 이름(주의 종)이 나왔다(13절). "하나님(아버지)! 내가 남입니까? 아버지가 나 보고 호적을 파가라고 해도 절대로 파갈 수 없습니다! 아버지 혼자서 호적 파 낼 수 없습니다! 아버지와 나는 생명을 걸고 맺어진 것인데 아버지 그럴 수는 없습니다!" 하면서 생글생글 웃으면서 대하는 아들의 모습이다. 이런 담대한 기도를 우리 개인을 위해서가 아니라 하나님 나라를 위해서 기도하는 자가 되어야 한다. 무너져 버려서 비방과 조롱거리가 되어버릴 때마다 한탄하거나 낙심하지 말고 '살려 주십시오! 하면서 기도해야 한다.' 왜냐하면 이 모든 것이 사단의 장난일진데 이를 위해 기도해야 하는 것이다.

"아침에 주의 인자하심이 우리를 만족하게 하사 우리를 일생 동안 즐겁고 기쁘게 하소서" (14절) 계속적으로 이런 말을 하는 이유는 "아버지! 우리가 남입니까?" 하는 작전이다. 우리는 당신의 위대한 자녀이고 보배입니다(신26:16-19절). 거기에 대한 자부심이 있기 때문에 이런 기도를 할 수 있는 것이다. '아빠! 내가 아침에 일어날 때마다 나에게 꼭 뽀뽀해 주셔야만 합니다!' 누가 이런 권세가 있는가? 자녀만이 이런 권세가 있는 것이다. 이 모든 것이 하나님과의 언약 관계를 이해하지 못하면 절대 이해하지 못하는 관계이다. 평생에 기쁘고 즐겁게 하소서! "아버지! 평생 책임져주셔야 합니다!" 라고 말하고 있다. 뿐만 아니라 후손에게 까지도 평생 동안 책임지시는 아버지시다.

한국이 위기로 돌아가고 있다. 이 나라의 평생을 책임져 주십시오! 라고 하는 기도꾼들이 실제로 있게 될 때 우리의 역사는 바뀌어 지는 것이다. 그뿐만 아니라 15절을 보면! "아버지! 50년 동안 우리에게 부흥을 안 주셨지요? 이제 50년 동안 부흥을 책임져 주세요! 라고 하는 것이다. 무슨 권리로 이렇게 뻔뻔하고 넉살 좋은 권리를 주장할 수 있을까? "아버지와 아들"인 것이다. 그 권리 때문에 빚쟁이 빚 독촉하듯이 하나님 앞에 가서 "책임져 주세요!"하고 요구하고 있는 것이다. 뿐만 아니라 주의 종들 뿐만 아니라 우리의 자손들까지도 책임져 주세요!(16절) 하고 기도하고 있다. 이것은 미래를 향한 기도이고 역사를 부여잡고 하는 기도이다.

그러면 '하나님 우리에게 은총을 내리사 지금 우리의 손으로 하는 모든 것이(행동이) 영원한 의미를 가진 것이 되게 하소서!'(17절) 이것이 하나님나라가 망가졌을 때 기도꾼이 하는 기도의 내용이다. 이런 기도를 하는 하나님의 자녀를 하나님은 얼마나 사랑하시겠는가! 하나님과 이스라엘이 언약을 맺고 대를 이어 내려가면서 때로는 이스라엘을 때릴 수 있지만 그렇다고 이스라엘을 죽일 수는 없다. 자신의 마누라를 때려죽이는 것은 바보나 하는 것이기 때문에 그렇다. 이스라엘 자체는 결코 뿌리 채 뽑지 않으시지만 그러나 각 시대의 이스라엘, 개인 이스라엘은 하나님이 그때그때 처리하시는 것이다. 그러나 이스라엘 전체, 하나님나라 전체는 결코 포기하시지 않으시는 것이다.

"위로하라 위로하라! 내 백성을(라홈무 라홈무 암미) 위로하라!"

이사야 40:27절에서 보면 하나님께서 부르시는데 누구를 부르시는가? 첫 번째로 '야곱아! 이스라엘아!' 하고 쌍으로 부르시고 있다(사40:27). 두 번째 부르심 역시 '섬들아! 민족들아!' 하고 쌍으로 부르시고 있다(사41:1). 세 번째 부르심은 '나의 종 너 이스라엘아! 나의 택한 야곱아! 나의 벗 아브라함의 자손아!'라고 부르고 있으며(사41:8), 네 번째 부르심은 '지렁이 같은 너 야곱아! 너희 이스라엘 사람들아!' 하고 부르시고 있다 (41:14-16).

이 부르심이 주어진 상황은 이렇다.
이사야서는 66장으로 구성되어 있다. 그런데 이사야 66장은 마치 좌청룡 우백호로 구성되어 있는 듯하다. 그리고 중간에 36장-39장(4개의 장)이 중간에 축으로 구성되어 있다. 이 4개의 장(36-39장)은 열왕기서에 있는 내용을 이사야서의 중심에 위치해 놓고(마치 좌청룡, 우백호처럼 배열) 돌리고 있다. 환상적인 구조로 되어 있다. 그래서 앞부분에는 앗수르 문제를 뒷부분에는 바벨론 문제를 배열해 놓고 3개의 제국이 어떻게 움직여 가고 있는 가를 소개하고 있다. 이사야서 중간을 다루고 있는 36-39장(4개 장)은 역사서 내용이 기록되어 있는데 이 내용은 늙음으로 인해 총명을 잃어버린 것에 대한 안타까움을 말하고 있다. 즉 히스기야 왕 이야기를 의미하고 있다.

유다 왕들 가운데 유명한 왕으로는 다윗과 솔로몬 그리고 히스기야와 요시아 왕이 있다. 그런데 이 왕이 네 가지 어려운 단계를 돌파하는데 맨 마지막 단계에서 와르르 무너져 버린다. 하나님께서 "너! 죽어라!" 하니까 '하나님! 죽을 수 없습니다. 그 동안 잘 한 것들을 생각하셔서라도 살려주옵소서!' 하고 하나님께 간절히 간구했다. 그러면 '너 몇 년 더 살아라!' 하니까 너무 좋았을 것이다. 그런데 그 다음이 문제이다. 바벨론 사신이 히스기야 왕에게 왔다. 기분이 좋다 보니까 내가 얼마나 큰 왕인지 보여줄까? 하면서 이스라엘의 창고에 있는 중요한 모든 것들을 다 보여주었다. 해서는 안 되는 행동을 해 버린 것이다. 하나님께서 이런 모습을 보시고 진노하시어 이사야를 보내셨다. '히스기야! 네가 보여준 것들로 인하여 다 바벨론으로 끌려 갈 것이다. 심지어 너의 아들들이 바벨론의 황간(거세 [내시] -씨가 없어져 버리는)이 될 것이다!' 라고 말씀하셨다. 이것은 다윗에게 하나님께서 약속하신 대를 이어 왕이 나게 하겠다는 약속이 끊어져 버리게 되는 엄청난 상황에 직면하게 된 것이었다. 그 때 히스기야는 말하기를 "내 생전에 평안과 견고함이 있으면 그것은 나와는 상관이 없다"는 말로 대답을 했다(사 39:8). 자신만 살겠다고 하는 지도자 히스기야의 모습인 것이다.

청년 때에는 얼마나 개혁적이고 진취적이고 지혜로운 히스기야였던가? 그런 그가 마지막에는 이런 지도자로 변해버린 것이다. 이런 지도자를 따라가는 백성들은 얼마나 고통스럽고 힘들겠는가? 여기에 하나님께서 주신 말씀이 바로 이사야 40:1절 말씀이다. "위로하라 위로하라!(라홈무 라홈무) 내 백성을 위로하라!" 라는 말씀이다. 지도자들이라고 하는 사람들이 다 자기 먹고 살려고만 하고 역사도 없고 장래도 없는 가운데 있는 이 백성들을 위로하라고 말씀하시고 있는 것이다. 이런 큰 위로의 첫 번째 메시지가 있고난 후에 두 번째 메시지가 이사야 40:27-41:16까지 네 가지의 부르심과 관계되는 메시지인 것이다.

하나님나라 속에는 하나님이 심판해야 할 자도 있지만 또한 소망을 주어야 할 자도 있는 것이다...

아무도 믿을 사람이 없다. 그런 가운데 무너져 가고 있는 이스라엘을 향해서 주시는 메시지가 이사야 40:27절의 내용이다. 북조 이스라엘은 이미 망했다. 남조 유다만 남았는데 이상하게도 "유다야! 예루살렘아!" 이렇게 부르지 않고 "야곱아! 이스라엘아!" 하고 아주 원초적인 이름, 본래적인 이름을 부르고 있다. 근본을 생각하게 하는 하나님의 부르심이다. 즉 '오 내 백성! 원래적인 이스라엘 총회야! 원래적인 내 백성아!' 하고 부르고 있는 것이다.

이것은 그 속에 남아 있는 진실한 거룩한 씨가 있기 때문에 그렇다. 이것은 하나님나라가 있는데 그 속에는 하나님이 심판해야 할 자도 있지만 또한 소망을 주어야 할 자도 있는 것이다. 이것이 바로 남은 자 사상이다. 하나님나라 속에 있는 진실 된 거룩한 자들에게 어떻게 소망을 줄 것인가 하면서 소망의 메시지를 주시고 있는 것이다. 이 메시지를 통해서 마음이 붕괴된 자들은 벌벌 떨게 될 것이고 거룩한 진실한 씨들은 이 메시지를 통해서 소망을 갖게 되는 기가막힌 하나님의 말씀적 처방이다. 예수님의 재림은 믿지 않는 자들에게는 불 못의 심판이지만 믿는 자들에게는 기쁨이요 소망인 것이다. 따라서 그런 고통 가운데 있는 진실 된 거룩한 자들에게 위로의 메시지를 주시는 것이다.

야곱아 이스라엘아!

첫 번째 부르심은 야곱아! 이스라엘아!(원래의 진실 된 이스라엘아!) 네가 어찌하여 "내 길은 여호와께 숨겨졌으며 내 송사는 내 하나님에게서 벗어난다"(사 40:27b)와 같은 기도를 하느냐? 이사야 40:28절, 29절,

30, 31절의 질문에 대해서 하나님께서 반대로 질문을 하고 계시는 것이다. 가장 중요한 개념은 "피곤"이라는 개념이다. 하나님께서 하시는 말씀은 "너 피곤한 자 & 나 피곤을 모르는 자"이다. 너 피곤한 것 알고 있다. 그러나 나는 피곤하지 않다. 피곤한 자는 침상에 누워있다. 그러나 침상에 누워있다고 해도 한 가지는 할 수 있다. 그것은 의사를 향해 눈을 들어 쳐다 볼 수는 있다(31절). 즉 눈을 들어 여호와를 바라보라는 것이다. "오직 여호와를 앙망하는 자는 새 힘을 얻으리니"라고 말씀하신다. 피곤해도 우리의 영적 관심은, 피곤해도 우리의 마음과 생각은 하나님께 집중할 것을 촉구하고 있다.

침체 속에서 방황하고 침상에 누워있어도 상관없다. 내가 다 안다. 그러나 오직 여호와만 바라보라! 실제로 바라보라는 말씀이다. 바라보게 될 때 갑자기 네 속에서 새 힘이 나타나리라(30-31절)는 것을 말씀하고 있다. 아직도 상한 감정과 지친 감정은 남아 있을 수 있다. 그러나 새 자아가 생기면 이전 것은 바라보지 말라는 것이다. 이성적 판단을, 지성적 판단을 하지 말고 오직 여호와만 바라보라는 말씀이다. 이것이 지금 우리 개인뿐만 아니라 교회에 필요할 때이다. 그럴 때 우리 교회가 변화되고 사회가 변화되는 대 역사가 일어날 수 있는 것이다.

섬들아 민족들아

두 번째 부르심은 갑자기 섬들아! 민족들아!(사41:1) 하고 부르시고 있다. 그 이유는 "너희들 까불지 말고 가까이 와 한 번 따져 볼래? 하고 부르시고 있다. "변론" 히브리어는 한 단어이다. "리이브"라는 단어로 검사가 논고할 때나 변호사가 변론할 때도 똑같은 단어를 사용한다. 그런데 우리 한글 성경에는 모두가 검사가 논고하는 것으로 번역되어있다. 섬들과 민족들을 불러놓고 "내가 누구인 줄 아느냐?" 하면서 호통을 치고 있는 모습이다(사41:2-4).

첫 번째 부르심은 이스라엘 백성들이 자꾸 무너져 가고 있는 하나님 나라 소식을 듣고 아이고 나도 모르겠다. 주일날만 가까운 교회에 가서 설교만 들어야 겠다고 좌절하고 낙심하고 있는 자들이 하나님의 소망의 메시지를 듣고 여호와를 앙망하기로 겨우 결심했는데, 세상과 섬들과 작은 이스라엘 주변에 있는 민족들이 이것을 못 봐주는 것이다. 이때 작은 이스라엘은 얼마나 두려움에 떨었겠는가? 이제 겨우 힘을 얻고 뭔가 해보려고 하는데 이것을 방해하고 있는 것이다. 이것을 아시고 하나님께서 주변에 있는 섬들과 민족들을 불러 모으신 것이다. 자기 아들이 이제 겨우 힘을 내서 일어나고 있는데 두려워하고 무서워 떨까봐 하나님께서 미리 이것을 막아주시려는 것이다. "너희 겁내지 마라!" 하시는 것이다. 하나님나라가 일어나게 될 때 섬들과 민족들이 그리고 땅 끝이 무서워 떨게 되어 있다(사41:5). 그런데 그들이 무서워 떨면서도 '함께 모여와서' 하나님나라를 대적하려고 작정하고 있는 것이다. 자신들끼리 서로에게 격려하면서 하나님나라를 대적하는 악의 공동체를 형성하고(사41:6), 섬들이 이스라엘과 전쟁하려고 전쟁준비를 하고 있는 것이다(사41:7).

옛날 사람들의 생각에는 민족 간의 전쟁은 그들 자체의 전쟁뿐만 아니라 그들이 섬기는 신들과의 전쟁으로 생각했다. 그래서 그들은 자신들이 섬기는 신들을 전쟁에 앞서 만들었다. 그리고 이 만들어진 우상을 옮기는 과정에서 마차에 싣고 가다보면 흔들흔들하다가 넘어지기라도 하면 부서질 수가 있으므로 여기저기에다 고정하고 땜질을 하곤 했다.

지금 하나님은 이스라엘 백성들에게 이런 희극적인 모습을 보여주고 있는 것이다. "사랑하는 내 민족들아! 하나님나라를 대적하는 무리들이 의지하는 것은 '우상'이다. 우상은 무능하며 능력이 없는 것이다. 그들이 의지하고 있는 돈과 명예와 이론과 논리 이런 것들은 아무 것도 아니니라!" 하고 하나님께서는 미리 이스라엘에게 정보를 다 알려 주시고 있는 것이다. 그렇게 하는 이유는 '이스라엘아! 겁내지 마라!' 하고 말씀하시고 있는 것이다. '이스라엘아! 적을 두려워하지 말고 우상을 조롱해 버려라! 세상이 가지고 있는 돈을 조롱해 버려라! 왜 돈을 겁을 내느냐! 세상이 가지고 있는 권세를 조롱해 버려라!' 하고 말씀하고 있는 것이다. 따라서 이사야서에 나타나는 특징 중에 하나가 "우상조롱" 이다. 이것은 하나님의 간접메시지인 것이다.

"오! 나의 종! 너 이스라엘아! 나의 택한 야곱아! 나의 벗 아브라함의 자손아!" ...

세 번째 부르심은 우상을 조롱해 버리니까 기쁘신 하나님께서 심리전에 지지 말아야 되는 것을 말씀하신다. 여기서 승리하고 나니까 하나님께서 다정하게 부르시고 있다. "오! 나의 종! 너 이스라엘아! 나의 택한 야곱아! 나의 벗 아브라함의 자손아!"(사41:8) 하시며 다정하게 부르시고 있다. 이렇게 하나님께서 다정하게 부르시는 것은 하나님이 시키는 대로 이스라엘이 순종했기 때문이다. 첫 번째로는 '오직 여호와만을 앙망하라!'는 것이었고 두 번째로는 '우상을 비웃어 버려라!' 였다. 사랑받기를 원한다면 이렇게 순종해야 하는 것이다.

그러나 하나님께서 말 안 듣는 이스라엘을 흩어 버렸던 것이다. 예루살렘을 파괴시켜버렸다. 그러나 흩어져 있는 남은 진실 된 하나님의 사람들을 때가 되어 하나님이 다시 다 부르시고 있는 것이다. 흩어져서 구석에 앉아 있는 이스라엘에게 하시는 말씀이다. 이사야41:10-12절에는 4가지의 약속(8절에서 네 가지로 부르시고 있는 모습과 비교)이 나타나고 있다. '노하던 자들은 수치와 욕을 당할 것'이며, '다투는 자들은 아무것도 아닌 것같이 될 것'이며, '싸우던 자들은 네가 찾아도 만나지 못할 것'이며, '너를 치던 자들은 아무것도 아닌 것 같고 허무한 것 같이 되리니' 라고 말씀하고 있다.

"하나님이 내 오른 손을 붙들고"라고 말씀한다. 싸움은 누가하는 것인가 하면 싸움은 내가하는 것이다(사41:13). 싸우려고 나가는 순간 하나님이 내 손을 붙들어 주니까 천이되고 만이 되어버리는 것이다.

출애굽기 14장에 보면 "너희는 가만히 있을지니라"(출14:14) 라고 모세를 통해 말씀하시는 장면이 나온다. 물론 하나님은 그런 때도 있다. 그러나 지금 출애굽기에서는 이제 하나님나라가 시작되는 단계였다. 아무것도 모르는 이스라엘이었다. 그런 이스라엘에게 하나님께서는 '내가 다 해줄께!' 하는 과정이었다고 한다면, 아사야서에서는 '너 젖 먹던 힘 있지? 그 힘을 다해 찔러봐라! 찌르는 순간 하나님이 그 손을 붙들리라! 네 손을 대적할 자가 없게 하리라!' 그렇게 약속해 주시고 있는 것이다.

그렇다면 누가 주연이고 누가 조연인가? 이스라엘이 주연이고 하나님께서 조연인 것이다.

하나님께서는 사사기에서도 적을 다 소탕해 놓고 적장의 목은 네가 베어라! 결정적인 승리는 우리에게 주시는 것이다. 하나님은 우리 가운데 그렇게 하시는 것이다. '하나님! 나이 많이 먹었고 늙었습니다. 내가 무엇을 합니까?' 하는 것이 아니라 어둠의 세력에 대해 과감하고 당당하게 공격적 기도를 할 수 있기를 원하신다. 원리대로 기도하라는 것이다. 기도의 내용과 목적이 원리에 합당하면 하나님은 역사하는 것이다.

"버러지 같은 너 야곱아!"

네 번째 부르심은 "버러지 같은 너 야곱아!"(사41:4)라고 부르신다. 왜 하나님께서는 갑자기 8절에서는 높이시고 갑자기 버러지로 비유하시면서 원초적인 표현을 하시는가? 우리가 알고 있는 밟으면 터져버리는 버러지를 말씀하시고 있는가? 이것은 이스라엘은 하나님과 관계없을 때는 쓰레기에 불과한 것임을 말씀하시고 있다. 네가 나하고 관계할 때는 "나의 벗 아브라함의 자손"이지만 나와 관계가 없을 때는 "너는 악취 나는 쓰레기 같은 존재요 밟으면 터져버리는 존재인 버러지에 불과하다는 것을 너는 알고 있니?" 하나님은 이것을 우리에게 교훈하시고 있는 것이다. 마지막 승리를 우리에게 안겨주기 전에 "너 자신의 정체성을 확인시켜 주시고 있는 것"이다.(버러지 인식론/ 쓰레기 인식론) '너는 그것을 아느냐?' 이중 인식인 것이다. 8절(나의 벗 아브라함의 자손아)과 14절(버러지 같은 야곱아)의 인식인 것이다. 이 두 가지 인식을 동시에 가지게 될 때 최후의 승리가 주어지기 때문이다.

이사야 41:11-12절로 끝나는 것이 아니다. 사령관이 전쟁을 벌였다. 거의 대부분 승리를 했다. 그런데 사령관이 장군을 불러놓고 격려를 하는 것이 아니라 갑자기 "이 쓰레기 버러지들아! 내가 이렇게 지휘하지 않았다면 너희는 쓰레기에 불과하다!" 라고 말하고 있는 것이다. 황당한 상황이 아닐 수 없다. "너희는 죽을 때까지 내가 없다면 너희는 어떻게 되겠느냐?" 하는 것을 네 자신에게 질문해 보라는 것이다. 왜냐하면 마지막 최후 승리를 위해서 이다. 여러분은 준비되었는가? 여러분은 하나님이 없다면 하나님과 관계하지 않는다면 지렁이와 같은 존재가 맞는가?

하나님께서는 '버러지를 이가 날카로운 새 타작 기계를 삼으리라!'(사 41:15)고 말씀하신다. "버러지 같은 너 야곱아! 예! 맞습니다. 저는 지렁이입니다."라고 시인하자 하나님께서 말씀하신다. "그래! 이제 그 지렁이가 이가 날카로운 새 타작기가 될 것이다!" 라고 말씀하시고 있는 것이다. 이것은 무서운 변신이다. 승리가 보장되는 변신인 것이다.

왜 우리는 '시험받고 이기고' 라는 과정이 없는 것인가...

예수님은 세례(성령 받고)받으시고 시험 받으시고 그 시험을 이기시고 사역을 시작하셨다. 우리는 지금 예수님처럼 이런 과정을 거치고 지금 사역을 하고 있는가? 그렇지 않다면 왜 우리에게는 "시험받고 이기고" 라는 과정이 없는 것인가? 우리는 성령 받고(하나님의 자녀가 되고) 바로 사역을 시작했다. 사단이 예수님께 시험한 내용의 핵심은 "하나님의 아들임을 잊게 하는 것"이었다. 예수님께서 성령 받자마자 들려오는 소리는 "이는 내 사랑하는 아들이요 내 기뻐하는 자라"는 하나님의 아들로서의 존귀한 신분임을 천명했다. 그러나 사단은 "네가 만일 하나님의 아들이라면" 하고 시험을 했다. 즉 하나님의 아들이라는 신분을 포기할 것을 시험했던 것이다.

그렇다면 오늘 우리에게 주어지는 사단의 시험은 무엇이라고 생각하는가? 우리가 세상에서 하나님의 자녀답게 사는 것을 포기하게 하는 것이 사단이 하는 시험의 핵심이다. 그러나 하나님께서 우리에게 요구하시는 것은 하나님의 자녀의 신분을 가지고 세상과 싸우기를 원하신다. 사단의 시험에 예수님은 모두를 하나님의 말씀으로 대적하고 물리쳤다. (신명기 말씀을 인용) 그러나 사단 역시도 하나님의 말씀을 가지고 왜곡하여 인용하며 시험했다(시91:11-12절을 마4:6에서 왜곡 인용). 문제는 우리가 하나님의 말씀을 알고 인용하되 얼마나 정확하고 정교하게 알고 인용하느냐 하는 것이 대단히 중요하다.

하나님이 말씀을 듣고 가면서도 세상 염려와 재리의 염려로 말미암아 말씀의 뿌리를 내리지 못하고 말라 버림으로 인하여 열매를 맺지 못하는 것이 문제이다. 영성훈련, 기도훈련, 세미나를 통해 크게 은혜를 받고 결단하기로 작정했으면서도 결실을 맺지 못하는 이유는 무엇인가? 현실과의 차이 때문이다. 여기서 필요한 것이 믿음의 문제이다.

진정한 믿음은 하나님의 창조 행위에 대한 피조물인 인간의 신뢰심/의지심' 에 그 뿌리를 내리고 있는 것이다...

시편에서의 "믿음"을 해석하는 '해석의 요체'는 '의지' 행위로서의 '믿음'을 말한다. 히브리어 중에 "믿음"을 표현하는 단어들은 여러 가지가 있다. 그러나 그 중에 '믿음'을 표현하는 대표적 히브리어로 '믿는다'라는 의미를 가진 단어보다는 의외로 '의지/신뢰하다'라고 번역되는 바타흐(batah)라는 단어이다. 〔구약전체에서 사용된 총 횟수 약 180 회 중에서 1/3이 넘는 48회 가량이 시편에서만 사용〕 이 사실은 매우 주목할 만하 부분이다.

다행스럽게도 이 "바타흐(batah)"라는 말의 의미를 근본적으로 잘 이해할 수 있도록 도움을 줄 수 있는 해석상의 요체가 시편 22:9-10절에서 발견된다.

맛소라	* 〔시22:9(10)〕 '오 당신은 나를 모태에서 터치고 나오게 하신 분! 내 어머니의 젖가슴 위에 있을 때(부터) **나로 하여금 의지하도록 하신 분'** * 〔시22:10(11)〕 '나는 자궁에서 꺼내어지자 당신께 던져졌습니다. 모태 속에 있을 때부터 당신은 나의 하나님이셨습니다.
70인역	* 〔시22:9(10)〕 '오 당신께서는 나를(나의 어머니의) 배에서부터 끄집어 내신분! **나의 희망**은 나의 어머니의 젖가슴 위에 있을 때부터(당신이셨습니다) * 〔시22:10(11)〕 '나는 어머니로부터 꺼내어 당신에게 던져졌습니다. 나의 모태 때부터 당신은 나의 하나님이십니다.

맛소라와 70인역에 나타난 밑줄 친 부분은 같은 뜻을 가진 말이지만 서로 다르게 표현된 경우를 보여 준다. 즉 '나로 하여금 의지하도록 하신 분'이라는 말은 70인역에서는 '나의 희망'이라는 말과 동일한 뜻을 가진 말로 번역되어 동의 평행을 이루는 것으로 이해/해석된다.

즉 "믿음은 '의지의 대상을 소유'하는 것으로 희망을 가지는 것"이라는 등식이 성립할 수 있다. 시편에 나타난 신앙 현실이 지닌 이러한 특성은 70인역이 '믿음'의 가장 근본적이고 본질적인 상태를 "의지 행위"(바타흐)에서 찾고 있다는 사실을 통해서 확인되고 있다. 또 이 "의지 행위"가 "믿음"과 동의어가 될 뿐만 아니라 "희망 행위"와 특별히 동의어가 된다는 것을 70인역이 여러 곳에서 증거하고 있는 것을 통해서도 확인

된다(참고 70인역의 시 48, 113, 115, 134, 145편 등).

이와 같이 시편 시인들이 '믿음', '의지', 그리고 '희망'을 모두 동의어로 간주하여 동의 평행시켰기 때문에 이 '의지/신뢰'라는 '믿음' 주제가 어떤 특별한 시대 환경 속에서는 '거짓 믿음과 거짓 안전'을 경고하는 예언자적 경고에까지 응용될 수가 있었던 것이다(사7:3-9; 렘7:3-11).

이러한 사실은 분명 시편22:9-10절이 '믿음'의 의미를 '의지/신뢰'로 새롭게 재해석해 준 모범적인 본문이라는 것을 웅변적으로 증언하고 있다고 하겠다. 이러한 사실은 시편이 성경의 다른 책들에서보다 '믿음'의 의미를 더욱 본질적으로, 그리고 더욱 현실적으로 설명해 주는 역할을 하고 있다는 것을 증언해 준다. 그 이유는 무엇인가?

시편 22:9-10절에 의하면 '믿음'은 근원적으로 어머니의 '자궁'안에 그리고 어머니 '젖가슴'위에 있을 때부터 이미 하나님과 결부되어 있었던 것이라고 역설하기 때문이다.

"자궁"(rehem)이라는 단어는 '긍휼'(raham)이라는 의미로 전용되었고 그리고 "젖가슴"(shad)이라는 단어 역시 '전능'(shadahee)이라는 의미로 전용되었다.

즉 인간의 '믿음'은 처음(태초)부터 본질적으로 피조물인 인간이 그를 지으신 창조신에게 전적으로 의존해 있었던 그 '창조주-피조물' 사이의 의지/신뢰의 관계에 기초하고 있었다는 말이다. 여기서 말하는 '자궁'과 '젖가슴'은 전능하신 분의 창조성에 대한 하나의 은유로 사용된 것이라 할 수 있다. 즉 진정한 믿음은 하나님의 창조 행위에 대한 피조물인 인간의 '신뢰심/의지심'에 그 뿌리를 내리고 있는 것이라는 말이다. 따라서 이런 의미에서 보면, 탄원시의 시인이 부르짖은 하나님을 향한 '탄식'은 실제로는 '불신앙'이 아니라 '참 신앙의 한 이면'이라고 보아야 한다. 그러므로 탄원시의 시인들이 외친 '탄식과 기원'은 '신앙/신뢰/의지'의 또 다른 표현이라고 할 수 있다.

따라서 시편에서의 신앙의 절규는 바로 이러한 신학적 맥락 안에 있다. '나의 하나님, 나의 하나님, 어찌하여 나를 버리십니까? 살려 달라고 울부짖는 나의 신음 소리로부터 어찌하여 그리고 멀리 계십니까?'〔시 22:1(2)〕, '나의 하나님이여 내가 밤낮 잠잠치 않고 부르짖어도 주님은 어찌하여 대답지 안으십니까?' '아, 그러나! 주님은 거룩하신 분, 이스라엘의 찬양만을 받으실 분이십니다'[시22:2-3(3-4)] '우리네 조상은 주님을 의지하였고, 주님을 의지하였기에 건짐을 받았습니다'[시22:4(5)] '그들은 주님 향해 부르짖어 안전하였고, 주님 의지하였기에 수치를 당치 않으셨습니다'〔시 22:5(6)〕

지금 이 시인이 말하는 바, 그의 선조들을 구원해 주었던 그 '신앙'은 논의의 여지없이 '야훼에 대한 의지심' 이었다. 그러므로 이 시인은 그의 의지의 대상이신 야훼 하나님을 향하여 '잠잠치 않고 부르짖는다'라고 강변한다. 즉 이 시인과 그의 신앙의 대상 사이의 관계가 매우 현실적으로 묘사되고 있다. 말하자면 '잠잠치 않고 울부짖는 그 탄식'은 하나님을 향한 그의 '의지/신뢰/믿음'의 또 다른(오히려 좀더 강력한) 표현이다. 그러므로 이 '탄식'은 그 옛날 그의 조상들이 의지하였을 때 구원해 주셨던 그분을 향한 '부르짖음'이었다. 따라서 그분께서는 이 '의지에 근거한 부르짖음'에 대해서도 반드시 응답해 주실 것이라는 믿음을 근거해서 외쳤던 것이다. 바로 이러한 모습이 다름 아닌 시편 시들이 갖고 있는 '믿음 이해의 그 진정한 현실' 이다.

'의지', '신뢰' 는 '희망' 을 창조한다...

시인의 '의지'/'신뢰'의 마음은 그가 고난 중에 처하였을 때 그의 의지의 대상을 향하여 잠잠치 아니하고 입을 열도록 만든다. 시편22편의 시인의 경우가 그러하다. 그는 자신이 버림받았다고 생각하는 순간 즉각적으로 '어찌하여?' 라는 이의 제기를 하고 또 연이어 '밤낮 잠잠치 않고 부르짖는다'고 말하고 있다(시22:2). 그리고 숨 돌릴 틈도 없이 '우리 조상들은 당신을 의지하였습니다. 그들은 의지함으로 건짐을 받았습니다. 당신을 향하여 부르짖음으로 구출을 받았고 당신을 의지함으로 수치를 당하지 않았습니다'(시 22:4-5(5-6))라고 말해 버린다. 이것이 바로 '탄식의 부르짖음'이 곧 그의 신앙의 대상에 대한 '신뢰의 또 다른 표현'이라고 그가 확신하고 있었음을 말해주고 있다.

그렇다면 그가 이렇게 자신 있게 외칠 수 있는 근거는 과연 무엇인가? 그 대답이 바로 시편22:9-10(10-11)의 고백이다. "오, 당신은 나를 모태에서 터치고 나오게 하신 분! 내 어머니의 젖가슴 위에 있을 때(부터) 나로 하여금 (당신을) 의지하도록 하신 분(70인역은 '나의 희망'이라고 번역) (그러므로) 나는 자궁에서 꺼내어지자 당신께 던져졌습니다. 모태 속에 있을 때부터 당신은 나의 하나님이셨습니다!" 라고 어머니의 자궁과 젖가슴을 은유로 빌려 대답하였던 것이다.

어머니의 자궁과 젖가슴 속에서의 안전감 즉 '창조자(어머니) 하나님'에 대한 '원초적' 의지/신뢰의 마음(어머니의 젖가슴 위에 있는 것)이 그로 하여금 근원적인 안전감을 갖게 하였고 그러므로 그의 그 '의지'가 그의 희망(나의 희망, 참고 70인역)이 되게 하였던 것이다. 즉 나를 창조하신 분은 '나로 하여금 의지하도록 하신 분'이며 그분이 바로 '나의 희망'이라는 말이다. 이 희망 때문에 그는 그 어떤 경우에도 흔들리지 않고 굳건히 서 있을 수 있다는 것이다.

이러한 '의지'의 믿음은 모든 두려움을 몰아내고 희망을 갖게 할 뿐만 아니라 '거짓 믿음'과 '거짓 안전'(거짓 평화)이 무엇인지를 식별하는 역할도 할 수 있게 했다. 왜냐하면 '평화'는 자주 사람들이 거짓 신뢰에 빠지도록 자신을 위장하기 때문이다.(렘6:14; 14:13-14)

그리하여 예언자 예레미야는 저 유명한 '성전 설교'(렘7:1-15)에서 평화가 아닌데도 평화라고 선전하는 거짓 지도자들의 '속이는 말'을 의지하지 말라!고 경고한다(렘7:4). 즉 회개하는 삶이 동반되지 않는 '성전 건물 신앙'(오늘날 우리 교회들의 모습이 아닌가), 이른바 회개하는 삶은 아랑곳 하지 않고 단지 '이것이 하나님의 성전이다!'라는 말만 주문처럼 반복하여 외치기만 하는 그들의 말을 예레미야는 '속이는 말'이라고 질타하였던 것이다. 여기서 주목할 부분은 예언자 예레미야가 이 '속이는 말'을 질타할 때, 그는 결코 그 속이는 말을 '믿지 말라'고 말하지 않고 단지 그 속이는 말을 '의지하지 말라!'고했다는 점이다. 즉 '믿을 수 없는 말'이 문제가 아니라 그것이 '의지할 수 없는 대상'이라는 데에 문제가 있다는 것을 강조했던 것이다.

운명을 극복할 수 있게 하는 원동력 역할을 하는 '의지 신앙' ...

시편 시인들이 말하는 '의지 신앙'으로써의 '믿음'은 절망의 상황 속에서도 희망을 갖게 하는 실천적인 성격의 믿음을 의미한다. '의지 신앙'으로써의 '믿음'은 결코 관념적인 성격의 믿음이나 '거짓 안보'로 세상을 어지럽히고 세상 사람을 미혹하게 하여 속이는 거짓 믿음이 아님이 '기도'라는 시인의 경건 양식을 통하여 더욱 분명하게 확인되어진다.

시편을 구성하는 주요 시 양식들 중 시편에서 가장 많은 분량을 차지하고 있는 것은 혼히들 오해하고 있듯이 '찬양의 시'가 아니라 '탄원의 시'(기도의 시, Laments-Petitions-Prayer) 라는 것은 구약 신앙과 구약 경건의 특성을 설명하는 데 있어서 결정적으로 중요하다. 어쩌면 구약은 구약시대 하나님의 백성들의 실질적인 삶의 소리이기 때문일 수 있다.

인간은 본질적으로 '하나님을 찬양하는 삶'만을 살 수 없는 존재로 창조되었다. 즉 인간은 비록 하나님의 형상대로 창조되었지만 본래 '신'(불멸의 영혼)으로 창조된 것이 아니라 '흙'(땅의 먼지)으로 빚어졌고 또 흙으로 돌아가야 할 존재로 창조되었다 [창3:19절을 타락한 인간에 대한 징벌의 문맥으로 읽으려는 것은 창2:7과 시90:3, 그리고 구약 신학의 전체 문맥에서 볼 때 오류다] 인간은 본질상 타락하기 쉬운 피조물이다. 그러므로 인간은 '생명을 가지고 태어나는 그 순간부터 고된 종살이의 삶'(욥7:1)을 살아가도록 되어 있다. 그것이 인간의 실존이다.

'참 믿음'은 하나님 앞에 서 있는 피조물로서의 인간에게 있어서는 고된 운명과 사투하는 과정 안에서만이 비로소 바르게 진단할 수 있는 주제이다. 그러므로 하나님 찬양은 하나님 앞에서의 고뇌에 찬 '탄원'의 과정을 통과한 후에야 비로소 '참'(진정한 찬양)이 되는 것이다. 그러므로 시편 세계에서 믿음이란 '믿는다'(to belive/faith)이라는 개념보다는 '바 타흐' (to trust/confidence)라는 개념에서 이해해야 한다. 따라서 교리를 입으로 마음으로 고백하는 그런 '믿음'이 아니라 '참 안전'(샬롬)이 진정으로 보장된 분(personality) 그분과의 삶을 통한 관계 상황 안에서 형성되는 '믿음'이 시편의 세계가 말하는 '믿음'의 실체라고 할 수 있다.

우선 당장 있는 문제의 해결이나 축복의 말씀을 해야 만이 겨우 들어주는 신앙은 결코 성숙한 것이 아니다...

씨 뿌리는 비유에서 볼 수 있는 것처럼 '듣고 지키어' 가 승리의 핵심 요소이다. 듣는 것은 누구에게나 기회가 주어질 수 있다. 그러나 지키는 것은 믿음이 있지 않으면 결코 지킬 수 없다. 모두가 믿음의 문제이다. 우리 위에 걸치고 있는 세상염려와 재리의 유혹과 세상의 핍박을 걷어 버릴 수 있는 능력은 우리 자신 스스로가 갖추어야 할 것들이다.

그러나 우리는 교회에서 핍박과 세상의 염려를 깨뜨릴 수 있는 말씀을 하고 믿음을 요구하고 행함을 요구하면 듣기 싫어하는 모습들이 오늘 우리의 현실이다. 그저 우선 당장 있는 문제의 해결이나 축복의 말씀을 해야 만이 겨우 들어주는 현실이다. 이런 신앙은 결코 성숙한 것이 아니다. 아직도 하나님과의 언약관계에 들어가는 첫 번째 단추도 꿰어지지 않은 것이다. 아무리 아름다운 집을 지었다고 할지라도 그 기초가 튼튼하지 못한 모래위에 지은 집이라면 그 집은 언제든지 무너질 수 있기 때문이다. 그래서 결론은 끝까지 가봐야 한다는 말이 나오고 있다. 죽는 순간까지 가봐야 한다는 말이 바로 그런 이유에서이다.

지금 눈에 보이는 믿음과 헌신과 봉사 이런 것으로는 알 수 없다는 말이다. 겉으로 보기에는 신앙이 좋아 보이고 믿음이 있어 보이지만 신실해 보이지만 그것은 껍데기일 뿐일 수 있다는 말이다. 그 날에 불로 다 태워봐야 한다(그 날 그 때 가봐야 한다)는 말이다. 하나님께서는 우리가 견고한 관계의 확신과 신뢰의 믿음 위에 서서 끝까지 행진하기를 원하신다.

하나님께서는 이제는 한 개인이 아니라 공동체 전체가 믿음으로서 어려움과 난관을 돌파하고 역사하는 믿음을 보시기를 원하신다. 여호수아 2장-6장은 믿음의 역사를 어떻게 공동체적으로 이룰 수 있을 것인가 하는 관점에서 조명하는 것이 필요하다.

믿음을 개인적 차원의 것이라고도 말할 수도 있다. 그러나 믿음은 공동체성을 갖는 믿음이 훨씬 탁월하다. 하나님은 같은 공동체가 함께 믿고 역사를 이루어 버리는 것을 원하신다. 우리와 하나님의 관계에서도 개인성은 굉장히 제한적인 부분에서만 머물 수 있다. 우리가 하나님께 소망을 갖고 하나님을 사랑하고 우리가 하나님께 믿었던 개인적인 행위들은 제한적인 가치를 가질 수 있다. 그러나 그것이 온전하게 되려면 우리가 하나가 되어서 하나님을 믿고 소망하고 하나가 될 때 온전한 것이 되어 진다는 말이다. 하나님께서는 하나님들 앞에서 우리들이 서는 것을 원하시는 것이다.

예수께서 가버나움에 들어가셨을 때 한 중풍 병자를 네 명의 사람들이 지붕을 뚫고 병자를 달아 내리자 예수께서는 "저희의 믿음을 보시고" 중풍 병자에게 이르시되 "소자야 네 죄 사함을 받았느니라"(막2:5) 하고 말씀하셨다. 공동체의 믿음을 보시고 역사해 주시는 하나님의 모습이다. 하나님께서 오늘 우리에게 원하시는 것은 공동체적인 믿음의 행위를 더 원하시고 있다. 공동체적인 믿음을 가지고 우리 앞에 있는 수많은 난관들과 어려움을 고난을 뚫고 나가기를 하나님은 원하신다.

여호와의 전쟁의 원리는 우리가 나가서 싸우는 것이 최선이 아니라 우리가 하나님의 법에 먼저 충실할 때 나머지는 하나님께서 하신다...

여호수아 2장-6장에서는 연합전선을 형성해서 믿음으로 난관을 돌파하는 4가지 과정을 소개해 주고 있다. 4가지 과정은 우리가 어떻게 하나님나라의 믿음의 전투를 시작하고 마무리 할 것인가를 교훈해 주는 내용이다.

첫째는 이스라엘이 여리고성에 정탐꾼을 보낸 장면을 소개하고 있다(수 2장). 그런데 세상에서 일하는 그리스도인의 어리석음을 보여주고 있다. 정탐꾼을 보냈는데 벌써 들통이 나버렸다(수2:1-2). 그러나 문제는 정탐꾼들이 들통난다해도 그래서 목숨을 잃는다고 할지라도 우리는 보내야 하고 그 속에서 하나님께서 지켜 주신다는 믿음으로 나갈 수 있어야 한다. 여호와의 전쟁의 원리는 우리가 나가서 싸우는 것이 최선이 아니라 우리가 하나님의 법에 먼저 충실할 때 나머지는 하나님께서 하신다고 하는 것이다. 이것을 잊어버리면 자기 열심히 나오고 인간적인 방법이 나오는 것이다. 초기 전쟁에서는 우리가 약하고 부족할 수 있다. 주변의 방해와 훼방으로 또는 부정적인 말들로 두려워 할 수도 있다.(수 1:5-9) 그러나 걱정하거나 두려워하지 말아야 한다. 하나님께서는 우리가 전혀 예상하지 못했던 기생 라합을 적진 한 가운데 숨겨 놓으시기 때문이다. 지금 우리 주변에 초기에 낙심시키는 말과 부정적인 말을 하는 사람들이 있는가? 그러나 우리는 초기에 기선을 제압당하면 안 된다. 하나님께서는 분명 라합과 같은 자를 예비해 놓으시기 때문이다. 그러므로 당당하고 담대해야 한다. 마음을 뺏기면 안 된다. 하나님께서 정녕 함께 하신다는 생각으로 무장해야 한다. 하나님나라 원리 가운데 서야 하는 것이다.

왜 우리는 믿음이 나타나야 하는 가장 중요한 순간마다 믿음 보다는 언약궤 보다는 배와 다리가 먼저 생각이 나고 찾고 싶어지 는 것일까?

두 번째는 요단강을 건너가는 장면이다(수3장). 하나님나라 전쟁 방식은 정말 이상한 것임을 발견할 수 있다. 전쟁을 앞에 두고 강을 건너는데는 다리를 만들거나 배를 구하는 것이 가장 시급한 문제일 텐데 하나님은 그냥 건너라는 것이다. "너희 가운데서 언약궤를 맨 제사장이 앞서서 건너가라(죽음을 각오하고)"는 이상한 하나님의 방법이었다.

홍해를 건널 때(모세와 이스라엘 백성)와 지금 요단강을 건널 때는 차이가 있다. 홍해 바다는 아직 이스라엘이 하나님과 언약을 맺지 않았을 때이지만 지금은 하나님과 이스라엘이 언약을 맺은 후였다. 홍해 바다에서는 없었지만 요단에서는 "언약궤"를 매고 건너는 것이다. 언약궤는 하나님과 이스라엘이 맺은 언약의 증거 문서가 담겨져 있다. 언약의 증거를 앞세우는 것이다. 우리는 하나님과의 관계에서 건너가야 할 요단들이 있다. 때로는 그것이 물질일 때도 있다. 그러나 이것들은 실제 삶에 필요한 것들이다. 요단강을 건널 때도 배와 다리는 분명 필요하다. 그러나 이보다 먼저 믿음이 필요함을 역설적으로 말하고 있다. 그래서 하나님의 역사를 경험해야만 한다. 하나님의 언약궤가 필요한 것이다. 왜냐하면 하나님과의 관계를 정확하게 인식하는 것이 먼저 필요하기 때문이다. 그런데 왜 우리는 하나님과의 관계의 인식과 믿음보다는 언약궤 보다는 배와 다리가 그렇게 중요한 것이 되는 것일까? 왜 믿음이 나타나야 하는 가장 중요한 순간마다 믿음 보다는 언약궤 보다는 배와 다리가 먼저 생각이 나고 찾고 싶어지는 것일까?

'언약궤를 매고 요단에 들어가라!' 공동체적인 행위를 말하고 있다. 다 죽을 수도 있다. 그러나 우리가 죽으면 하나님은 하나님과 우리가 맺은 언약을 깨뜨리는 것이 되고 만다. 하나님은 우리와 언약을 깨뜨리는 분이 결코 아니다. 당신이 하신 말에 스스로 식언하시는 분이 결코 아니시기 때문이다. 우리는 이것을 믿고 행하는 것이다. 내가 망신당하면 하나님 역시도 망신당하시는 것이다. 따라서 하나님은 철저하게 연약을 지키시는 분이시다.

그리고 영원히 이것을 기록으로 남기기 위해서 12지파를 상징하는 12돌을 세워 기념했다. 이것은 12지파 전체가 움직였다는 것을 증거 하는 것이다. 이것이 공동체적 믿음의 성격이다. 출애굽 1세대는 요소요소에서 하나님의 은혜를 체험하면서도 하나님을 원망하고 불평했다. 그러나 출애굽 2세대는 원망과 불평보다는 자기 조상들의 방법을 되풀이 하지 않는 모습을 보여주고 있다. 지금 요단을 건널 때도 그들은 불평하거나 원망하지 않고 있다. 우리는 이들이 세운 믿음의 12돌을 볼 수 있어야 한다. 믿음이 있는 자만이 이 믿음의 12돌을 볼 수 있을 것이다. 왜냐하면 오직 그들은 믿음으로 요단을 건넜기 때문이다. 우리의 선진들이 이 길을 걸어갔다. 이제 이 선조들이 이 길로 우리를 초대하고 있다.

전쟁을 앞둔 '할례'의 의미는 적과의 전투가 먼저가 아니라 네 자신들이 먼저 성결하고 공동체적으로 깨끗케 하라는 것이다...

세 번째는 하나님의 전략의 희한함을 다시 한 번 본다. '길갈'에서 적을 앞에 두고 '할례'를 하라는 하나님의 방법이다(수 5:2). 합리적이거나 상식적인 것들을 완전히 죽이는 모습이다. 여기서 '할례'의 의미는 적과의 전투가 먼저가 아니라 네 자신들이 먼저 성결하고 공동체적으로 깨끗케 하라는 것이다. 즉 내적 전투를 통하여 믿음을 먼저 세우라! 는 의미이다. 즉 전쟁은 내가 할테니 너희는 먼저 하나님 보시기에 합당한 모습을 보이라는 것이다. 또한 '길갈'이라는 장소는 이스라엘의 수치가 굴러간다는 뜻의 이름으로 '내가 오늘날 애굽의 수치를 너희에게서 굴러가게 하겠다'는 의미이다. 지금 여호수아는 이스라엘의 수치를 털어내고 싶었다. 새로운 모습이기를 바랬고 새롭게 시작하고 싶었던 것이었다.

우리 속에 숨 쉬고 있는 조건적 믿음들에 대해 할례를 해야 한다. 우리 속에 할례 받지 못한 영역이 어디이고 무엇인가? 구약시대에는 남자만 할례를 했다. 그러나 지금 신약시대에는 여자들도 할례를 받아야 한다. 물론 마음의 할례이다. 할례를 받는 것 이것은 비밀이다. 이 비밀이 새어나면 이스라엘은 패배하는 것이다. 창세기 34장 야곱의 딸 디나의 강간사건에서도 볼 수 있는 것처럼 할례를 시키고 비밀리에 쳐들어가 전멸시킨 사건이다. 그런데도 하나님은 할례를 시키고 있다. 하나님께서 이스라엘에게 할례를 받게 하신데 에는 하나님의 선제적인 조처가 있었다. "요단 서편의 아모리 사람의 모든 왕과 해변의 가나안 사람의 모든 왕이 여호와께서 요단 물을 이스라엘 자손들 앞에서 말리시고 우리를 건네셨음을 듣고 마음이 녹았고 이스라엘 자손들의 연고로 정신을 잃었더라"(수 5:1) 하나님께서 요단의 물을 말려서 이스라엘 백성들이 그 요단을 건넜다는 소식을 듣고 그들이 마음의 녹았고 정신을 잃어버리게 하셨다. 하나님께서는 할례를 통해서 발생될 수 있는 모든 불이익을 미리 조처해 놓으셨던 것이다. 하나님은 그런 하나님이시다. 하나님께서는 미리 조처해 놓으시고 우리의 믿음을 보시고자 했다. 이미 예수께서 우리가 죄인 되었을 때 연약할 때에 원수 되었을 때 십자가에서 죽으심으로 우리를 구속하셨다. 이미 그렇게 조처를 해 놓으신 것이다. 그리고 하나님은 우리에게 이것을 믿느냐는 믿음을 요구하시는 것이다. 믿으면 구원인 것이다.

후손들이 그 모습을 보고 듣고 우리도 그렇게 하나님의 방법으로 하자고 소리 칠 수 있게 해야 하는 것이다...

네 번째로 언약궤를 매고 이스라엘 공동체가 여리고성을 돌라는 하나님의 방법이다.(수 6장) 하나님은 우리에게 순종하는 모습을 보시기를 원하신다. 우리들이 여리고성을 무너뜨려야 한다. 물론 하나님께서 하시지만 외형적으로는 우리가 하게 하시는 것이다. 그래서 이 전쟁을 후손들에게 들려주고 지키게 할 수 있어야 하는 것이기 때문에 그렇다. 후손들이 그 모습을 보고 듣고 우리도 그렇게 하나님의 방법으로 하자고 소리 칠 수 있게 해야 하는 것이다. 비겁한 전쟁이 아니라 하나님께서 이기도록 우리에게 방책을 주시는 것이다.

위 4가지 단계에서 공통적으로 필요한 것은 "믿음"이었다. 하나님은 우리 아버지! 우리는 하나님의 자녀! 언제든지 언약인 것이다. 언약궤와 할례 이 모든 것이 우리와 하나님이 함께 피로 서약하신 언약의 증거이다. 언약궤가 움직일 때 요단은 갈라졌고 이스라엘이 할례 할 때 하나님은 적들을 간담이 서늘하게 했고 언약궤를 매고 돌 때 여리고성이 무너졌다.

우리는 지금 3500년 후에 또 다시 여리고성 앞에 섰다. 세속주의라는 여리고성, 기복주의 라는 여리고성, 물질과 명예라는 여리고성, 모든 진리와 가치관의 혼란이라는 여리고성 앞에 섰다. 어떻게 해야 하는가? 하나의 방식 밖에 없다. 그것이 무엇인가? 오직 우리의 "믿음"이다. "믿음이 없이는 기쁘시게 못하나니"(히 11:6)

출애굽 세대의 실패가 주는 교훈...

우리가 기도하고 선포하기 위해서는 자신감이 있어야 하고 자신 속에 거룩함이 있어야 한다. 믿음은 개인적인 것이다. "나 개인 스스로가 엄청난 난관을 돌파한 경험이 있는가?" 자신에게 물어보아야 한다. 그러나 이런 것들이 당시에는 크게 보이지만 시간이 지나면 그것이 아무것도 아닌 것같이 보일 수 있다. 따라서 이제는 개인적으로 믿음을 적용하는 것이 아니라 공동체적으로 신앙을 적용해 보는 것이 필요하다.

여호수아 2장-6장을 보면 하나님의 믿음의 자녀들이 4가지 믿음의 난관들을 뚫고 나간 것을 소개해 주고 있다. 각 단계를 돌파하면서 그들의 믿음이 성숙되어지는 것을 볼 수 있다. 이들은 출애굽 2세대들이었다. 그런데 출애굽 1세대들은 어떻게 이 4가지 단계를 돌파하지 못하고 무너졌는가를 상고해보면 잘못된 것을 통해서도 교훈을 얻을 수 있다.

증거를 좋아하는 민족에게 증거를 보여주니까 믿어준 것...

출애굽 2세대는 가나안 땅까지 들어간 사람들이었는데 비해 출애굽 1세대는 애굽에서 나와 어떻게 실패하고 어떻게 온전하지 못했는가를 상고해 보는 것도 중요하다. 출애굽기 4장에서 모세는 "하나님! 나에게 나타난 증거를 주십시오!" 라고 했다. 즉 하나님! 당신이 나와 함께 하는 증거를 주십시오! 하나님! 나 맨손입니다. 그런 모세에게 하나님은 능력을 주셨다. 또한 하나님은 호렙산에 있는 아론을 불러 모세의 동역자로 부쳐 주셨다. "모세와 아론이 가서 이스라엘의 모든 장로를 모으고 아론이 여호와께서 모세에게 명하신 모든 말씀을 전하고 백성 앞에서 이적을 행하니 백성이 믿으며 여호와께서 이스라엘 자손을 돌아보시고 그 고난을 감찰하셨다 함을 듣고 머리 숙여 경배하였더라"(출4:28-31) 라고 말씀하고 있다. 지금 그들은 모세의 이적을 보고 믿어주는 모습이다. 이들은 지금 아브라함의 자손이었음에도 불구하고 그들은 애굽 땅에서 종 노릇하고 있다. 그들을 빼어내기 위해서 무엇이 필요한 것인가를 하나님은 아셨다. 증거를 좋아하는 민족에게 증거를 보여주니까 믿어준 것이었다. 이 믿음은 참 믿음이라고 할 수 없다. 단지 믿어준 것뿐이었다. 이 속의 그들의 변화는 없었다.

역사가 나타나야 믿어줄 것인가? 아니면 믿을 때 역사를 경험하겠는가?

모세와 아론은 문제에 봉착했다(출 5장). 모세와 아론은 바로에게 가서 "이스라엘 하나님 여호와의 말씀에 내 백성을 보내라 그들이 광야에서 내 앞에 절기를 지킬 것이니라 하셨나이다"(출5:1) 라고 말했다. 그러자 바로는 "여호와가 누구관데 내가 그 말을 듣고 이스라엘을 보내겠느냐 나는 여호와를 알지 못하니 이스라엘도 보내지 아니하리라"(출5:2)라고 말하며 강력하게 반발했다. 여기서 끝나지 않고 상황은 더 어렵게 되었다. 이런 모세와 아론의 말이 바로를 더 분노하게 했고 바로는 그 분노를 노역을 하고 있는 이스라엘백성에게로 돌렸다(출5:10-14). 그럼에도 불구하고 모세와 아론은 이스라엘 백성들에게 애굽에서 나와야 한다고 역설했다. 그러나 그들은 모세와 아론에게 "너희가 우리를 바로의 눈과 그 신하의 눈에 미운 물건이 되게 하고 그들의 손에 칼을 주어 우리를 죽이게 하는도다!"(출 5:21)라고 말하며 대적했다. 그렇다면 조금 전 "백성 앞에서 이적을 행하니 백성이 믿으며 여호와께서 이스라엘 자손을 돌아보시고 그 고난을 감찰하셨다 함을 듣고 머리 숙여 경배하였더라"(출 4장 30-31)의 믿음은 어디로 갔는가? 성경에서는 너희의 믿음이 아침의 안개와 같다고 말씀하시고 있다.

지금 이스라엘 백성은 믿는 순간부터 어려움이 시작되고 있는 모습이다. 마치 사람들로 하여금 예수 믿었기 때문에 이런 어려움이 생기지 않앉는가 하는 생각을 갖게 하는 것이 사단의 계략이다.

그러나 여호수아 2장에는 정탐꾼이 들어가자마자 바로 들켜버렸다. 그럼에도 불구하고 믿음 가운데 명령을 따라 순종하고 갔더니 하나님은 적진 한 가운데 우리 편(라합)을 두시고 하나님의 역사를 나타내셨던 하나님이었다. 그런데 이런 이적을 보여주는 데도 온전한 믿음가운데 들어가지 못하는 자들의 모습이 바로 출애굽 1세대의 모습이었다.

그렇다면 우리는 출애굽기 5장편에 서겠는가? 아니면 여호수아 2장편에 서겠는가? 역사가 나타나야 믿어줄 것인가? 아니면 믿을 때 역사를 경험하겠는가? 출애굽 1세대와 출애굽 2세대는 이렇게 차이가 나고 있었다.

하나님께서는 우리에게 개인적인 믿음보다도 공동체 전체가 믿음으로 역사하는 것에 우리를 초대하고 있다. 물론 이 믿음의 역사가 나타나기까지는 하나님의 자녀가 되는 믿음이 가장 중요하다. 하나님의 자녀가 되었다면 자녀로서 엄청난 권위와 권세 그리고 권능을 하나님은 우리에게 주셨다. 우리가 그것을 누리게 될 때 세상에 있는 것들이 가치 없게 보이는 것이다. 그러나 우리 속에 다른 것이 있다면 하나님께서 주신 권위와 권세 그리고 권능은 누리지 못한다. 이것이 현실의 어려움 속에서 난관을 돌파하지 못하고 주저앉아 있는 모습이다.

당신이 지금 서 있는 믿음의 위치는 어디인가? 이제 하나님께서는 공동체의 믿음을 묻고 계시고 발전적인 믿음을 요구하시고 있다. "그 사람들의 고역을 무겁게 함으로 수고롭게 하여 그들로 거짓말을 듣지 않게 하라"(출 5:9) 하나님의 계시를 거짓말이라고 말하고 하나님을 믿는다고 하는 자들에게 더 어렵고 힘든 일들을 주어 하나님을 믿지 않게 하라는 것이다. 그렇다면 이것들을 돌파하고 난관을 뚫고 나갈 수 있는 믿음이 있어야 하는 것이다. 우리 중에 누군가가 어렵고 아플 때 우리가 공동으로 같이 기도하고 협력으로 금식할 때 그 문제는 풀어지게 되는 것이다. 사단은 우리에게 더 힘든 어려움들을 가지고 역사를 하고 있다. 지금 우리가 듣는 하나님의 말씀도 거짓말이라고 속이려고 삶의 어려움을 통해서 좌절하고 낙심하게 만드는 것이다. 그러나 분명한 것은 우리는 출애굽 1세대가 되지 말고 출애굽 2세대가 될 수 있어야 하는 것이다. 이미 우리는 출애굽 1세대를 통해서 교훈을 받았다.

이제 요단강을 돌파하여 건너가야 한다.(수 3-4장) 지금 실질적으로 필요한 것이 있다면 요단강을 건너기 위해 필요한 것은 일반적이고 합리적 근성을 포기하는 것이 필요하다. 오직 믿음으로 언약궤를 지고 말씀에 순종하고 앞으로 나가는 것이 필요하다. 당시 이스라엘 백성들 중에 불평한 사람은 한 사람도 없었다. 모두가 다 한 마음이었다. 그러나 정반대로 출애굽기에서는 홍해를 돌파해야 하는 문제가 있었을 때 이스라엘 백성들에게는 원망과 불평과 진실한 믿음이 없었다. 그들은 굉장한 두려움 가운데 떨게 되었다. 그 두려움의 내용이 그들 앞에 있는 홍해뿐만 아니라 그들 뒤에서 추격하고 있는 바로의 군대까지였다. 마치 "네가 예수 믿기 위해 나가겠다고! 어림없는 소리하지도 마라! 내가 다시 너를 붙잡아 둘거야!" 하며 으르렁거리는 주변 환경들과 같다 할 수 있다. 그러나 그런 가운데에서도 믿음으로 굳건히 나갈 수 있어야 하는 것이다.

애굽의 바로가 군대를 이끌고 이스라엘을 뒤쫓아 온 것을 보고 이스라엘 백성들의 반응은 어떠했는가?(출14:10-12) "차라리 집에 있었으면 (차라리 애굽에 있었으면) 더 좋았을텐데 왜 우리를 여기까지 끌고 와서 죽게 하는가? 애굽에 매장지가 없어서 여기까지 끌고 왔는가? 차라리 내버려두었으면 이런 고생은 하지 안았을텐데! 왜 우리를 이 고생을 시키는가!" 하고 자신을 한탄하고 지도자 모세를 원망하는 출애굽 1세대의 현실적인 믿음의 모습이다. 그들에게는 난관을 돌파하는 믿음뿐만 아니라 기본적인 믿음도 없는 상태이다. 이런 모습은 그 동안 하나님을 진심으로 믿는 믿음이 있어서가 아니라 믿어주는 것이었고 모세를 믿어주는 믿음의 결과였다. 우리 중에는 이런 믿음은 없는가?

이에 대한 모세의 반응은 어떠했는가?(출14:13) 만일 진퇴양난의 상황 가운데 처했을 때 그것이 개인이든 공동체이든 당신이 가장 먼저 하기 쉬운 것이 무엇인지 아는가? 그것은 죄악을 전염시키는 것이다. 불안을 전염시키는 것이다. 침묵하고 하나님께 엎드리는 것이 아니라 수군수군 하는 것이다. 불안과 원망을 주변사람에게 전염시키는 것이다.

당신이라면 이런 공동체적 어려움이 있을 때 이것을 초월하고 나가서 하나님이 원하시는 공동체를 만들 수 있겠는가? 여호수아서 3장-4장에서 출애굽 2세대는 그렇지 않았다. 그들은 요단강을 앞에 두었을 때 언약궤를 매고 앞으로 나갔다. 한 사람도 물속에 들어가 빠져 죽지는 않을까 하고 두려워하고 불안해하는 사람이 없었다.

하나님께서는 당신에게 출애굽 1세대의 부끄러운 모습을 보게 하시고 당신이 한국 교회 속에서 새로운 일을 시작하게 하시고 있다. 단지 예수 믿고 천국 가는 것만이 전부가 아닌 것을 명심해야 한다.

하나님께서는 여호수아에게 "할례를 행하라"고 명령하셨다.(수5장) 뒤에는 요단강 앞에는 여리고를 놓고 할례를 하라는 말씀이다. 적이 쳐들어오면 다 죽을 수 있는 상황이었다. 그러나 이스라엘 백성들이 두려워하거나 불안해서 할 수 없다고 반항하는 사람이 한 사람도 없었다. 만일 당신에게 이런 상황이 주어졌다면 당신은 어떻게 반응 할 수 있는가? 이런 상황 가운데서 당신은 앞으로 돌파할 수 있는가? 출애굽 1세대는 이런 상황 가운데서 무너져 버렸다. 이들은 출애굽기 19장에서 하나님과 언약을 맺었음에도 불구하고(하나님과 결혼을 했음에도) 참으로 하나님을 신뢰하고 의지하는 믿음이 없었던 것이었다. 오늘 우리들 속에 있는 엉터리 신앙과 엉터리 믿음의 실제를 잘 보여주고 있는 것 같다.

여리고를 치는 것은 이상한 방법의 전쟁이었다(수 6장). 여리고성을 돌고는 소리 지르는 전쟁이었다. 이에 반대로 출애굽 1세대의 모습은 민수기 13장(정탐꾼 사건)이었다. 그들의 모습은 불신앙의 태도의 모습을 보여주고 있을 뿐이다(민13:30-33). 이들의 이런 존재의 가벼움으로 인하여 그들은 광야에서 죽음을 맛보아야 하는 비참한 현실이 기다리고 있을 뿐이었다. 그러나 출애굽 2세대들은 여리고성을 돌라는 명령에 순종했다. 그들은 왜 돌아야 하는지 이유도 묻지 않았다. 출애굽 1세대들은 자기들을 메뚜기로 비하하며 두려워했고 불평했다. 그러나 그들은 출애굽기 19장에서는 하나님의 존귀한 자 즉 보배라고 했었던 자들이었다. 따라서 민수기 13장의 존재들은 근본이 안 된 존재들이었다. 그들은 하나님과 언약을 맺은 사람들이었고 하나님의 능력을 경험하며 출애굽한 사람들이었다. 그들은 하나님과 언약을 맺은 후 우상을 숭배하였음으로 언약적 저주를 통해서 마땅히 죽어야 할 자들이었지만 또 다시 한 번 은총을 입었던 자들이었다(출 32장). 그럼에도 불구하고 그들은 민수기 13장에서 불신앙의 극치를 보여주었다. 결국 그들은 실패했고 광야에서 38년 동안 방황하다가 죽었다.

출애굽 1세대 공동체는 여호수아와 갈렙을 제외한 나머지는 다 죽었다. 그러나 출애굽 2세대 공동체는 아간만 제외하고는 모두가 다 가나안 땅에 들어갔다. 이 대비를 당신은 어떻게 설명해야 할 것인가? 하나님은 우리 공동체에게 이런 상황 가운데서 어떻게 서야 할 것인가를 놓고 우리를 초대하시고 있다.

이제 우리는 달라고 기도하는 것이 아니라 내가 결단하고 행동으로 옮겨야 한다. 지금 우리 중에는 개인적인 믿음과 개인적인 영적 전투를 많이 생각하고 있다. 그러나 전쟁은 항상 공동체로 한다. 어떤 한 개인이 나가 싸우는 것이 아니라 우리 모두가 하나님 앞에 바로 서서 온 가족이 손을 마주 잡고 교회를 위해서 또는 가정을 위하고 국가를 위해서 기도하고 찬양할 때 비로소 교회가! 가정이! 나라가! 바로 세워지는 것이다. 결코 교회 지도자 몇 명만이 하는 것이 결코 아닌 것이다…

제 6장   꿰어야 할 다섯 번째 단추 (시편 18편)

"그리스도인의 의를 덧입고 있는가?"

하나님의 축복의 원리는...
　　'반응의 원리' '그럼에도 불구하고' 의 원리

그리스도인의 의를 덧입어라

시편 18편에는 "여호와의 종 다윗의 시, 영장으로 한 노래, 여호와께서 다윗을 그 모든 원수와 사울의 손에서 구원하신 날에 다윗이 이 노래의 말로 여호와께 아뢰어 가로되"라는 머리말이 붙어 있다. 다윗은 이 시를 지을 때 이미 왕이 되어 있었지만 자신을 "여호와의 종"이라고 부르면서 자신의 왕권에 대해서는 아무런 언급도 하지 않고 있다. 그러므로 다윗은 유다의 왕이라는 사실보다도 여호와의 종이라는 사실에 대해 더 자부심을 가지고 있었던 사람이라고 생각할 수 있다.

이 시의 내용은 사람들의 입맛에 맞춘 것이 아니라 오직 여호와를 향한 말이라는 것에 주목해야 한다. 즉 우리가 하나님께 예배를 드리거나 주를 섬기는 일에서 여호와께 영광을 돌린다는 한 가지 목표를 가져야 한다는 말이다. 따라서 이 찬양은 마음을 다해서 여호와를 향한 것이 아니라면 아무 가치가 없다.

I love YOU, O LORD, my strength!

"나의 힘이 되신 여호와여 내가 주를 사랑하나이다"(시18:1)라고 말씀하고 있다. 이 말씀은 마치 나의 힘이 되어 주시니까 사랑한다는 조건부처럼 보이고 있기도 한다. 그러나 원문에는 처음에 강력하게 "I love You!" 라고 외치고 있다. 여기에서 말하는 사랑은 일반적인 의미의 사랑을 말하는 것이 아니라 여자의 자궁을 의미하는 "레헴미"(*lehemmi*)라는 명사가 동사화 된 단어를 쓰고 있다. 즉 여자가 자신의 자궁 속에 있는 아이를 얼마나 사랑하겠는가? 아마 죽도록 사랑할 것이다. 그렇게 '자신의 자궁 속에 있는 아이를 사랑하듯이 내가 당신을 사랑합니다!' 라고 말하고 있는 것이다. 굉장히 강력하고 진한 표현을 사용하고 있다. 그 단어를 맨 앞에서 외치는 것이다. 이것은 위대한 선포라고 말할 수 있다.

그리고 하나님과 나와의 관계를 "당신은 나의 힘"(You are my strength)이라고 요약하고 있다. 원래 시 18편은 삼하 22장의 다윗의 시를 요약한 내용이다. 그런데 그 곳에는 1절이 없다. 바로 2절부터 시작하고 있다. 그런데 이 내용을 시편으로 옮기면서 1절을 붙였다. 1절을 붙인 이유는 다윗의 생애 전체를 요약해 놓은 한 마디가 바로 시18편 1절이라는 것을 말하기 위한 것이라 볼 수 있다. [I love You, O LORD, my strength!] 그렇다면 하나님이 나의 힘이 되신 이유를 알아야 할 것이다. 이 긴 시편의 내용 속에 진하게 나오고 있다.

시편18편은 삼하 22장에서 세바의 반란을 평정한 이후에 다윗이 자신의 후반전을 맞이하면서 하나님께 드렸던 찬양을 그대로 옮겨놓고 있다. 그래서 삼하 22장은 사건이 등장하고 시편 18편에서는 그가 그 사건의 현장에서 그가 어떤 기도와 찬양을 드렸는가가 연결되어 있는 내용이다. 즉 모든 대적을 물리치고 난 다음에 하나님께 그가 예배하면서 이 찬양을 올려드린 것이다. 다윗은 은혜를 되새기고 있다. 나를 구속하신 하나님! 나를 인도하신 하나님! 나를 여기까지 도우신 하나님! 그 하나님에 대한 회상과 감사와 감격을 고백하는 것이다. 그의 과거를 하나하나 돌아보면 가슴속에 남는 한 가지 유일한 고백은 은혜였다. 그리고 앞으로 내가 살아갈 이유 역시도 은혜인 것이다. 은혜를 가슴속에 되새겨 보면서 가슴속에 터져 오르는 감사와 감격을 담고 고백하는 찬양이다. 인생 광야에서 나를 만나주시고, 나를 인도하시고, 나를 보호하시는 하나님, 그 은혜에 감사하는 내용을 담고 있다. 다윗은 치열한 전쟁터에서 그는 일평생을 살아왔는데 그때마다 어떤 방패가 그를 보호한 것이 아니었다. 어떤 견고한 산성이 그를 보호한 것이 아니라 하나님의 은혜가 자신을 보호하고 호위했다는 것을 그는 지금 고백하고 있다.

> 우리의 신앙은 삶의 현장에서 경험되어지는 것이어야 되고 확증되는 것이어야만 한다. 왜냐하면 하나님이 살아계시기 때문이다...

사무엘하 22장2절부터의 내용도 똑같다. "건지시는 하나님"(2절)을 찬양한다. 죄로부터 자기를 건졌고 어둠으로부터 자기를 건졌다! 나를 건진 분이 하나님이시다. 어떤 권력이 아니다. 하나님이시다. 이것은 체험적인 하나님에 대한 고백을 담고 있다. 신앙은 어떤 이상적인 것만을 이야기 하지 않는다. 우리의 신앙은 삶의 현장에서 경험되어지는 것이어야 되고 확증되는 것이어야만 한다. 왜냐하면 하나님이 살아계시기 때문이다. 오늘 우리 삶 속에서 하나님의 보호하심과 인도하심이 구체적으로 얼마큼 풍성한가를 가슴속에서 한 번 느껴보고 확증하는 신앙이 되어야 한다. 한 번 잠깐만이라도 돌아보라! 얼마나 큰 은혜인지! 얼마나 큰 하나님의 사랑인지! 체험적인 하나님이시다. 우리가 살아가면서 매순간 여기까지 하나님께서 인도하셨다 뿐만 아니라 모든 상황에서 나를 인도하셨다! 이것은 체험적인 것이 되는 것이다.

인생 수십 년 살아오면서 내 힘으로 만만하게 되는 것이 어디 있는가? 때로는 어려움도 하나님의 도우심이었지만 때로는 쉽게 된 것조차도 더더욱 하나님의 도우심이었다. 이것을 아는 것이 신앙의 경륜이다. 미숙할 때는 쉬운 것은 내 힘으로 되는 것이고 어려울 때는 하나님 도와주세요! 해서 되는 것으로 알지만 신앙의 성숙이라는 것은 어려운 것도 하나님의 도우심이고 쉬운 것조차도 하나님의 도우심이었다는 것을 아는 것이다. 내 힘으로 한 것은 아무것도 없는 것이다, 오직 남는 것은 은혜뿐이라는 것이다. 그 하나님을 어떤 현장에서 경험하고 있는가? 어떤 곳에서 하나님을 체험하는가? 나의 방패가 되신다! 나의 산성이 되신다. 나를 건지시는 분이시다. 그분이 나의 요새가 되신다. 우리는 매일 그 은혜를 누리고 살고 있다. 살아가는 모든 현장이 하나님의 은혜가 아니면 안 되는 현장이기 때문이다. 운전하는 사람은 운전을 할 때마다, 사업하는 사람은 오늘도 사업 할 때마다, 직장 생활조차도 하나님의 도우심이 필요하고 자식을 키우는데도 하나님의 도움심이 너무 필요하다. 매 순간 하나님의 도우심이 필요하지 않은 현장이 없다. 그래서 기도하고 하나님의 도우심을 끊임없이 구하는 것이다.

　기억해야 한다. 우리 삶이 평탄할 때뿐 만 아니라 하나님은 고통의 광야에서도 함께 하신다는 사실이다. 그래서 다윗이 "나의 하나님"이라고 고백하는 것이다. 따라서 하나님을 나의 하나님이라고 부를 수 있는 사람처럼 복된 사람은 없다. 하나님을 내 아버지라고 부를 수 있는 사람처럼 존귀한 사람은 없다. 나의 하나님만큼 좋은 단어가 있는가? 내 아버지만큼 좋은 고백이 있는가? 너무 가깝고 너무 친근하고 너무 소중한 것이다. 범죄 했을 때에도 나의 하나님이다. 곤고한 광야에서도 나의 하나님이시다. 한 번도 나를 떠난 적이 없으신 하나님! 신실하신 하나님! 결코 나를 외면하시지 않으시는 하나님! 때로는 더 힘들고 고통스러울 때도 더 함께 하시는 하나님! 나의 하나님이시다.

　왜 성경은 기도하라고 하는가? 하나님이 함께 하시는 소중한 현장이 되기 때문이다. 다윗은 그래서 곤고한 날에는 하나님께 부르짖는다! '내가 나의 하나님께 아뢰었더니 그가 그의 성전에서 나의 내 소리를 들으심이여 나의 부르짖음이 그의 귀에 들렸도다!' 이것은 그의 확신이다.

**　'하나님! 내가 남입니까?' 이것은 분명하고 확실한 언약관계 속에 있지 않으면 결코 할 수 없는 소리이다...**

　다윗은 그를 추적하는 사울을 피해 유대의 동굴과 험준한 바위산과 광야를 방황하며 피신했던 시절을 의미하고 있는 "하나님은 나의 반석이요 요새시요" 라는 표현을 사용하고 있다. 또 다윗은 하나님은 구원자이시요 방패시요 산성이시요 안전한 피난처라고 군사적인 표현을 사용하면서 하나님과 자신과의 관계를 말하고 있다. 이와 같이 하나님은 신실한 자를 머리끝부터 발끝까지 보호해 주시는 하나님임을 말하고 있다 (시18:2-3). 하나님께서 과거에 구원을 베푸셨던 것처럼 이제 앞으로도 모든 환난과 다툼에서 나를 구원하실 것임을 확신하고 있는 것이다. 다윗은 이것을 믿으며 여호와께 즐거이 부르는 노래를 시작하고 있다.

　진정으로 구원받은 자는 노래 할 수 있다. 진정으로 감사하며 찬양할 수 있다. 그러나 많은 사람들이 구원을 받고서도 슬퍼하며 의심을 버리지 못하고 있다면 그 사람의 구원에 대해서는 생각해 보아야 할 것이다. 다윗은 자신이 구원받았다는 믿음이 확실했다. 그래서 그는 싸우면서도 노래했다. 그 입술로 노래하면서 전투에서 승리했다. 지난 과거에 하나님의 자비를 체험하고 또 날마다 새롭게 역사하시는 하나님을 체험하면서 새로운 환난이 닥칠 때에도 하나님의 사랑에 확신을 갖고서 믿음으로 이 환난을 감당하고 또 승리한다면 무엇이 두렵고 무섭겠는가?

　그런데 지금 다윗은 가장 두려운 형태의 죽음이 그를 둘러싸고 위협했다. 마치 죽음이 하얀 이빨을 드러내고 그를 삼키려고 하는 것처럼 곤경에 처했다. '사망, 음부'라는 단어가 3회나 반복되고 있다(시18:4-5). 이것은 내가 거의 죽기일보직전까지 갔다는 것을 의미하고 있다. 다윗이 잘못해서 그렇게 된 것이 아니라 하나님 앞에 의로운데도 불구하고 죽기 직전 까지 갔던 것이다. 완전히 매장 당하기 직전까지 간 상태를 말하고 있다. 의롭지 못한 자들, 불의한 자들이 파도처럼 몰려와서 의로운 자들을 덮쳤다. 사람들은 경건한 자들을 비웃고 멸시했다. 사방에서 들려오는 소리는 마치 지옥에서 들려오는 소리와도 같았다. 사탄은 지옥의 사냥개를 데리고 끝까지 추적해올 뿐만 아니라 교활하게 만든 치명적인 올가미를 가지고 추적해 오고 있다. 이제 도망 갈 수 있는 길은 모두 차단당하고 말았다. 이제 소망이라고는 아무 것도 없다. 자신의 구원을 위해 할 수 있는 길은 아무것도 없다. 이 보다 두렵고 무서운 것은 없을 것이다. 지금 이런 상태의 지경까지 갔다.

　그 가운데서 다윗은 "저가 그 전에서 내 소리를 들으심이여"(시18:6)라고 말하고 있다. 여기서 '전'이라는 말은 '공동체의 원리 속에서'라는 말을 의미하고 있다. 하나님과 우리는 언약을 맺었다. 그런데 언약을 맺은 하나님과의 관계 속에서 하나님이 하시는 원칙이 있다. 그 원칙은 하나님의 언약 전쟁의 원칙에 따라 하나님이 행동하신다는 것이다. 이스라엘이 하나님과의 언약에 충실할 때는 'for 이스라엘'이다. 그러나 이스라엘이 언약에 충실하지 않고 우상을 숭배하고나 하나님의 뜻 가운데서 벗어나 하나님을 배신하면 'to 이스라엘' 이다. 하나님과 우리가 맺은 언약이 그 만큼 무서운 것이다. 공적으로 한 것이고 피를 뿌리며 한 것이기 때문에 생명이 걸린 문제이다. 하나님이 그 약속을 어기면 '하나님! 당신도 죽으셔야 합니다!' 라고 요구할 수 있는 엄청난 약속인 것이다. 지금 다윗이 그것을 요구했던 것이다. '하나님! 내가 남입니까?' 이것은 분명하고 확실한 언약관계 속에 있지 않으면 결코 할 수 없는 소리이다. 그 가운데서 시내산에서 언약을 맺을 당시 하나님의 강림의 상황을 언급하고 있다(시18:7-19). 즉 이것은 그의 종의 부르짖음을 들으시고 그의 종을 괴롭히는 자들에게 싸울 준비를 하시는 하나님의 엄위로우시고 근엄하신 모습을 드러내고 있는 것이다. 하나님의 반응과 하나님의 움직임을 상세하게 기록하면서 하나님의 능력의 강림은 "물밑"과 "세상의 터"를 책망하시고 정복하시고 있다(시18:15). 즉 이 말은 죽음으로 주의 종을 위협하는 모든 포악한 적들을 정복하시는 것을 상징하고 있다. 다윗은 자신의 대적이 자신보다 힘이 세다는 것을 잘 알고 있었다. 그러나 하나님이 자신을 건지셨다. 그것은 내가 하나님의 자녀이기 때문이기도 하지만 내가 하나님의 뜻대로 행하는 것이 더 중요한 이유였다.

그 동안 교회에서는 "그리스도의 의" 말고 "우리의 의" 라는 것을 모두가 부정적인 입장으로만 말해왔다...

우리는 오직 "그리스도의 의"로 하나님의 자녀가 되었다. 문제는 하나님의 자녀가 된 다음에 어떻게 사느냐 하는 문제이다. 하나님의 자녀가 된 다음에 우리는 하나님 앞에서 어떻게 살 것인가를 작정해야 한다. 이것이 바로 "그리스도인의 의"에 대한 것이 문제이다.

바울은 "내가 모든 사도보다 더 많이 수고하였다"(고전15:10) 고 말했다. 자신은 다른 사도들보다 늦게 사도가 되었기 때문에 다른 사도들에 비해 더 열심히 노력했다는 말이다. 그렇다면 우리는 이 노력을 어떻게 표현해야 하는가 하는 문제이다. 여기서 다윗은 이것을 "내 의" 라고 말하고 있다. 그런데 우리 교회에서는 "그리스도의 의" 말고 "우리의 의"라는 것을 모두가 부정적인 입장으로만 말해왔다. 그러나 성경에서는 우리의 의 즉 "그리스도인의 의"에 대해서 말하고 있다. 물론 여기에는 의롭지도 않으면서도 자신이 의롭다고 주장하는 의와는 구별되는 '의'이다. 또한 자신의 영광을 위해 주장하는 더러운 의와도 구별되어지는 의이다.

그 결과 세상에서 승리하는 하나님나라를 볼 수가 없었던 것이었다. 세상을 정복하고 다스리고 지배하라는 말씀을 교회에서 하고 있지만 그런 모습은 교회 가운데서 찾아 볼 수 없고 교회 안에는 거의 힘도 없는 자들만이 모여 있는 그런 모습으로 비추어 왔다. 그러나 시편18편에서는 명확하게 "내 의를 따라 상 주시며" '내 의'라고 말씀하고 있다. 그 동안 이 문제가 해결이 안 되니까 시편 18편은 오직 그리스도만이 쓸 수 있는 시편이라고 취급하는 학자들이 대부분을 차지하고 있었다. 그러나 이 시편은 우리와 성정이 같은 다윗이 썼고 다윗의 생애를 요약하고 있다. 그렇다면 우리도 그렇게 해야 되는 것 아닌가? 이것은 우리가 하나님과 언약적인 관계를 이해하지 못하면 결코 이해할 수 없는 문제이다.

내려주시는 하나님의 은혜에 내가 믿음을 통해서 그 은혜에 반응하는 것으로 '언약적 관계로서 의'를 그리스도인의 의라 할 수 있다…

그렇다면 "그리스도인의 의" 라고 하는 것은 무엇을 말하고 있는 것인가? 우리가 하나님의 자녀가 되는 데에는 우리의 의는 전혀 쓸모가 없고 오직 "그리스도의 의"로 하나님의 자녀가 되는 것은 말할 필요도 없다. 그러나 하나님의 자녀가 된 다음에 하나님이 우리 생애를 어떻게 쓸 것인가를 가르쳐 주신다. '이렇게 하라! 또는 저렇게 하라!' 하고 당신의 뜻을 말씀하신다. 거기에 즉 하나님의 말씀에 온전하게 순종하고 충성하는 것을 "너의 의"라고 우리 가운데 말씀을 해주시고 있다. 즉 이것은 '언약적 관계로서 의'이며 '관계의 의'인 것이다. "이는 내가 여호와의 도를 지키고 악하게 내 하나님을 떠나지 아니하였으며 그의 모든 규례가 내 앞에 있고 내게서 그의 율례를 버리지 아니하였음이로다"(시18:21-22)라고 말씀하고 있다. '내가 너에게 다 주었지 않니! 이제 네가 공부할 차례 아니니?' 하고 말씀하시는 것이다. 공부할 수 있는 여건은 부모님이 다 해 주시면 그 다음 그 아이가 공부를 열심히 해서 일등도 하고 꼴찌도 하는 것이다. 공부할 수 있는 여건을 부모님이 다 해 주셨는데도 아이가 공부까지 해 달라고 말할 수 있는가? 그럴 수는 없는 것이다.

뿐만 아니라 여기서 말하는 "내 의"(시18:20)는 교만을 의미하는 것이 아니다. 시편 131편에서처럼 모든 것을 다 하나님께 맡기고 내려놓고 그 다음부터 조금씩 조금씩 아버지로부터 배워서 나중에는 아버지처럼 커서 적장의 목을 벨 수 있는 단계까지 갔다면 아버지는 얼마나 뿌듯하시겠는가? 기뻐하실 것이다. 이 대견하고 자랑스러운 아들을 보고 아버지가 가만히 있지 않을 것이다. '이제 네가 내 왕관을 쓰고 내 유업을 물려 받거라! 이제 네가 내 대신 장군의 자리에 앉거라!' 하지 않겠는가? 이것이 "그리스도인의 의"인 것이다. 즉 내려주시는 하나님의 은혜에 내가 믿음을 통해서 그 은혜에 반응하는 것을 그리스도인의 의라고 할 수 있는 것이다. 은혜만 받고 있다면 그 사람에게는 하나님의 기적과 역사는 항상 남의 것일 수밖에 없다.

우리가 하나님의 자녀가 되기 위해서는 "그리스도의 의"로 되었고 이제는 하나님의 자녀가 되어서 "그리스도인의 의"를 통해서 다시 하나님게 그 영광을 돌려드릴 때 이 모습을 하나님은 얼마나 기뻐하시겠는가! 이것이 성숙이고 참 신앙인 것이다.

하나님께서는 우리가 하나님의 자녀가 된 다음에 어떻게 살래 할 때 우리의 의를 통하여 행위로(삶으로) 행하기를 하나님은 바라시고 계시는 것이다...

요한계시록 4장에 보면 하나님 보좌 앞에 있던 24장로들이 오히려 자신들이 받은 면류관을 보좌 앞에 던져 돌려드리면서 "우리 주 하나님 이여 영광과 존귀와 능력을 받으시는 것이 합당하다고"(계 4:9-11절) 고백하고 있다. 따라서 면류관을 돌려드린다는 말은 무서운 말이다. 그것은 우리가 천국에서 면류관을 받는 것을 전제로 다시 그 면류관을 돌려드린다는 뜻이다. "어린 양! 당신 것입니다! 아니다 너의 것이니라! 아닙니다! 아버지 것입니다!" 하는 행복한 아버지와 아들의 관계를 지금 우리는 여기서 준비해야 하는 것이다.

그런데 우리는 모든 것이 받으려고만 한다. 받았으면 행 해야지 되는데 행하는 것이 이루어지지 않고 있는 것이다. 행함 가운데 하나님 앞에 서는 것, 이것이 바로 "그리스도인의 의"인 것이다. 하나님께서는 우리가 하나님의 자녀가 된 다음에 어떻게 살래 할 때 우리의 의를 통하여 행위로(삶으로) 행하기를 하나님은 바라시고 계시는 것이다.

그러나 만약 우리에게 근본적인 무너짐(시131편처럼)이 없다면 이런 그리스도인의 의는 기대할 수 없다. 집착이 없고 소유에 의한 탐심과 욕심이 없는 가운데 서지 않는다면 이 모든 것은 다시 뒤죽박죽이 되고 만다. 즉 첫 번째 단추(관계의 확신)를 바르게 꿰지 않고서는 불가능한 일이라는 말이다. 그래서 첫 번째 단추를 잘 꿰는 것이 그 만큼 중요한 것이다. 지금 여러분은 첫 번째 단추를 바르게 꿰고 있는가? 그렇지 않다면 다섯 번째 그리스도인의 의의 단추는 바르게 꿸 수 없다.

하나님의 자녀가 된 다음에 단지 내가 하나님의 자녀가 되었다는 것으로 끝이 나는 것이 아니라 내가 하나님의 자녀로서 어떻게 행해야 하는가가 문제가 되어야 하는 것이다. 우리가 신학교에서나 신앙생활 하는 가운데서 "율법과 복음"이 무엇인가를 고민하게 된다. 이것은 그 동안 이것을 이원론적으로만 공부했고 가르쳤기 때문이다. 십계명을 왜 주셨는가? 구원받으라고 주셨는가? 그렇지 않다. 네가 하나님의 자녀라면 네가 하나님과 언약을 맺고 하나님의 언약 백성이 되었다면 이렇게 살라! 하고 가르쳐 준 것이 십계명이다. 십계명을 지키는 것은 황태자가 되기 위해서 하나님의 자녀가 되기 위해서 지키는 것이 결코 아니라 하나님의 자녀가 되었기 때문에 지키는 것이다. 하나님의 자녀가 된 것에 대한 행위의 반응이 바로 율법이고 십계명인 것이다.

이제 은혜는 성숙한 행위를 통해서 받아야 한다.

이제 은혜는 성숙한 행위를 통해서 받아야 한다. 우리 구원의 첫 단계는 하나님과의 수직적 관계의 문제라면, 구원 받은 후부터는 수평적 관계를 주님은 중요하게 생각하신다. '이웃에게 한 것이 곧 내게 한 것이라고 말씀하신다.' 하나님과의 관계의 평가를 이웃과의 관계로 평가하시고 있다. 이것은 성숙을 요구하시는 것이다. 은혜에 대한 바른 반응을 요구하시는 것이다. 왜냐하면 우리는 이제 하나님의 자녀가 되었기 때문에 그렇다. 자녀로서 그에 합당한 행위를 보여 주어야 한다. 또 하나님은 보여 주기를 원하시고 있다.

다윗은 "나는 그의 앞에 완전하여"(시18:23)라고 말하고 있다. 구약의 모든 법에 대해 자신과 확신에 찬 모습을 말하고 있다. 그러나 우리가 정말 이렇게 말할 수 있는가? 내가 하나님 앞에 완전했다고 말할 수 있는가? 우리는 한 결 같이 그 동안 인간은 그럴 수 없다고 말해왔고 또 그렇게 생각해왔다. 그러나 다윗은 완전했다고 당당하게 말하고 있다. 이것은 무엇을 말하고 있는 것인가? 이것은 자신에게 주어진 성향 수준에서 완전했다는 말을 의미한다. 즉 100점 맞았다는 말이다. 물론 초등학교와 중학교에서의 100점이 다르고 고등학교와 대학교에서의 100점이 다를 것이다. 여기서 의미하는 것은 자신이 지금 어디에 속해 있든지 그 속해 있는 과정에서 100점을 맞았다는 말이다.

따라서 다윗은 행동의 완전을 통해서 죄악에서 스스로를 지켰더니(시18:23) 그에 대한 하나님의 보상을 말하고 있다(시18:24). "내 의"와 "내 손의 깨끗한 대로" 갚아주시는 하나님의 모습을 말하고 있다. 그러면서 '내 의'와 '내 손의 깨끗한 대로'가 또 나오고 있다(시18:20, 24). 시편 17:1절에서처럼 내가 정직하고 거짓되지 않음에 대해 자신 있게 하나님 앞에 완전하다고 말할 수 있어야 하는 것이다.

이런 준비 단계를 거쳐서 전투가 시작되고 있다(시18:25-27). 그리고 돌격 앞으로 하면서 담을 뛰어 넘는다. 지금 뛰어 넘는 담이나 그 밖의 상황은 문제가 되지 않는다. 뛰어 넘고자 하는 나의 상태가 문제이다. 그 담 밑에 무엇이 있는지 모르지만 하나님만 의지하고 뛰어 넘는 것이다. 문제는 내 안에서의 전쟁에서 승리하면 밖에서의 전쟁은 반드시 승리할 수 있음을 말하고 있는 것이다(시18:28-29).

내적 전쟁에서 승리하고 나니까 밖은 이미 승리한 것과 같이 말하고 있다. 전쟁이 점점 쉬워지는 모습을 보여주고 있다. 원수들로 하여금 등을 내게로 향하게 하고 내가 그들의 등을 치면 죽고 끝나버리는 모습이다. 뿐만 아니라 하나님 나라 안에도 대적이 있을 수 있음을 말하고 있다. 결국 다윗은 안 밖의 대적과의 싸움에서 적들을 바람 앞에 티끌 같이 부수어 트리고 거리의 진흙 같이 쏟아버렸다. 한 마디로 대승하는 모습이다. 스스로 찾아와 항복하는 모습들을 보여주고 있다(시18:43-50). 완전한 승리를 말하고 있다. 이것은 우리가 주시는 하나님의 은혜에 어떻게 반응하느냐에 따라서 나타나는 모습일 수 있다.

위기 가운데 빠졌을 때 구원하시는 하나님은 우리가 언약 백성으로 있기 때문에 구원하시고, 행위의 완전을 통하여 하나님의 언약백성답게 살았기 때문이다...

이 시편 18편 속에서 다윗이 왕이고 기름부음 받은 자로서 자신을 자랑하고 있다고 생각하는가? 자신을 내세우고 싶어서 자신의 의를 들어내기 위해서 하는 말로 보이는가? 결코 그렇지 않다. 지금 다윗은 자신의 생애를 정리하고 있다. 자신이 위기 가운데 빠졌을 때 구원하시는 하나님은 언약 백성이기 때문에 구원하시고, 행위의 완전을 통하여 하나님의 언약백성답게 살았기 때문에 그 다음에 어떤 사람이 건드리면 그들을 하나님은 용서하지 않으셨던 것입니다. 그 결과 완승할 수 있었다.

다윗 40년과 솔로몬 40년 모두 80년을 승리했다. 이때는 이스라엘뿐만 아니라 세계가 다윗과 솔로몬의 치세 앞에 엎드렸다. 이 역사가 우리 가운데도 재현될 수 있다. 문제는 하나님의 은혜에 전적으로 의지해서 싸워야 하고 분명한 언약관계로 들어가야만 가능하다. 그 다음은 우리의 행위가 어떠하냐의 문제이다. 은혜에 따른 믿음의 반응이 있느냐 하는 문제이다. 이것에 따라 달려 있는 것이다. 지금까지 이야기했던 단추들이 바르게 꿰어졌을 때만이 가능한 것이다.

하나님은 오늘도 우리에게 하나님과의 언약을 맺은 언약의 자녀로서의 위치를 묻고 있다. 그 다음에 "그리스도인의 의"를 요구하시고 있다. 즉 언약자녀의 의로운 삶을 보시는 것이다. 언약 백성답게 살기를 삶을 통하여 행위를 통하여 나타나기를 바라시는 것이다. 그럴 때 하나님의 백성들을 괴롭히는 자들은 하나님께서 싸우시고 승리하게 하시는 것을 목도하게 하신다. 이렇게 될 때 자발적인 성숙으로 나아갈 수 있다.

하나님의 본심

우리가 예레미야 애가를 읽다보면 이해하기 어려운 문구들이 등장하는 것을 볼 수 있다. "주께서 그것을 그에게 매우셨음이라"(예레미야 애가 3:28절)라는 말씀을 보면 하나님께서 모든 고난의 멍에를 우리에게 주셨다는 말씀이다. 그렇다면 내가 당하는 모든 고난, 질병, 사업의 실패, 가정의 불행들, 내가 겪은 다양한 어려움들이 다 하나님께로부터 온 것이라는 말인가? 아무리 신실한 그리스도인이라고 할지라도 하나님이 내게 고통을 허락하셨다는 것 때문에 가슴이 답답할 때도 있고 낙심이 찾아올 때도 있다. "아니야 고통에는 다 뜻이 있어! 하나님은 모든 것이 다 옳으신 분이야!" 하면서도 가끔씩 우리 영혼 속에 침투해 오는 불안감과 낙심들을 다 지워버릴 수 없을 때가 있다.

하나님은 언제나 좋게 하실거야! 하면서 스스로 위로하고 감간 동안 흔들렸던 자신의 영혼을 마무리하면서도 "왜?" 라는 의구심을 지워버릴 수 없을 때가 많다. 하나님은 전능하신 분인데 왜 좋은 것만 주시지 않는가? 왜 하나님은 충분히 막아 주실 수 있는데 막아주시지 않는가 하는 것에 대한 갈등들이 꼬리를 물고 따라올 때가 있다. 이것에 대한 하나님의 대답은 의외로 간단하다. "하나님은 내 삶을 결코 기계적으로 만들지 않았다는 것" 이다. 하나님은 내가 겪는 모든 고통과 아픔들을 다 막아 주실 수 있다. 그러나 하나님은 우리에게 많은 부분에 대해 자유의지를 주셨다. 그리고 내가 사는 세상 속에서 나 스스로 하나님 앞에 다가오도록 허락하셨다는 사실이다.

고난의 환경을 통해서 더 하나님을 갈망하고 의지함으로 인해 하나님으로 채워진 삶으로 살아간다면 그것이 복이라고 성경은 교훈하고 있다...

우리는 이 땅에서 하루를 살면서 사람마다 다양한 일들이 벌어진다. 사업이 잘되면 할렐루야 하나님이 도우셨다고 말하고 또 사업이 잘못되면 고통 속에서 살아가면서 하나님을 원망한다면 우리는 이것을 어떻게 해석할 것인가? 열심히 교회에 헌신하고 충성하고 봉사해도 사업이 망할 수 있다. 또 교회에서 아무것도 안 해도 형통할 수 있다. 사업이 망한 사람은 하나님이 내 모든 것을 다 거두어 가셨다고 말하며 하나님을 원망한다면 우리는 이것을 어떻게 해석할 것인가? 하나님이 우리의 모든 것을 거두어 가시고 빼앗아 가시는 분인가? 하나님은 절대 거두어 가시는 분도 결코 빼앗아 가는 분도 아니시다.

하나님은 우리에게 많은 부분을 위탁하셨다. "생육하라, 번성하라, 충만하라, 정복하고 다스리라" 고 말씀하셨다. 사실은 이것이 우리가 매일 기도해야 하는 이유이기도 하다. 왜냐하면 하나님의 뜻에 따라 위탁받은 내 삶을 내 자유의지로 어떻게 바르게 살아갈 것인가 늘 묻고 세밀하게 고민하며 살아가야 하기 때문이다. 우리 그리스도인들은 잘되는 것이나 잘못되는 것이나 결코 하나님과의 관계에서 끊을 수 없는 자들이다. 형통하거나 또 형통하지 못할 때에도 '모든 것이 합력해서 선을 이루게 하십니다!' 하는 것이 우리의 고백이어야 한다. 비록 내가 병이 들어서 세상이 나를 사형선교를 내렸다고 할지라도 또 사업이 실패해서 무든 것이 다 무너져 버렸다고 할지라도 가정이 부서져 고난 가운데 곤고한 삶을 살아간다고 할지라도 그 환경을 통해서 더 하나님을 갈망하고 의지함으로 인해 하나님으로 채워진 삶으로 살아간다면 그것이 복이라고 성경은 말씀한다. 뿐만 아니리 고통 가운데서도 영원한 나라에서 장차 내가 받을 상을 바라보며 살아간다면 그 역시도 진정한 복이고 축복이라고 성경은 우리에게 교훈한다.

디지털 카메라를 처음 켜면 초기화면에는 모든 것이 다 보이는 것을 발견할 수 있다. 그러나 내가 원하는 사물이나 인물에 초점을 맞추고 줌인(zoom in)하면 신기한 현상을 발견할 수 있다. 그것은 내가 보고자 하는 사물이나 인물은 선명하고 크게 보이는데 반해 주변에 있는 다른 사물이나 인물들이 깨어지거나 흐려져 보이지 않는 것을 발견할 수 있다. 이 역시 우리 신앙의 원리와도 똑같다고 생각해 보았다. 우리 삶 가운데서 모든 것을 다 놓고 보면 많은 아픔들과 고난들과 슬픔들과 상처들이 모두 보일 수 있다. 그러나 그런 삶 가운데서 하나님께 초점을 맞추고 하나님을 줌인(zoom in)하면, 줌인(zoom in)하여 내 영혼에 내 삶에 가득 채우면 오직 하나님만 보이고 그 밖에 모든 아픔들과 슬픔들과 고난들이 보이지 않을 수 있다고 생각을 해 보았다.

너무 지나치게 오늘의 삶의 현실에만 편중하여 판단한다면 그것은 너무 미성숙한 신앙이다. 비록 실패해서 아무것도 없다고 할지라도, 많은 어려움 속에 있다 할지라도 그 심령이, 그 영혼이 하나님으로 가득 채워져 있다면 하나님을 더 전인격적으로 의지하고 있다면 그것은 궁극적으로 복이라는 사실이다. 물론 정말 잘되고 모든 일에 형통한 삶을 살아갈 때도 하나님 감사합니다! 하면 복이다. 그러나 때로는 실패하고 절망해도 하나님으로 채워져 있어서 진정으로 감사하며 간증하는 삶으로 승리한다면 그 역시도 복이라는 사실이다. 우리는 아직 끝나지 않았다. 이 땅에서 지금 누리고 있는 형통한 삶 때문에 하나님을 추구하는 부분이 흐려져 있고 약해져 있다면 그것은 진정한 복이 아니다.

커다란 항아리 하나가 있는데 깨어진 것이라고 한다면 아무리 물을 부어 채우려고 해도 그 항아리는 채워지지 않을 것이다. 그러나 깨진 항아리라고 할지라고 그 항아리를 폭포수 밑에 둔다면 그 항아리에는 항상 물이 넘쳐흐르게 될 것이다. 비록 우리가 깨어진 항아리라고 할지라도 상실하고 깨어진 삶이라고 할지라도 늘 하나님으로 채운다면 하나님 앞에 늘 서 있기 위해 몸부림치는 인생이라면 그 인생은 승리한 삶이라는 것이다.

우리는 단편적으로 생각할 때도 많이 있다. 오직 잘되고 형통하는 것만 요구하기도 한다. 우리가 말하는 형통이란 우리가 계획하고 소망하는 것들이 순리적으로 척척 이루어지는 것을 말할 것이다. 때에 맞추어 직장에 다니는 남편이 승진을 하고 아이가 제 때에 대학시험에 합격해서 진학하고 사업이 날이 갈수록 왕성하여 사업장의 지경이 넓어지고 확장되는 것을 형통하다고 말한다. 그러나 성경은 그런 것들을 형통이라고 말하지 않을 때도 있다. 창세기 39장에 보면 요셉이라는 사람이 나온다. 그는 형제들로부터 버림을 받았고 또 적군의 장수인 보디발이라는 장군에게 팔려갔다. 또 그곳에서 누명을 쓰고 감옥에 갔다. 인간의 눈으로 보면 되는 일이 없는 인생이다. 설상가상의 인생이다. 그런데 그런 요셉을 성경은 무엇이라고 평가하고 있는가? "형통한 자가 되어, 형통케 하심을 보았더라"(창39장)라고 말씀하시고 있다. 그렇다고 한다면 우리가 생각하는 형통과 성경이 말하는 형통과는 다소 차이가 있는 것을 알 수 있다. 어떤 차이가 있는 것인가? 성경이 말하는 형통이란 우리의 현실은 고난 가운데 있고 고통과 슬픔 가운데 있을지라도 하나님의 뜻 가운데 있고 섭리 가운데 있을 때 그것을 형통이라고 말하고 있다는 것이다.

절망도 깨어짐도 주님으로 채워질 수 있다면 복이라는 사실을 아는 것이 진정한 축복임을 기억해야 한다. 하나님께서는 왜 이스라엘을 이방사람들에게 끌려가게 하시고 억압당하도록 방치하셨는가? 1차적으로는 이스라엘이 하나님과 맺은 언약에 충실하지 않았기 때문이었다. 뿐만 아니라 이스라엘은 가나안 땅에 들어가는 것도 중요했지만 그 땅에 들어가 살 '자질'이 있느냐 하는 '윤리적 도덕적 자질'에 문제가 있었다. 이스라엘은 이 모든 문제에 대해 하나님 앞에 신실하지 못했고 실패했다. 우리가 천국에 가는 것 역시 중요하지만 천국 백성다운 자질을 갖추고 있느냐의 문제이다. 이것이 이 땅에서 우리가 훈련하는 성화의 목적 아닌가? 그러나 2차적인 의미도 있다. 그것은 "영원한 것 즉 썩지 않는 진정한 것" 그것이 무엇인가를 깨닫고 붙잡게 하기 위한 하나님의 사랑이었다.

아이가 다쳐서 살이 찢어졌다면 꿰맬 때의 고통을 감수하고라도 수술하도록 도와야 하는 것이 부모의 마음일 것이다. 그것이 진정으로 아이를 사랑하기에 선택해야 하는 일이기 때문일 것이다. 이 문제를 오늘 우리가 깊이 고심하고 질문해야 한다. 무엇이 진정한 가치인가, 무엇이 진정한 사랑인가, 무엇이 진정한 복인가의 문제이다.

"주께서 인생으로 고생하며 근심하게 하심이 본심이 아니시로다"(애 3:33)라고 말씀하시고 있다. 많은 사람들은 말한다. 본심이 아니시면 고통당하지 않게 하시면 되는 것 아닙니까! 본심이 아니시면 감당할 수 없는 질병에 걸리지 않게 막아주시면 되는 것 아닙니까! 본심이 아니시면 사업이 실패하지 않게 해 주시고, 가정이 무너지지 않게 해 주시면 되는 것 아닙니까? 라고 말한다. 그러나 중요한 것은 아직 모든 것이 끝난 것이 아니라는 것을 기억해야 한다.

신앙생활 할 때 보면 바라보기에 안타까운 사람들이 종종 있다. 조금만 더 열심히 하지 그러면 뭔가 되었을 텐데, 그 고비만 잘 넘겼으면 좋았을 것을 하는 안타까움이 있는 분들을 종종 볼 수 있다. 우리가 이런 생각을 하는데 하나님은 어떠하시겠는가? 하나님도 마음 아파하신다는 것이다. 히브리서에 보면 '구름같이 둘러싼 허다한 증인들이 이 땅에서의 우리 믿음의 경주를 바라보며 응원' 한다고 말씀하고 있다(히12:1-3절). 지금 우리는 이 땅에서 믿음의 경주를 하고 있다. 그러나 그 믿음의 경주는 남들이 전혀 가지도 않은 새로운 길을 개척하고 창조해서 가는 길이 아니다. 우리가 가는 이 길은 이미 믿음의 선배들이 다녀간 길이다. 그 길을 우리는 뒤 따라 갈뿐이다. 그래서 우리 앞에 간 믿음의 선배들은 지금 우리의 믿음의 경주를 하는데 있어 오는 고통이나 아픔 등을 너무도 잘 알고 있다. 그들은 이미 거쳐 갔고 경험했기 때문이다. 그런 그들이 지금은 영광에 반열에 서서 이 땅에서 믿음의 경주를 하는 우리들을 응원하고 있는 것이다. '조금만 참으면 돼! 거기만 견디어 내면 하나님이 역사하실거야! 힘을 내! 포기하지 말고 일어나!' 하면서 응원하고 있는 것이다.

　헤럴드 쿠쉬너(H. kushner)라고 하는 신학자는 '하나님은 우리가 고통 받는 것보다 더 큰 고통을 받으신다. 그러면서도 기다리신다' 라고 말했다. 즉 결론은 '하나님은 사랑이시다' 라는 말이다. 하나님은 우리로 하여금 장래에 더 큰 소망을 누리게 하기 위해서, 영원한 것 썩지 않는 것 진정으로 가치 있는 것을 붙잡게 하기 위해서 사랑하시기에 막아주지 않았다 는 것이고 사랑하시기에 또 어떤 것은 허용하신다는 말씀이다. 이것이 하나님의 본심이다. 하나님은 우리를 성숙한 신앙으로 초대하시고 있는 것이다.

고단한 삶의 현장이라도 하나님께 바르게 반응하라

　우리가 이 땅에서 믿음의 경주를 하는 동안 꼭 기억해야 하는 중요한 것이 있다. 그것은 고단한 삶의 현장이라고 할지라도 하나님께 바르게 반응하라는 것이다. 우리에게 주어진 구원은 그 어떤 것과도 결코 타협할 수 있는 성질의 것이 아니다. 또 결코 우리의 힘으로 좌지우지 할 수 있는 것도 아니다. 그것은 오직 하나님의 주권적인 역사이기 때문에 그렇다. 우리를 선택하심도 작정하심도 또 장차 이룰 구원의 완성도 오직 하나님의 주권적인 역사이다.

　그 다음부터는 하나님은 우리에게 주어진 자유의지로 살아가게 하신다. 따라서 우리는 바르게 선택해야 하고 또 바르게 행동하는 것은 우리의 몫이다. 그래서 우리에게 말씀이 필요하고 예배가 필요하고 기도가 필요하다. 하나님께 바르게 반응을 보여야 하기 때문에 그렇다. "비록 무화과나무가 무성치 못하며 포도나무에 열매가 없으며 감람나무에 소출이 없으며 밭에 식물이 없으며 우리에 양이 없으며 외양간에 소가 없을지라도"(합 3:17) 라고 말씀하시고 있다. 즉 소망이 없는 상황이다. 모든 것이 다 무너져 버린 상황과도 같다. 그럼에도 불구하고 "나는 여호와를 인하여 즐거워하며 나의 구원의 하나님을 인하여 기뻐하리로다" (합3:18)라고 말씀하고 있다. 오직 그 고난에 대해 바른 반응을 가질 때에만 고난은 유익도 되고 축복도 된다는 말씀이다.

고난이라고 하는 것은 그리스도인이나 이방인이나 동일하게 겪는 삶의 위기이고 문제들이다. 그러나 문제는 주어진 그 고난에 어떤 반응을 보이느냐 하는 것이 대단히 중요하다. 이것이 우리 신앙생활에 있어 아주 중요하다. 왜냐하면 이 반응에 따라 그 결과는 엄청나게 달라질 수 있기 때문이다. 어떤 사람은 자신에게 다가온 고난으로 말미암아 하나님을 발견하고 하나님께 더 가까이 다가 갈 수 있는 계기가 되고 오히려 성장하고 발전할 수 있는 디딤돌이 되는가 하면 또 다른 어떤 사람은 자신에게 다가온 고난으로 인하여 자신의 삶에 걸림돌이 되어 무너져 버리는 사람들도 있기 때문이다.

역대하 17장에서 20장까지 에서는 여호사밧 왕에 대한 말씀이 나오고 있다. 특별히 이 말씀은 순간에 집착하여 살기를 좋아하는 사람들에게 귀한 교훈을 주시고 있는 말씀이기도 하다. 아직도 그리스도인의 의가 무엇이지 개념조차 알지 못하는 자들에게 귀한 교훈을 주시는 말씀이기도 하다. 무슨 일이든지 시작이 좋아야 하겠지만 끝도 좋아야 하는 것을 우리에게 교훈하기도 한다. 아직도 우리 주변에 있는 믿음의 지체들 중에는 시작만 좋고 끝이 좋지 않은 사람들이 많기 때문이다.

지금 우리에게 주어진 가장 큰 문제가 있다면 우리 안에 있는 열심히 시들어 버리고 열정이 시들어버린 가운데 있는 나를 어떻게 열정의 불을 다시 집혀 끝까지 하나님 나라에 대한 열정으로 나갈 수 있을 것인가 하는 문제이다. 어떻게 하면 이 땅에 살면서 그리스도인의 의를 실천하며 살아갈 것인가 하는 문제이다. 나이가 들면 들수록 열정은 식어가고 기억력도 감퇴해 가는데 어떻게 이 열정을 유지하고 그리스도인의 의를 실천할 수 있을 것인가? 신앙의 연륜이 깊어지면 깊어질수록 하나님에 대한 갈망도 저미는 마음도 더 커지고 간절해야 하는데 오히려 하나님에 대한 열심도 열정도 식어버리고 있는 나를 어떻게 주님 앞에 서는 그 날까지 끝까지 열심을 잃어버리지 않고 열정을 잃어버리지 않고 회복고하고 유지하고 발전해 나갈 수 있을 것인가, 아니면 그대로 그렇게 육신적으로 육체적인 삶을 살다가 마감해 버릴 것인가 이런 기로에 서 있는 우리에게 여호사밧은 어떻게 끝까지 하나님 앞에 설 수 있으며 진정 그리스도인의 의가 무엇인가를 교훈해 주고 있다.

부귀와 영광이 극에 달하자 교만하고 곁길로 나가기 시작...

여호사밧 왕의 시작은 아주 훌륭했다.(대하 17장) 여호사밧 왕은 하나님 앞에서 말씀의 원리와 현실에 있어서 둘 다 강했다. 모든 일들을 바알에게 구하지 아니하고 오직 하나님께 구하고 그 계명을 행하고 하나님의 말씀을 따르는 그러면서도 군대를 방비하는 일과 나라를 튼튼히 하는 일에도 충실한 사람으로 출발을 했다. 이런 여호사밧 왕을 하나님께서는 축복하시어 나라가 견고했고 부귀와 영광이 극에 달했다.

그런데 문제가 생기기 시작했다. 여호사밧 왕이 부귀와 영광이 극에 달하자 교만하고 곁길로 나가기 시작했다. 악한 아합 왕과 더불어 자식들과 결혼 관계를 맺는 연혼을 맺게 되었다. 부족함이 없는 최고의 상태에 있을 때 정신이 흐려져 버린 것이다. 그 결과 유다 역사 전체가 망할 지경까지 가버리게 되었다. 이 모든 것의 시작이 바로 이 여호사밧 왕으로 하여금 시작되었다. 하나님의 만류에도 불구하고 아합과 함께 전쟁에 나가서 아합 왕과 옷을 바꿔 입고 싸우다가 죽을 지경까지 갔던 이 치명적인 실수를 왕도 행할 수 있는 것이었다. 그래서 인생은 끝까지 잘 가봐야 한다고 말하는지도 모르겠다. 아무도 장담할 수 없다는 말이다. 이 교훈을 진실로 받아들이는 것은 쉽지 않다. 물론 우리는 각자의 소신대로 살아간다. 그렇게 부하지도 또 너무 가난하지도 않은 중간 과정에서 살기를 원하고 또 그렇게 살아가고 있다. 그러나 그 속에서 상실감을 느끼고 나는 왜 이렇게 살아야만 하는가 하면서 언젠가는 한 번 떵떵거리고 살아봤으면 하는 생각이 은근히 있을 수도 있다. 그렇다면 우리 역시도 언제든지 여호사밧 왕과 같은 길로 갈 수 있는 여지가 있는 사람들이다.

전쟁에서 겨우 살아서 예루살렘에 돌아온 여호사밧 왕에게 하나님의 징계가 있었다. 악한 자를 돕고 여호와를 미워하는 자를 사랑한 것에 대한 하나님의 진노였다. 물론 여호사밧 왕이 잘 한 일도 있었다. 아세라 목상을 없애고 마음을 다해 하나님을 찾았던 일이다. 그런 여호사밧 왕에 대해 하나님은 정상을 참작하는 은혜도 베풀어 주셨다. 그러나 마음으로는 하나님을 찾기는 찾았지만 진정한 외교는 실패했다. 마음으로만 하나님을 찾는 것과 마음 뿐 만 아니라 우리의 삶의 모습에서 실제적으로 나타나는 것과는 다르다.

수많은 그리스도인들이 교회 속에서는 다 그리스도인이다. 그러나 우리가 살아가는 삶의 현장 속에서 하나님의 자녀답게 살아가느냐 하는 것이 무엇보다도 중요하다. 대부분의 그리스도인들은 교회 속에서만 하나님을 찾고 세상 속에서는 하나님을 구체적으로 나타내며 살아가는 삶에서는 무능하고 연약해서 실패하는 경우가 너무나도 많다. 왜냐하면 그렇게 살아내기에는 때로는 어렵고 고통스럽기도 하고 때로는 자기 헌신과 희생이 따르기 때문이다. 이 부분에서 여호사밧 왕은 실패했다.

그 결과 주변의 여러 족속들이 연합전선을 구축하여 여호사밧 왕을 치기위해 침공을 해 왔다. 여호사밧 왕은 전쟁경험이 없는 사람이었다. 그 동안은 하나님이 주변 국가들을 두렵게 하심으로 말미암아 열방이 쳐들어오지 못하게 했는데 지금은 오히려 하나님께서 쳐들어오도록 허용하시고 있다. 이것이 하나님께서 사용하시는 이스라엘의 통치 원리이며 전쟁신학의 원리이다. 하나님은 이스라엘이 하나님과의 언약에 충실하며 말씀을 순종할 때는 for 이스라엘이시다. 즉 이스라엘을 위협하고 괴롭히는 주변 열방들을 하나님께서 친히 나가 싸워주시고 지켜 주시는 것이다. 그러나 이스라엘이 언약에 충실하지 않거나 불순종하고 우상을 숭배할 때는 to 이스라엘이시다. 즉 주변의 열국이나 열 왕들을 통해 이스라엘을 때리시도록 허용하시는 것이다.

지금 우리가 가장 시급하게 해야 할 것이 있다면 "하나님께 향하여 낯을 드는 것"이다.

여호사밧 왕은 두려웠다. 그러나 여호사밧 왕은 먼저 무기를 들지 않았다. 여호와께로 낯을 향하여 들고 간구했다. 그리고는 온 유다 백성에게 금식하라고 공포를 했다. 공동체적인 대응을 하고 있는 모습이다. 어느 한 개인이 대응하는 것이 아니라 백성 전체가 하나님 앞에 서는 공동체적인 대응을 하고 있다. 이제는 "믿음 더욱 주소서!"가 아니라 문제 해결의 첫 열쇠는 "여호와께로 낯을 향하여 드는 것"이어야 한다. 문제가 있을 때마다 하나님께 먼저 향하여 낯을 들고 간구해야 한다. 그리고는 모든 사람들이 흩어지는 것이 아니라 모두 예루살렘에 모였다. 이제는 흩어져서 개인적인 신앙의 문제를 가지고 고민하기 보다는 모여야 한다. 그래서 하나님나라를 위해 하나님 앞에 공동체 모두가 서야 한다.

어쩌면 지금 우리가 가장 시급하게 해야 할 것이 있다면 "하나님께 향하여 낯을 드는 것"일 것이다. 모여서 회의를 하고 총회를 하고 수련회를 하는 그런 것들이 아니라 해명과 변명에 귀를 기울이는 것이 아니라 또 그 속에서 해결책을 찾으려고 또 다른 비리를 궁리해 내는 악한 행동들이 아니라 먼저 하나님께 향하여 낯을 드는 것이 우선이다. 이것이 선행되지 않는 행정과 논의는 의미가 없다. 왜냐하면 하나님을 배제하고 하는 협상이나 모임은 아무런 의미도 능력도 해결도 할 수 있는 힘도 없기 때문이다. 오히려 그 속에는 불망과 원망과 다툼과 분쟁만 가

중될 뿐이다. 이미 그 속에는 하나님이 계시지 않기로 작정하셨기 때문일 것이다.

고난이 왔을 때 먼저 하나님을 높이고 찬양해야...

그런 가운데 여호사밧 왕은 유다와 예루살렘 회중 가운데 서서 대표 기도를 한다. 여호사밧 왕은 첫 번째로 하나님이 누구신가를 찬양한다. 우리는 먼저 하나님을 높이고 찬양해야 한다. 이것이 가장 먼저이다. 우리 가운데 고난이 오고 난관이 왔을 때 슬픔이 찾아왔을 때 우리는 먼저 하나님을 높이고 하나님을 찬양해야 한다. 물론 이것은 쉬운 것은 아니다. 사람은 힘이 들면 눈앞에 보이는 현상들만 바라보기 때문에 모두가 하나님을 잊어버린다. 그래서 아무리 믿음이 신실한 사람이라 할지라도 삶의 위기가 찾아오면 하나님을 잊어버리는 것이다. 그러나 이 때를 가장 지혜롭게 넘길 줄 아는 사람 그 사람만이 하나님을 만나는 은혜를 받을 수 있는 사람이다. 이것을 우리는 꼭 기억해야 한다.

하나님의 축복의 원리 1.
반응의 원리에 충실하라 이것이 그리스도인의 의

하나님의 축복의 원리는 "반응의 원리"이다. 하나님의 기적을 경험하고 싶은가? 순간순간 내려주시는 하나님의 은혜에 믿음으로 반응하라! 내려 주시는 은혜와 내가 올려드리는 믿음이 만나는 그 자리가 바로 기적이 만들어지는 자리이기 때문이다. 은혜 받고 믿음으로 반응하지 않는다면 하나님의 기적은 경험할 수 없다. 하나님의 기적과 역사하심은 항상 남의 것이 되고 말 것이다. 지금까지 하나님의 역사를 한 번도 경험해 보지 못했는가 그렇다면 내려주시는 은혜만 받고 그 은혜에 믿음으로 반응하지 않았기 때문이다.

하나님은 오늘도 우리가 살아가는 이 땅에서 능력 있는 그리스도인으로 살아가기를 원하신다. 그리스도인의 의를 실천하며 당당하고 담대하게 하나님과 교통하며 신앙생활하기를 원하시고 있다. 또 하나님은 우리의 삶이 하나님께 기억되기를 바라시고 있다. 마치 히스기야 왕이 하나님께 간구하며 생명 연장을 호소할 때 "주의 목전에서 선하게 행한 것을 기억하옵소서"(사38:3)라고 간구했다. 그 결과 히스기야 왕은 생명을 십 오년이나 더 사는 기적을 경험했다. 하나님께서 기억할 수 있는 선하게 행한 것은 무엇인가 바로 하나님의 은혜에 반응하는 삶이었다. 하나님은 그것을 기억하셨고 간구하는 히스기야 왕에게 은혜를 주셨던 것이다. 나는 하나님께 어떤 반응하는 삶을 살고 있는가 하나님께서 내 삶의 어떤 것들을 기억하고 계실까 나도 히스기야 왕처럼 그런 은혜의 주인공이 될 수 있을 것인가 그것은 은혜에 반응하는 삶을 사느냐 그렇지 않느냐가 결정하는 것이다. 내려주시는 은혜에 내가 믿음으로 삶으로 행동으로 반응하지 않으면 역사는 없다. 수많은 환난과 고난 가운데서도 끝까지 주시는 은혜에 믿음으로 반응하며 살아가는 것이 바로 그리스도인의 의인 것이다(시18:20-24).

하나님의 축복의 원리 2.
그럼에도 불구하고의 원리로 하나님께 끝까지 소망을 갖는 것 이것이 그리스도인의 의...

하나님의 축복의 원리는 "그럼에도 불구하고"의 원리이다. 즉 하나님께 소망을 두는 것이다. 끝까지 하나님을 향해 소망을 갖는 것을 의미한다. 하나님께 바르게 반응하라 이것이 성숙인 것이다.

필자는 일전에 어떤 집사님 한 분을 만났다. 이 분은 미국에 있는 어떤 분이 꼭 한 번 찾아가 위로의 말씀을 해 주셨으면 좋겠다는 부탁을 받고 연락하여 만나게 되었다. 이 분은 부부가 모두 교회에 헌신하는 신실한 성도였다. 남편은 제법 큰 사업을 하며 교회 성가대 대장으로 봉사하고 교회 제정에도 큰 기여를 하는 교회의 보배역할을 하는 집사님이었다고 한다. 부인 집사님 역시 교회 순장으로 섬기면서 주님 사랑하는 마음으로 열심히 영혼을 사랑하고 교회를 섬기는 집사님이었다. 그러면서도 이 두 사람은 한 번도 새벽예배를 빠지지 않는 믿음도 신앙도 모두 신실한 사람들이었다.

그러던 어느 날 새벽예배를 마치고 남편이 일이 있어 먼저 교회를 출발했고 부인 집사님은 뒤이어 출발하려고 했었다고 한다. 남편이 출발한지 약 30분이 지나서 전화연락이 왔다. 청천벽력 같은 소식이었다. 앞서 출발한 남편이 도중에 교통사고로 현장에서 소천 했다는 소식이었다. 참으로 안타까운 소식이었다. 교회에 모든 목사님들과 성도들 역시 너무 당황하고 충격에 빠지게 되었다. 특별히 이 사건으로 인하여 교회에 문제가 생기기 시작했다고 한다. 교회에 큰 시험을 가져다 준 것이었다. 세상에 이런 일은 있을 수 없다는 탄식이었다. 그렇게 하나님께 두 부부가 봉사하고 헌신했는데 물질로 육신으로 몸을 아끼지 않고 섬겼는데 어찌 이런 일이 있을 수 있느냐는 것이었다. 하나님이 진정 살아 계시다면 정말 이럴 수는 없다는 것이었다. 성도들뿐 만 아니라 목회자들까지도 차마 이 여 집사님의 얼굴을 볼 수가 없어 근처 대학병원 영안실에 안치되어 있는 고인을 찾아보지도 못하고 우왕좌왕했다고 한다. 교회에 모두 모여 기도만 하면서 어떻게 해야 할지를 몰라 서로가 눈치만 보고 있었다고 한다. 그런 가운데 성도들은 단단히 시험에 들었다고 한다.

그런데 사고가 난 다음날 아침 놀라운 일이 벌어졌다. 병원 영안실에 있어야 할 여자 집사님이 새벽예배에 참여한 것이다. 보는 사람들 마다 여 집사님이 잘못되어 이상해진 것이 아닌가 하며 눈물로 안타깝게 바라보았다고 한다. 새벽예배에 참석한 여 집사님을 교회 담임 목사님과 부목사님들이 함께 기도하면서도 이상해 할 정도였다고 한다. 그 다음날 역시 새벽예배에 참석하자 그 동안 시험에 들어 있던 성도들이 새벽예배에 참석하기 시작을 했다고 한다. 물론 예배를 드리기 위한 것도 있지만 불쌍하게 변해버린 그 여자 집사님을 보기 위해서였다.

그러나 장례를 모두 치르고 조금도 변함없는 여 집사님의 신앙생활의 모습을 바라보던 성도들이 변하기 시작을 했다. 어쩌면 이것이 진정한 신앙이요 참 그리스도인이라고 서로가 말하기 시작을 했고 그 여 집사님은 자연스럽게 그 교회 신앙의 모델이 되었다. 흩어졌던 모든 성도들이 모두 하나가 되어 교회에 나오기 시작을 했고 지금은 조금도 흐트러짐 없이 교회가 목사님과 성도들이 하나가 되어 있다는 간증을 듣게 되었다. 이 간증을 들으면서 부끄러움을 느꼈다. 내가 위로를 해 주는 것이 아니라 위로를 받고 있다는 생각을 했다. 교회를 섬기는 목사나 장로나 그 밖의 직원들은 가정에서 상을 당하게 되면 자연스럽게 일주일 정도는 교회를 나오지 않고 장례에 참여한다. 그래도 누구하나 문제를 제기하는 사람은 없다. 당연한 일이라 생각하기 때문일 것이다. 그러나 이 여 집사님의 간증을 들으면서 부끄러움을 느꼈다. 그러면서 이 여 집사님이야말로 진정한 그리스도인의 의를 실천하는 은혜에 반응하는 그리스도인이요 그럼에도 불구하고 조금도 흐트러지지 않는 참 믿음을 가진 그리스도인이라고 생각을 했다. 오히려 내가 은혜를 받고 치유를 받는 귀한 은혜의 시간을 가진 적이 있다. 이것이 바로 '반응하는 믿음'이었고 '그럼에도 불구하고'의 믿음이다.

하나님의 약속과 말씀을 붙들고 역사의 기초위에 서서 기도하는 것이다...

또한 여호사밧 왕은 하나님과 이스라엘과의 역사를 말하고 있다. 지금까지 하나님께서 행하신 역사위에 기도의 기초를 세우고 있는 것이다. 그러나 우리는 역사에 기초를 둔 기도를 하지 못하고 있다. 그것은 그만큼 우리는 뿌리가 없고 깊이가 없기 때문이다. 하나님께서 주신 계시위에 약속위에 역사위에 기초를 두고 기도를 해야 됨에도 불구하고 우리는 매일 현상적인 기도와 현재적 기도 밖에 하지 못하고 있다.

구약에 나오는 기도는 소나무 뿌리를 뽑듯이 소나무를 붙잡고 하는 기도가 아니다. 하나님이 하신 약속 하나님이 하신 말씀을 붙들고 하는 기도였다. 완전히 빚쟁이 독촉하는 듯이 하는 기도였다. '하나님께서 약속하셨잖습니까? 하나님께서 이렇게 말씀하셨잖아요!' 하고 기도하는 것이다. '하나님! 옛 적에 우리가 애굽 땅에서 나올 때 암몬 자손과 모압 자손과 세일산 사람을 치고자 할 때 주께서 허락하시지 아니하시므로 저들을 치지 않고 멸하지 않고 살려준 것 주님 아시지요? 그런데 주님! 이제 저들을 보십시오! 이제는 저들이 우리를 치려고 하고 우리를 쫓아내려고 하고 있습니다. 하나님! 저들이 하는 것을 보십시오!' 하며 역사적인 사실을 근거로 해서 조목조목 기도하고 있는 모습이다(10-11절). 지금 우리에게 필요한 기도는 바로 이런 기도가 필요한 것이다.

"하나님! 왜 그런 저들을 내버려 두시는 것입니까? 우리는 힘이 없습니다. 오직 주 만 바라봅니다!" 하고 솔직히 표현하고 있는 것이다(12절). 우리는 이런 합리적인 기도를 해야 한다. 그리고 모든 공동체 전부가(남녀노소 무론 막론하고) 성소에 모여 하나님 앞에 섰다.(13절) 우리의 근본적 상황을 바꿀 수 있는 것은 이 기도밖에는 없다.

이렇게 하는데 어찌 하나님이 듣지 않을 수 있겠는가? '하나님 저들이 우리를 치려고 합니다. 하나님 그 동안 우리의 눈물을 보셨잖습니까? 저들을 어찌 내버려 두시는 것입니까? 저희는 심히 두려워 주 만 바라보나이다!' 하고 기도하면 하나님께서 은혜를 주실 줄로 믿는다. 모든 백성들이 한 마음이 되어 모여서 기도하고 금식하며 하나님께 나아왔다. 우리 역시 한탄만 하는 것이 아니라 온 가족이 모여서 기도하고 금식해야 한다. 이렇게 할 때 하나님께서 즉각 응답해 주시는 것이다. 이것이 바로 난관을 뚫고 나가는 믿음이고 하나님의 언약백성이 하나님께 믿음으로 바르게 반응하는 그리스도인의 의가 되는 것이다.

하나님은 응답해 주셨다. 이 전쟁은 너희가 하는 전쟁이 아니라 내게 속한 전쟁이라는 원리적인 응답을 해 주셨다. 왜냐하면 이스라엘은 하나님의 언약백성이기 때문에 그렇다. 자기 아내를 건드리면 가만두지 않겠다는 원천적인 선포를 하시는 것이다.

믿음으로 드리는 예배와 믿음으로 시작되는 찬송이 있을 때 하나님은 싸우셨고 하나님 앞에 바른 반응이 있을 때 하나님은 일 하시기 시작하셨다...

여호사밧과 유다와 모든 예루살렘 거민들은 전쟁 중에 하나님께 엎드려 경배하고 찬송했다. 도대체 전쟁하는 것인지 예배드리는 것인지 알지 못할 행동들을 했다. 왜 이런 모습들을 했는가? 왜 이런 반응을 보이고 있는가? 그것은 우리가 드리는 예배가 전쟁이기 때문에 그렇다. 우리의 예배가 전쟁을 결정지어버리기 때문에 그렇다. 그렇다면 우리는 어떻게 예배를 드려야 하는가? 어떻게 찬송해야 하고 어떻게 기도를 해야 하는가? 그것이 곧 전쟁의 승패를 좌우하기 때문이다. 믿음으로 드리는 예배와 믿음으로 시작되는 찬송이 있을 때 하나님은 싸우셨다. 하나님 앞에 바른 반응이 있을 때 하나님은 일하시기 시작하셨다. 그 막강한 군대들이 하나님 앞에서 초토화되었다.

결국 여호사밧 왕과 예루살렘 모든 거민들은 찬양으로 시작했다가 찬양으로 끝나는 모습을 보여주었다. 하나님 앞에 바른 반응의 모습을 보임으로 인해서 그들이 당한 고난을 극복하고 있는 모습이다. 하나님께 바르게 반응하라 그러면 주님 앞에 서는 날까지 열정을 가지고 나갈 수 있다. 이것이 곧 그리스도인의 의인 것이다. 주어진 내 삶에 다가온 내 삶의 위기 앞에 믿음으로 반응하는 삶의 원리 이것이 그리그도인의 의인 것이다.

"고난당하기 전에는 내가 그릇 행하였더니 이제는 주의 말씀을 지키나이다."(시119:67). "고난당한 것이 내게 유익이라 이로 인하여 내가 주의 율례를 배우게 되었나이다(시119:71) 즉 무슨 말씀인가? 고난 가운데서도 주께 바른 태도, 바른 결정, 바른 반응이 있었다는 말씀이다. 하나님께서는 우리에게 이런 역경을 통해서 위대한 비전을 세워 가시는 것이다.

믿음의 인도자가 필요...
누구를 만나고 누구를 바라보고 가느냐 하는 것이 중요...

성경에 위대한 믿음의 영웅 "요시아"라는 왕이 있다(왕하 22장). 요시아 왕의 삶의 시작과 죽음을 조망해보면 요시아 왕은 어떻게 역사하는 믿음을 통해 그리스도인의 의를 실천할 수 있었는가를 보여주고 있다. 한 순간만 가진 것이 아니라 젊었을 때만 가진 것이 아니라 인생이 늙어서 불이 점점 커져가는 그 상황 속에서도 어떻게 역사하는 믿음을 이룰 것인가를 교훈해 주고 있다.

요시아는 8살 때 왕이 되었고 철저하게 어머니의 교육을 통해 인도되었다(왕하22:1). 아버지 아몬 왕은 하나님 보시기에 악을 행하고 온갖 우상을 섬기는 자였고 결국 자신의 부하들에 의해 죽임을 당하는 불행한 왕이었고 악한 왕이었다고 성경(왕하21:20-24)은 아몬 왕에 대해 정리하고 있다. 그러나 그 어린 왕 요시아는 이 모든 것을 다 알고 있었다. 요시아 왕은 모든 상황을 아버지의 잘못으로 평계 댈 수도 있었고 아버지 탓으로 불평할 수도 있었다. 그러나 불평하지 않았다. 주변 어느 곳을 둘러보아도 보이는 것은 오직 우상 숭배하는 것들 뿐 이었다. 그럼에도 불구하고 요시아는 자신의 어머니가 가르쳐 준대로 8살부터 철저하게 어머니의 가르침대로 인도되었다.

우리에게도 믿음의 인도자가 필요하다. 누구를 만나느냐가 대단히 중요하다. 오늘 우리가 살고 있는 시대는 더욱 그렇다. 누구를 만나고 누구를 바라보고 가느냐 하는 것이 중요하다. 사도바울은 '뉘게서 배웠느냐'(딤후3:14)가 중요하다고 말했다. 신앙생활 역시 누구와 했느냐 어디서 시작을 했느냐 하는 것이 중요하다.

성경은 우리에게 역사하는 믿음의 초기 단계에서 무엇을 잡고 갈 것인가를 명확하게 해야 하는 것임을 교훈해 주고 있다. 우리가 그 동안 교회 안에서의 낙심하고 마음 상했던 일들이 많이 있을 수 있다. 그러나 그렇다고 사람들과의 관계에서 부정적인 것들만 바라보고 신앙생활을 한다면 그것은 마귀의 궤계에 속는 것이다.

우리 믿음의 공동체 안에는 하나님의 자녀가 되었다고 하더라도 시도 때도 없이 자신 속에서 이글거리고 있는 죄를 짓고자 하는 죄성을 극복하지 못하고 고통가운데 있는 사람들이 많다. 뿐만 아니라 시도 때도 없이 세상에 있는 것들이 좋고 그들처럼 살고 싶고 그들이 하는 모든 것을 다 하고 싶은 즉 자기 속에 있는 세상성을 극복하지 못한 사람들도 많다. 그런 우리를 사단은 조직적으로 공격하여 다른 사람에게 상처를 주고 사단은 뒤로 싹 빠져 버리는 것이다. 사단은 거짓의 아비라고 성경은 말하고 있다. 사람들끼리 서로 증오하게 만들고 다투게 만들고 자신은 뒤로 빠져 버리는 것이다.

당신은 지금 어떻게 살고 있는가? 아직도 이런 것들이 당신을 짓누르고 있는가? 우리는 우리의 믿음의 선진들을 바라보고 요시아 왕처럼 "다윗의 모든 길로 행하고 좌로도 우로도 치우치지 아니하였더라" 라는 것처럼 우리 역시도 결단을 해야 한다.

하나님 나라에 대한 열심 때문에 그 열심보다도 더 중요한 것을 하나님께서는 선물로 주신다...

이런 요시아 왕에게 하나님의 선물이 주어졌다.(왕하22:3-10) 요시아 왕이 눈을 뜨고 바라본 것은 여호와의 전이 퇴락한 것을 보게 되었다. 그 동안 우상숭배만 했기 때문이었다. 요시아 왕은 나이 18살 때 헌금을 가지고 성전을 수리할 것을 명했다. 이것은 누가 가르쳐 주어서 한 것이 아니라 스스로가 결단하고 명령을 한 것이다. 또 성전을 수리하다가 하나님의 계시의 말씀인 율법책을 발견하게 되었다. 하나님 나라에 대한 열심 때문에 그 열심보다도 더 중요한 것을 하나님께서 선물로 주신 것이었다.

하나님의 계시와 하나님의 계시의 원리와 하나님의 뜻의 본질을 발견한 것이다. 그 동안 요시아 왕은 하나님의 뜻에 대한 원리를 입으로 전해오는 것을 통해서만 알았었다. 또 듣는 것만을 통해서 알았고 제사를 통해서만 알아왔다. 즉 요시아 왕은 지금까지 원칙이 없이 전통에 따라 모든 것을 행해 왔던 것이다. 그런 그가 지금 성경을 보게 되었고 성경을 연구하게 되었다.

지금 우리 교회 속에는 수많은 전통적인 것들이 있다. 그것들 중에는 성경적이지 못한 것들도 너무나 많이 있다. 이단들은 이런 성경적이지 못한 것들을 타고 들어와 우리를 혼란스럽게 하기도 한다. 당신은 하나님을 알게 되면서 얻은 경험이나 체험 또는 전통 때문에 하나님께 나아가고 있는가? 아니면 이런 것들을 바탕으로 해서 성경을 통해서 검증하고 우리에게 제시해 주는 하나님의 말씀을 근거로 해서 하나님께로 나아가고 있는가? 우리가 처음에 하나님과 관계를 가질 때에는 하나님께서 여러 가지로 사인을 주시고 이적을 주시고 능력을 체험케 하신다. 그래서 그것을 통해서 하나님이 어떤 분인가를 알게 하기도 한다. 그러나 많은 사람들은 이것이 전부인줄 착각하는 사람들이 많이 있다. 그러나 하나님은 더 나아가서는 성경에 기록된 계시를 통해서 즉 말씀을 통해서 하나님이 어떤 분이신가를 알고 그 계시를 믿고 과감하게 나아가기를 원하시고 있다.

하나님께서 요시아 왕에게 이런 성경을 발견하게 한 이유는 무엇 때문이라고 생각하는가? 하나님 나라에 대한 요시아의 열심 때문이었다. 즉 하나님의 은혜에 열심히 반응하는 그리스도인의 의를 실천했기 때문이다. 하나님 나라가 이 모양 이 꼴이 되어서는 안 되겠다 해서 자기 나름대로 열심히 성전을 수리하고 무엇인가 해야겠다고 하니까 하나님께서는 더 좋은 것으로 보상해 주신 것(선물)이다.

이제까지는 내가 경험해 보고 체험해 본 것이 원칙이었다. 내가 예배 드려본 것이 원칙이었고 내가 찬양해 본 것이 원칙이었다. 그러나 이제는 성경 계시를 통해서 무엇이 바른 것인가? 무엇이 하나님의 뜻이고 본질인가를 알게 되는 이제야 비로소 하나님을 바르게 알게 된 것이었다.

당신은 성경이 당신을 사로잡는 것을 경험해 보았는가? 성경이 주는 비밀한 것 때문에 감격과 놀라움 때문에 밤을 맞으며 기뻐하고 춤을 추며 눈물을 흘려 본 적이 있는가? 나를 알게 하고 나를 찾게 해 준 그 말씀이 너무너무 귀하고 사랑스러워서 그 성경책을 가슴에 꼭 안고 잠이 들고 그 감격에서 깨지 않기를 바래본 적이 있는가? 요시아 왕은 발견된 율법책을 서기관이 읽어주자 그 말씀을 듣고 곧 옷을 찢어버렸다(왕하 22:11). 그 동안 자기가 알고 있었던 것보다 하나님의 계시는 훨씬 더 충만했고 훨씬 더 깊은 것이었다. 그 동안 나는 한다고 했는데(성전을 수리하고) 무엇인가 하나님을 위해 잘한다고 생각을 했는데 그것은 껍질에 불과하다고 하는 것을 요시아 왕은 깨달았던 것이었다.

하나님이 역사하시고 내가 그 역사에 반응하고 또 내가 반응하고 또 하나님이 역사하시는 즉 '주고받고 주고받고' 하는 것...

하나님께서는 요시아 왕을 통해서 우리에게 주시는 교훈이 있다. 그것은 하나님이 역사하시고 내가 그 역사에 반응하고 또 내가 반응하고 또 하나님이 역사하시는 즉 '주고받고 주고받고' 하는 것이다. 어느 한 쪽만의 행동이 아니라 서로가 주고받는 것이다.

요시아 왕은 이전에 어머니로부터 철저한 교육을 받았다. 그가 자라서 왕이 되어서 성전을 수리했다. 그러다가 성경을 발견했다. 그리고 요시아 왕은 즉각적으로 반응했다. 요시아 왕은 연구를 해 보아야겠다! 검토해 보아야겠다! 라고 한 것이 아니라 "말씀을 듣자마자 곧 그 옷을 찢었다." 너무나도 두려운 일들이 기록되어 있었기 때문이었다. 이 말씀대로라면 자신의 아버지는 물론 자신의 할아버지 왕도 하나님의 저주로부터 면할 길이 없음을 알았다. 많은 성경신학자들은 아마 신명기 28장을 읽었을 것이라고 말하고 있다. 그것도 아마 저주 편을 읽었을 것이라고 말하기도 한다.

우리는 하나님의 말씀과 계시를 깨닫는 순간 얼마나 즉각적으로 반응하고 있는가? "너희는 가서 나와 백성과 온 유다를 위하여 이 발견한 책의 말씀에 대하여 여호와께 물으라 우리 열조가 이 책의 말씀을 듣지 아니하며 이 책에 우리를 위하여 기록된 모든 것을 준행치 아니하였으므로 여호와께서 우리에게 발하신 진노가 크도다"(왕하22:13). 모든 것을 하나님께 물으라고 말하고 있는 요시아 왕의 모습이다. 이렇게 신실하게 반응하고 말씀을 듣자마자 바로 자신의 것으로 받아들이는 요시아 왕에게 하나님은 축복 하셨다. 이것이 바로 그리스도인의 의인 것이다 (시18:20-26). 그 축복은 요시아 왕의 반응에 하나님이 기록된 계시로 반응해 주시는 것이었다. 구체적인 계시로 반응하시는 것이다.

말씀을 듣고도 충격이 되지 않는 상태로 고개만 끄덕끄덕 하는 것으로 끝난다면 그것은 재앙이다. 왜냐하면 이것은 하나님이 주시는 저주일 가능성이 높기 때문이다...

우리가 하나님의 자녀 된 생활을 깊이깊이 만들어 가지 않는다면 설교를 들을 때 어떤 사실로만 받아들이게 되어있다. 아! 그렇겠구나! 그럴 수 있겠지 하면서 자신의 마음은 하나도 충격이 되지 않는 상태로 고개만 끄덕끄덕 하는 것으로 끝내버릴 수 있게 된다. 이것은 재앙이다. 왜냐하면 이것은 하나님이 주시는 저주일 가능성이 높다는 것을 기억해야 한다.

당신은 설교를 어떻게 듣고 있는가? 또 어떻게 설교하고 있는가? 요시아 왕은 자신의 옷을 찢었고 하나님께 물었다. '하나님! 우리는 어떻게 되는 것입니까?' 하고 자세히 물었다. 그러자 하나님은 기록 된 계시와 하나님나라의 구체적이고 현실적인 계시를 주셨다. "이는 이 백성이 나를 버리고 다른 신에게 분향하며 그 손의 모든 소위로 나의 노를 격발하였음이라 그러므로 나의 이곳을 향하여 발한 진노가 꺼지지 아니하리라 하라 하셨느니라"(왕하22:17). 하나님나라 전체에 대한 부정적인 면에서는 하나님께서 진노를 거두시지 않으시는 모습을 볼 수 있다. 공동체가 무너지리라는 말씀이다.

그러나 요시아 왕에 대해서는 믿음의 신실함을 들으시고 개인적으로는 축복하셨다. "그러므로 내가 너로 너의 열조에게 돌아가서 평안히 묘실로 들어가게 하리니 내가 이곳에 내리는 모든 재앙을 네가 눈으로 보지 못하리라 하셨느니라"(왕하 22:20) 고 말씀하셨다. 자식이 수많은 사람들 앞에서 목이 베이고 그 앞에서 왕이 눈이 뽑히는 비참한 참상을 미리 말씀하시면서 요시아 왕에게는 이런 비극을 면하게 해주겠다고 약속을 해 주셨다. 뿐만 아니리 '너로 하여금 편안히 너희 열조들과 함께 묘실로 들어가게 해주겠다고 약속해 주셨다. 요시아 왕이 이런 축복을 받을 수 있었던 것은 무엇 때문이었는가? 말씀을 듣는 순간 즉각 반응하여 옷을 찢고 통곡하며 괴로워하고 두려워한 너의 소리를 내가 들었기 때문이라고 하나님께서 말씀해 주셨다(22:19-20).

요시아 왕은 성전을 수리하는 것으로 전부인 줄 알았는데 더 깊이 들어가니까 근본적으로 본질이 잘못된 것을 알았다. 이대로 가만히 있다가는 모든 백성들은 물론 모두가 다 하나님의 진노를 피할 길이 없음을 알았다. 그래서 요시아는 유다와 예루살렘의 모든 장로들을 모으고 제사장들과 선지자들 모든 백성 무론노소하고 다 왕과 함께 하나님의 전으로 들어가 엎드렸다. 그리고는 성전에서 발견한 하나님의 말씀을 읽고 모든 무리들에게 듣게 했다. 그리고 왕이 하나님 앞에서 언약을 세웠다. 마음을 다하고 성품을 다하고 여호와를 순종하고 그 계명과 법도와 율례를 다 지켜 행하겠다는 언약식을 했다. 그리고는 우상의 관한 모든 것들을 불로 태우고 폐하여 버렸다. 이것은 누가 가르쳐서 한 것이 아니었다. 요시아 왕 자신이 이스라엘과 유다 모두에게 처한 돌이킬 수 없는 재앙 앞에(감당할 수 없는 위기 앞에) 믿음으로 그 난관을 돌파하고자 하는 믿음의 행동이었다. 이것이 그리스도인의 의인 것이다.

"하나님! 내 생명 가져가더라도 당신의 백성들을 위하여 그 뜻을 돌이키소서! 하는 것이 중보기도이다...

중보기도의 진정한 뜻이 무엇인가? 단순히 다른 사람을 위해 기도하는 것인가? 물론 그럴 수도 있다. 그러나 중복기도의 진정한 뜻은 그것을 초월해서 "하나님 나라를 향한 하나님의 뜻을 돌이키는 것"이다. 이것이 중보기도이다. 하나님의 뜻이 멸망(진멸)당하는 것이라면 그 뜻을 거두어 달라고 생명을 걸고 하는 기도 이것이 중보기도이다. 하나님 뜻이 "너 죽어라!" 하는 것이라면 "하나님! 내 생명 가져가더라도 당신의 백성들을 위하여 그 뜻을 돌이키소서! 하는 것이 중보기도이다. 이런 믿음의 태도 이런 믿음의 행위를 하나님께서는 원하시고 있는 것이다. 우리는 이것을 출애굽기 32-34장에서 모세를 통하여 이미 보았다.

하나님께서는 말씀을 통해서 결심하고 결단하기를 바라시고 행동으로 옮길 때 필요한 것들을 주시는 것이다. 제대로 예수 믿고 제대로 세상 속에서 행동으로 옮기는 신앙이 되기를 하나님께서는 우리를 초대하시고 있다. 우리 행실을 통해서 하나님을 모르는 자들이 하나님께 영광을 돌리도록 하기를 원하시는 것이다.

그 결과 요시아 왕은 역사적으로 증거를 받고 있다. "요시아와 같이 마음을 다하며 성품을 다하며 힘을 다하여 여호와를 향하여 모세의 모든 율법을 온전히 준행한 임금은 요시아 전에도 없었고 후에도 그와 같은 자가 없었더라"(왕하 23:25)고 증거를 받고 있다. 우리 역시도 이런 증거를 받아야 한다. 따라서 우리도 모임의 자리에서 이야기를 주도해 나가야한다. 세상 살아가는 이야기가 중심이 아니라 하나님 앞에 이렇게 살자고 작정하고 유도해 보라는 것이다. 요시아 왕처럼 사람들을 모으고 말씀을 읽고 말씀을 듣게 하고 하나님과 언약을 세우고 행동으로 옮길 때(준행할 때) 하나님께서는 약속을 주셨다. 축복을 약속 하셨다. 뿐만 아니라 그 앞에 돌이킬 수 없는 재앙을 뚫고 나갈 수 있었고 난관을 돌파할 수 있었다. 이제는 그 주인공이 우리가 되어야 한다.

당신 앞에 지금 어떤 난관들이 있는가? 어떤 위기가 다가와 있는가? 그렇다면 지금 내가 할 수 있는 것은 무엇이라고 생각하는가? 무엇이 그 난관을 뚫고 나갈 수 있는 길이라고 생각하는가? 낙심하고 절망하거나 두려워하는 것이 아니라 내 속에 있는 나에게 명령하고 있는 또 다른 자아를 통하여 결단하고 믿음으로 행동하라! 믿음으로 반응하라는 말씀이다. 그것이 그리스도인의 의인 것이다. 그 때 믿음의 역사를 경험할 수 있고 필요한 것들을 하나님은 주신다. 하나님은 지금 당신을 그런 믿음의 단계로 초대하고 있다. 결코 낙심하고 절망하는 것을 바라시지 않는다.

하나님의 본심은 우리로 하여금 장래에 더 큰 소망을 누리기를 원하시고 영원한 것 썩지 않는 것 진정한 가치 있는 것을 붙잡기를 원하신다.

두 번째는 고난 가운데 더 주님을 바라보고 의지하고 신뢰해야 한다. 시편에서의 믿음의 의미는 일반적인 의미이기 보다는 '끝까지 하나님을 의지하고 신뢰하는 것'이다. 끝까지 하나님께 소망을 두는 것을 말한다. "하나님은 선하시다! 하나님은 신실하시다! 하나님은 언제나 옳으시다!"이다. 내가 좋으니까 선하고 좋은 것이 아니라 하나님은 언제나 옳으시고, 선하시고 좋으신 분이다. 그 하나님을 의지하시고 신뢰하고 그 하나님께 바르게 반응해야 한다. 그것이 그리스도인의 의인 것이다. 지금 그리스도인의 의의 단추를 꿰고 있는가?

지금 우리는 어떤 상황 가운데 있는가? 고난 가운데 있는가? 세상에서 추구하는 것들은 유한한 것이고 그것들은 잠깐이다. 우리의 영혼을 영원히 썩지 않고 영원한 가치 있는 것으로 채워야 한다. 하나님으로 채워야 한다. 하나님나라의 영원한 소망으로 채워야 한다. 그것이 진정한 복이고 그것이 언약백성으로서 이 땅에서 살아가는 그리스도인의 의인 것이다.

하나님의 본심은 우리로 하여금 장래에 더 큰 소망을 누리기를 원하시고 영원한 것 썩지 않는 것 진정한 가치 있는 것을 붙잡기를 원하신다. 그리고 하나님을 철저하게 의지하고 신뢰하며 끝까지 소망 가운데 거하기를 원하시는 것이다.

하나님은 우리 신앙이 우리 믿음이 성숙하기를 원하신다. 하나님께 바르게 반응하는 것 그리고 하나님을 철저하게 신뢰하고 의지하는 것 이것이 성숙인 것이다. 지금 우리는 이것이 잘못되어 혼들리고 방황하고 있는 것이다. 개념조차 정립되어 있지 못하여 무엇이 진리고 무엇이 진정한 가치인지도 모르고 혼들리고 있는 것이다. 어쩌면 이것은 당연한 것일지도 모르겠다. 기초가 전혀 이루어지지 않았기 때문이다. 이제는 점검해야만 한다. 그리고 뼈를 깎는 노력이 뒷받침 되어야한다.

"주께서 심지가 견고한 자를 평강하고 평강하도록 지키시리니 이는 그가 주를 신뢰함이니이다 너희는 여호와를 영원히 신뢰하라 주 여호와는 영원한 반석이심이로다"(사26:3-4).

하나님과의 언약 관계에 있는 찬란한 모습

시편 132편에 보면 인간이 하나님을 향한 서약/맹세(시132:1-10)와 하나님이 인간을 향한 서약/맹세(시132:11-18)가 나오는 것을 볼 수 있다. 다윗은 핵심 주변에 있는 모든 것들을 다 갖추었다고 생각했는데 그 핵심이 비어 있는 것을 발견했다. 그 핵심에 하나님의 언약궤가 있어야 하는데 없었고 언약궤를 모실 수 있는 성전이 없었기 때문에 이것들을 위해 열심히 노력했다. 오늘날 우리들에게 종교의 외형적인 모습은 있는데 내면적인 실상이 비어 있는 모습과도 흡사하다. 이런 상황에서 다윗은 먼저 하나님께 서약하고 맹세해버렸다. 그리고는 이런 다윗의 맹세에 대한 하나님의 반응은 무엇인가 하고 기다리고 있다. 우리 역시도 하나님 앞에 먼저 서원해 버리고 몸부림쳐 버리는 모습을 보시고 하나님께서 하시는 반응을 기대할 수 있는 용기는 없는가? 우리가 하나님 앞에 서 있으면서도 세속주의(돈, sex, 명예) 앞에 서 있다. 그런 가운데 우리가 먼저 세속주의들에 대해 앞장서서 공격해 버릴 때 이에 대한 하나님의 반응이 있는 것은 당연한 것 아닌가? '아버지! 이것이 아버지의 마음이시지요? 이것이 아버지가 바라시는 것이지요?' 하면서 먼저 행하는 적극성을 말하는 것이다.

성경에는 맹세하지 말라고 말씀하고 있다. 그런데 서원은 해도 될 뿐만 아니라 해야 된다. 서원이란 하나님 나라의 역사를 위해서 내가 미리 결정해 버리고 '하나님! 해 주시면 나의 가장 중요한 것을 드리겠습니다!' 하고 작정하는 것이다. 일종의 믿음의 행위에 대한 일방적인 선언일 수도 있다. 하나님은 이것을 구약시대 때부터 허락하셨고 지금까지 허락하시고 계신다. 다윗이 그렇게 하고 있는 것이다. 또한 사사기에서 보면 '하나님! 암몬 자손을 내 손에 붙여 주시면 내가 암몬 자손에게서 평안히 돌아올 때에 누구든지 내 집 문에서 나와서 나를 영접하는 그는 여호와께 돌릴 것이니 내가 그를 번제로 드리겠나이다!'(삿11:30-31)라는 사사 입다의 이야기가 나온다. 하나님 앞에 서원을 지키고 하나님나라의 역사의 능력을 행했던 사람이다.

많은 사람들이 하나님의 작정과 예정을 가만히 누워서 감 떨어지기를 기다리면 된다고 생각한다...

다윗은 단지 증거막을 찾는 것만 아니라 찾아와 굳건하게 세우는 것까지를 말하고 있다(시132:3-5). 정치적으로는 통일이 되었지만 원리적으로 통일하기 위해서(하나님나라의 일들이 흩어져있는 것들) 나는 잠자지 않겠다고 서원하는 모습이다.

그렇다면 다윗의 신앙과 우리의 신앙의 근본적안 차이는 무엇이라 생각하는가? 무엇이 다윗과 우리를 하나님과의 관계에서 차이를 만들어 낸다고 생각하는가? 그것은 우리는 구하는 것마다 내 개인적인 것들 [현상적인 것들] 이 전부이다. 그러나 다윗의 신앙은 어떻게 하면 하나님을 기쁘시게 할 것인가? 어떻게 하면 하나님의 영광을 들어낼 수 있을 것인가 가 다윗의 신앙의 근본이었고 핵심이었다. 이것이 바로 그리스도인의 의의 삶이고 고차원적인 것이다. 이것이 우리와 다윗과의 차이를 만들어 내는 것이다. 이 근본의 차이가 기도의 능력의 차이가 되었고, 신앙의 차이가 되고, 소망하고 바라는 것의 차이를 만들어 낸 것이다. 이것이 하나님의 마음을 움직일 수 있는 기도였음을 시편은 교훈하고 있는 것이다. 이것은 언약적 관계 속에 들어가 있지 않으면 결코 생각해 낼 수 없는 자발적인 열심이고 그리스도인의 의에 합당한 행동인 것이다.

그런데 다윗은 스스로 잠을 자지 않고 생명 걸고 돌파해 나가고 있는 것이다. 지금 이 서원은 하나님이 시켜서 한 것이 아니라 다윗 스스로가 하고 있는 것이다. 그런 다윗의 열심에 하나님 스스로도 맹세해 주시고 있다(시132:11). 하나님이 다윗에게 해주시는 약속의 내용은 "다윗의 자손이 영영히 왕노릇하리라"(시132:12)는 서약이었다. 다윗의 언약적 충성에 대한 하나님의 보상인 것이다. 은혜에 대한 반응으로 주어진 그리스도인의 의에 대한 보상이다. 하나님께서 쉴 곳이라고 택하신 것은 다윗의 열심 때문이었다. 다윗의 작정위에 하나님의 택하심이 있었던 것이다. 많은 사람들이 하나님의 작정과 예정을 가만히 누워서 감 떨어지기를 기다리면 된다고 생각한다. 그러나 다윗의 열심 때문에 하나님이 결정하시고 선택하신 것이다.

하나님의 언약 백성에게는 언약궤가 빠지면 죽은 것이나 마찬가지이다…

다윗의 생애를 보면 이유도 알 수 없는 가운데 늘 도망 다니는 삶이었다. 다윗이 가지고 있는 대적은 두 가지였다 즉 블레셋과 사울이었다. 블레셋과의 싸움에서는 싸우는 족족 이기는데 사울과의 싸움에서는 너무 제한적인 싸움을 싸우는 것이었다. 다윗은 오직 한 가지 계책 뿐이었다. 그것은 36계 줄행랑이었다. 이것을 60년 이상을 했다. 절대 싸워서는 안 되고 절대로 이겨서도 안 되고 오직 도망만 가야하는 것이었다. 하물며 사울을 죽일 수 있었음에도 불구하고 옷자락만 베어오면서 당신을 내가 죽일 수가 있었다는 생각을 하는 것 그 자체도 용납되지 않아 하나님 앞에 회개하는 감히 하나님으로부터 기름부음 받은 자를 헤하려는 생각을 가졌다는 그 것 자체가 잘못이라는 것을 알고 하나님 앞에 회개하는 그런 다윗이었다.

이제 외적인 대적이 없어지고 나서 긍정적으로 어떻게 세우느냐 하는 문제이다. 400년 동안 이스라엘의 수치라고 할 수 있는 성이 하나 있었다. 그 성은 "여브스 사람의 성"이다. 이 성은 난공불락의 성이었다. 아무리 공격해도 결코 정복할 수 없는 성이었다. 여브스 성 사람들은 다윗을 향해 우리들 중 절름발이라도 너를 물리칠 수 있다고 비웃었다. 그러자 다윗은 단 하루 만에 그 난공불락의 성을 수로(水路)를 타고 들어가서 점령해 버렸다. 인간이 만든 종교 인간이 만든 모든 것은 무엇이든지 다 허점이 있게 되어 있다. 그래서 그 성이 다윗 성 예루살렘 성이 된 것이다. 원래는 예루살렘 성이 수치의 성 부끄러움의 성(여브스 사람의 성)이었다.

그러나 정치적인 통일은 했는데 뭔가 가장 중요한 것이 빠져 있음을 다윗은 알았다. 그것은 언약궤가 빠져 있었다. 하나님의 언약 백성에게는 언약궤가 빠지면 죽은 것이나 마찬가지이다. 언약궤를 가져오기 위해 첫 번째 실패했음에도 끝까지 노력했다. 마침내 언약궤가 들어오는 것을 보고 기뻐 춤을 추었던 다윗이었다. 하나님께서는 다윗에게 예루살렘 성을 정복하라고 말씀해 본 적이 없었다. 다윗이 스스로 결단하고 행동으로 옮겼다. 그리고 하나님께서 다윗에게 "왜 언약궤를 가져오지 않았느냐? 언약궤를 가져와라!" 이렇게 말씀하시지 않았다. 다윗이 스스로 가져왔다. 다윗에게는 그것이 너무나 당연하다고 생각을 했던 것이었다. 이것이 바로 다윗이 하나님 앞에 온전했던 것이고 이것을 다윗은 "내 의"(시18:20)라고 말할 수 있었던 것이다. 그러나 다른 사람들은 그것을 그렇게 바라보지도 생각하지도 못했던 것이었다.

다윗은 백향목 궁에서 멋지고 아름답게 살고 있는데 반해 언약궤는 가져오기는 가져 왔는데 텐트 안에 있는 것이었다. 나단 선지자에게 다윗이 불러 이런 상황을 말하자 나단 선지자가 하나님께 고했다(삼하 7장). 하나님은 부탁하지도 명령하지도 않았는데 알아서 해주는 다윗에 대해 너무 기뻐하시고 감동하셨다. 그래서 하나님께서 "그래! 그럼 내가 너를 위해 이것을 주리라!" 하고 말씀하셨다. 그 동안 하나님은 다윗이 난공불락의 성인 "여브스 사람 성"을 정복했을 때도, 언약궤를 가져왔을 때도 이런 말씀을 하시지 않으시고 참고 계셨다가 드디어 성전을 건축하겠다는 말을 듣는 순간에 너무 감동하셔서 "그래? 그럼 다 줄께!"라고 말씀하시고 있는 것이다. 다윗이 조그마한 것을 정성을 가지고 하니까 하나님께서는 다 줄께! 하시는 것이다. "다윗의 왕조가 영원하리라" 그리고 "네가 있는 이 예루살렘성이 영원한 도성이 되리라" 고 약속을 주시는 것이다.

그리스도인에게 가장 위험한 것은...

우리는 우리 시대에 이런 역사는 이룰 수는 없는 것인가 남에 이야기이고 옛날의 다윗에게만 있었던 이야기인가? 그렇지 않다. 문제는 "우리가 어떻게 하나님 앞에서 행하느냐!"에 따라서 가능할 수도 불가능 할 수도 있다. 사도바울은 "행한 것이 은혜로다!"(고전15:10)라고 말했다. 받는 것이 은혜로만 끝나는 것이 아니라 이 모든 것이 하나님의 은혜라고 말하면서 행위로서 그 은혜를 다시 하나님께 돌려 드릴 수 있는 자들이 되어야 한다. 이것이 '그리스도인의 의'요 하나님께서 바라시는 성숙인 것이다.

그리스도인에게 가장 위험한 것이 무엇인지 아는가? 제물을 잃어버리거나 육체가 병이 들거나 환경의 어려움을 만나거나 이런 것들이 결코 아닐 수 있다. 신앙에 있어 가장 치명적인 것은 바로 은혜를 상실하는 것이다. 은혜를 잊어버리는 것이다. 그래서 신명기 8장이 우리에게 주는 강력한 메시지가 무엇인가? '기억하라! 기억하라!' 는 것이었다. 두 가지였다, 너를 구원하신 하나님을 기억하라는 것이고, 오늘 너를 인도하시는 하나님을 기억하라는 것이었다. 이것을 우리가 망각하면 이것은 그저 잊는 것이 아니라 은혜를 상실하는 것이 되고 만다. 또한 그리스도인에게 가장 치명적인 약점이 있다. 그것은 은혜를 망각하고 현실에 도피하는 것이다. 은혜를 잊어버리고 우리의 육적인 가치관으로 사는 것이다 이것은 너무나 위험한 것이다. 세상은 자신의 어떤 가치관, 의지를 굉장히 높이 평가하지만 성경은 오직 은혜로 사는 것을 가장 존귀하고 가장 가치 있는 것으로 평가한다는 사실을 기억해야한다.

감사란 그저 오늘 좋은 일에 감사합니다! 그것만 감사가 아니다. 그것만 가지고 살면 우리는 소극적인 신앙인으로 끝이 난다. 하나님을 신뢰하고 미래에 하나님이 더 인도하실 것이라는 확신 속에서 험산준령을 향하여 나아가는 그 신앙을 진정한 그리스도인의 모습, 진정한 감사의 모습이라고 말할 수 있다. 광야에서 왜 이스라엘이 무너졌는가? 그저 출애굽의 감사 그것만을 잊어버렸기 때문이 아니다. 그들은 미래에 대한 확신이 없었다. 돌아보면 '출애굽 감사합니다! 홍해 건넌 것 감사합니다!' 문제는 가나안 땅까지 그리고 강한 이방인의 권세까지 하나님이 인도하실 것에 대한 확신이 없었다는 점이 문제였다. 그래서 감사가 없었고 결과적으로 그들은 무너졌던 것이다. 다시 말하면 소극적인 감사는 있었는데 적극적인 감사가 없었다는 말이다. 이것이 우리에게 필요한 것이다. 다윗은 오늘 소극적인 감사뿐만 아니라 적극적인 감사까지 하나님께 고백하고 있다는 점이다.

'기억하라! 지금까지 인도하신 하나님! 앞으로도 더 인도하신다. 더 완벽하게 인도하신다!' 이것을 선언하는 것이 우리의 신앙이 되어야만 한다. 예수께서도 그 신앙을 본보기로 보이셨다. '믿음의 주요 온전케 하시는 이인 예수를 바라보자 그는 그 앞에 있는 기쁨을 [미래] 위하여 십자가를 참으사 [현재] 부끄러움을 개의치 아니하시더니 하나님 보자 우편에 앉으셨느니라'(히12:2절) 라고 말씀하고 있다. 당신이 당하는 현실의 처참한 절망과 고통 가운데서 미래의 즐거움, 즉 십자가를 관통하고 난후에 나타날 영광을 바라보셨던 것이다. 그것을 향하여 나가신 것이다.

히 11:16에 나오는 아브라함은 어떤가? "더 나은 본향을 사모하니~"라고 말하고 있다. 가나안 땅이 전부가 아니었다. 그는 더 나은 본향을 사모했다. 그리고 미래를 향하여 나아갔던 것이다. 모세 역시도 마찬가지였다(히 11:26절). "상 주심을 바라보았다." 미래의 것을 바라보는 것이다. 적극적인 감사의 삶을 살아낸 것이다. 하나님을 더 추구하고 더 갈망했던 것이다. 자신의 영혼에 하나님으로 채웠던 것이다.

이전에 베푸신 은혜, 사랑, 구원, 은총만 감사한 것이 아니라 지금도 여전히 맞닥트리는 인생의 아픔과 눈물도 있다. 그 가운데 나아가면서 '갈 바를 알지 못하지만 과거에 인도하신 하나님! 그 하나님이 나와 함께 하심을 감사합니다! 오늘 내 앞에 어떤 일이 있을지 모르지만 나는 하나님을 사랑합니다! 하나님을 의지합니다! 그리고 주님이 주신 궁극적인 역사도 내가 믿습니다! 왜? 하나님은 은혜로우신 하나님이시기 때문입니다! 그 하나님을 송축하는 것이다.' 오늘 이 소망과 확신이 우리 안에 더욱 가득해서 매 순간마다 진정한 고백과 찬양이 가득해야 한다.

지금이 우리 신앙의 전환점 새롭게 세워야...

이제는 우리 신앙의 전환점이 왔다고 믿는다. 진짜만 남을 것이다. 또 그렇게 하나님께서 역사해 기실 것이다. 마지막 때 하나님은 진짜를 가려내실 것이기 때문이다. 그것이 우리에게는 수치와 부끄러움이라는 방법일 수도 있다. 그것이 우리의 무너짐일 수도 있고 그것이 우리의 철저하게 깨어짐 일 수도 있다. 이제는 하나님나라의 원리 위에 서 있지 않으면, 지금까지 상고했던 다섯 가지 단추를 바르게 꿰지 않으면, 우리 신앙은 혼돈과 낙심과 절망 속에서 소용돌이쳐 신앙의 자리에, 믿음 자리에 서 있을 수도 없을 것이다. 어쩌면 이 다섯 개의 단추가 바르게 꿰어 있지 않은 자들은 이 소용돌이 속에서 떠내려갈지도 모른다. 세상과 함께 떠내려가며 교회와 성도에게 손가락질을 하며 세상과 함께 비판하고 정죄하면서 떠나 갈 것이다. 그러면서도 마치 교회가 타락했고 성도가 타락했고 교회 목회자가 타락했기 때문에 떠나가는 것처럼 큰소리로 자신을 합리화할 것이다.

이런 자들에게 묻고 싶은 것이 있다면 그 동안 신앙생활 했다는 시간 동안 이 다섯 가지 단추를 꿰어 보거나 했는지, 아니 꿰어보려고 노력이라도 해 보았는지 묻고 싶다. 무엇이 그리스도인의 의인지 묻고 싶다. 어쩌면 그들은 이런 이야기를 처음 듣고 있는지도 모르겠다. 그렇다면 당신은 가짜이다. 이런 자들의 믿음을 누가 구원받는 온전한 믿음이라고 말 할 수 있겠는가 쓰레기통에나 버릴 신앙이라고 밖에 말할 수 없을 것이다. 분명 하나님의 기억 속에서도 없을 신앙이고 영혼일 것이다. 왜냐하면 그들은 가짜이기 때문이다.

주님의 지상 최대의 권면 '그런즉 깨어 있으라' ...

주님은 이 시대의 지상 최대의 권면의 말씀을 하신다. 마지막 때에는 "그런 즉 깨어 있으라!" 라고 말씀하셨다. 지금 우리가 겪고 있는 현실 세계는 이미 2,000년 전에 주님이 말씀하신 것들이 성취되어지고 있는 것이다. 따라서 우리는 이런 현실에 대해 놀라지도 두려워할 것도 없다. 더욱 말씀의 원리위에 서 있기 위해 몸부림 쳐야 한다. 진정한 가치를 추구하고 영원히 썩지 않을 것을 추구해야 한다. 우리 영혼에 썩지 않는 것으로 채워야 한다. 하나님으로 채워야 한다. 하나님나라를 향한 소망으로 채워야 한다. 그리스도인의 의를 실천하기 위해 몸부림쳐야 한다. 이것이 가능할 때 세상 음부의 권세가 감당하지 못하는 능력의 그리스도인이 되는 것이다. 이 말씀이 살아 움직일 때 그리스도인의 의는 존귀해 지는 것이다. 이 모든 것은 분명한 관계가 정립되어진 언약관계 안에서 다섯 가지 단추가 꿰어져 있을 때만이 가능하다.

오늘 우리 시대의 총체적인 문제는 분명한 관계 속에 들어가 있지 않은 신앙이 문제이다. 여기서 모든 문제들과 파국은 시작되어지고 있다. 지금 점검하고 새롭게 시작해야 한다. 어쩌면 이것이 주께서 주시는 마지막 기회일지도 모른다. 이 역시도 하나님의 은혜이다...!

당신의 신앙은 어떤가.....?

시편영성 [회복을 위한 철저한 돌이킴]
꿰어야 할 다섯 개의 단추
값 14,000원

2013년 11월 20일 인쇄
2013년 11월 21일 초판발행

판권소유	저 자 : 양 권 식 펴낸곳 : 호석 출판사 등록제 : 제5호-156호〈1988,9,5〉 (02) 760 - 0153 서울 용산구 갈월동 7-7 월드미션 153- 선교회

선교후원계좌 : 씨티은행 435-12635-260-01 (예금주 : 양권식)

총판 생명의말씀사

110-062 서울・종로구 신문로2가 1-151
　　　　　대 체 구 좌 : 010041-31-509570

총판부에의 제품은 불법복제이오니 신고하시는
분에게는 정황에 따라 보상하여 드립니다.